Zola e as percepções do Tempo

CONSELHO EDITORIAL
Ana Paula Torres Megiani
Eunice Ostrensky
Haroldo Ceravolo Sereza
Joana Monteleone
Maria Luiza Ferreira de Oliveira
Ruy Braga

Zola e as percepções do Tempo

Naturalismo e História em *Germinal*

Rilton Ferreira Borges

Copyright © 2018 Rilton Ferreira Borges

Grafia atualizada segundo o Acordo Ortográfico da Língua Portuguesa de 1990, que entrou em vigor no Brasil em 2009.

Edição: Haroldo Ceravolo Sereza/Joana Monteleone
Editora assistente: Danielly Teles
Projeto gráfico, diagramação e capa: Larissa Polix Barbosa
Assistente acadêmica: Bruna Marques
Revisão: Alexandra Colontini
Editora de projetos digitais: Dharla Soares
Imagem da capa: Charge Jornal *Le Rire* 20 novembre 1897 de *Gotha du Rire*/Vetor Relógio Pink Mustache

Este livro foi publicado com apoio da Fapesp, n° do processo 2015/23961-1.

CIP-BRASIL. CATALOGAÇÃO NA PUBLICAÇÃO
SINDICATO NACIONAL DOS EDITORES DE LIVROS, RJ
B731z

Borges, Rilton Ferreira
Zola e as percepções do tempo : naturalismo e história em
Germinal / Rilton Ferreira Borges. -- 1. ed. -- São Paulo :
Alameda, 2018.
 il.

ISBN: 978-85-7939-450-8

1. Filosofia na literatura. 2. Filosofia. I. Título.

17-39870   CDD: 100
                          CDU: 1

_____

*Editora filiada à Liga Brasileira de Editoras (LIBRE) e
à Alinça Internacional dos Editores Independentes (AIEI).*

ALAMEDA CASA EDITORIAL
Rua 13 de Maio, 353 – Bela Vista
CEP 01327-000 – São Paulo, SP
Tel. (11) 3012-2400
www.alamedaeditorial.com.br

À minha esposa, que me ajudou a
compreender o valor do tempo.

"O tempo verdadeiro nunca seria revelado por
meros relógios – disso Newton tinha certeza".

Peter Galison

Sumário

9   Prefácio - Luis Ferla

13   Introdução

39   O Problema Historiográfico da Literatura

39   Relações entre História e Literatura

56   O objeto livro (ou a materialidade do texto)

68   "Mimesis": o problema da representação

87   O Passado como Fonte de Explicação

87   O Passado de Zola e sua Literatura

123   O Passado de *Germinal* e o Presente da França

141   O "passado presente" e o "futuro presente"

141   O Presente da Mina e o Passado da França

162   O Presente do Trabalho e o Futuro dos Trabalhadores

197   O Tempo da Ação e o Tempo da Narração

197   Tempo, Corpo e Trabalho em *Germinal*

219   A Natureza do Tempo em *Germinal*

235   Conclusão

239   Bibliografia

245   Agradecimentos

Prefácio

Luis Ferla[1]

O tempo possui uma história. Mas a história do tempo ainda é mal conhecida. Talvez porque não seja fácil fazer a história daquilo para o que não se consegue dar um significado. Já Santo Agostinho falava do paradoxo que envolve o tempo, algo que todos sabem o que é, mas ninguém sabe como definir. Ou, de forma mais bela e mais próxima do original: "O que é, por conseguinte, o tempo? Se ninguém me perguntar, eu sei; se o quiser explicar a quem me fizer a pergunta, já não sei".

Mesmo sendo o tempo esse objeto fugidio e indisciplinado (indisciplinável?) – mas talvez justamente por isso – muito se pensou e escreveu sobre ele. Do referido Santo Agostinho ao midiático Stephen Hawking, passando por Tomás de Aquino, Isaac Newton, Immmanuel Kant, Henri Bergson e Albert Einstein, procurou-se sempre entender e explicar o tempo. Nesse percurso, o tempo oscilou, e ainda o faz, entre ser considerado fenômeno da natureza ou manifestação cultural. Ou as duas coisas à vez. Ou, ainda, nenhuma delas, já no contexto do próprio questionamento desse e de vários outros dualismos tradicionais da modernidade, na seara da crítica sintetizada por Bruno Latour em "Jamais fomos modernos", ou da toada provocativa em forma de manifesto de Donna Haraway. Por conta disso, é bastante compreensível que o tempo tenha se constituído em objeto privilegiado da física e da filosofia. Mas o fato é que ele jamais se

---

[1] Professor do curso de graduação e do programa de pós-graduação do Departamento de História da Universidade Federal de São Paulo, Campus Guarulhos.

subordinou a qualquer fronteira disciplinar. Daí que antropólogos, sociólogos, artistas e historiadores tenham tratado e tratem do tema, seja de maneira explícita nas formulações de quem insiste em compreender sua natureza, seja considerando-o enquanto componente inescapável e central da experiência humana.

Para qualquer um que pense ou estude o tempo dentro das fronteiras das chamadas ciências humanas, a afirmação da sociedade moderna e industrial é um enredo privilegiado. Costuma-se dizer que, no cenário da segunda revolução industrial, a vida "acelerou-se". O surgimento do trem, na primeira metade do século XIX, parece mais que uma metáfora dessa aceleração da história. Paul Valéry conseguiu sintetizar a intensidade da ruptura trazida pelo trem em frase antológica, mais eficaz que muito tratado, sugerindo uma espécie de pré-história sem trilhos, de uma perturbadora imobilidade factual na escala de dois milênios, ao mesmo tempo em que lhe conferia um tom epitáfico: "Napoleão anda tão devagar quanto Julio Cesar". Muito mais veloz que eles, Bismarck terá a mesma velocidade de um soldado do Norte na Guerra Civil americana, ou de um operário londrino do East End num banco do metrô de Londres. A era da política de massas das últimas décadas do século XIX também é a era da tecnologia de massas, capaz de transtornar o modo de vida do "homem comum" como nunca antes a história fora capaz de fazer. O tempo do telégrafo, do cinema, da luz elétrica, do motor à combustão, do aeroplano e do telefone, abrigava uma paisagem urbana radicalmente transformada, e preparava e dava as condições para os formidáveis exercícios de sincronização maquínica das guerras totais.

Rilton Borges constrói seu objeto de pesquisa ao redor das mudanças da percepção do tempo que aquele período histórico vivenciava. E o fez de forma muito feliz, não apenas por optar pela literatura como base documental prioritária – sempre um "testemunho de época" quase sem mediação –, como por escolher uma obra que trata de uma espécie de território de transição entre o tempo rural pré-moderno e o tempo urbano--industrial: a mineração e seu entorno. Ali os constrangimentos temporais, a condicionar crescentemente o trabalho humano e os ritmos da vida cotidiana, já se faziam sentir com toda a sua força, mas ainda convivendo com níveis muito baixos de maquinificação e de especialização espacial da cidade – mecanismos centrais da afirmação do tempo industrial. Justamente por esse caráter transicional do espaço estudado, ele se torna profícuo em possibilidades de análise das transformações em questão, ao fornecer vários contrastes que em conjunto permitem vislumbrar a sobreposição de dois mundos ao fim e ao cabo tão diferentes.

Dessa forma, ao escolher o Germinal de Zola para suas investigações, o autor colocou à sua disposição um material riquíssimo de análise histórica, seja para ajudar a entender vários aspectos da sociedade francesa da segunda metade do século XIX, em geral, seja para conhecer melhor as concepções e sensibilidades em relação ao tempo que ela praticava, em particular. Mas ao fazê-lo, também assumiu riscos consideráveis, ao tratar de autor e obra clássicos, sobre os quais muito já se escreveu e discutiu. Rilton Borges dá conta desse desafio de forma exemplar, com cuidados teóricos e metodológicos bastante consistentes. O resultado, que o leitor pode confirmar ao final do texto, é que o autor conseguiu lograr com sua pesquisa uma dupla originalidade: na abordagem que deu àquela obra, por um lado, e aos estudos históricos sobre o tempo, por outro. Dito de outra forma, ficará ao leitor a sensação de tempo bem aproveitado, o que não é pouco em nossa época de nova aceleração dramática da vida e da história.

Introdução

Nem sempre uma "introdução" tem propriamente um caráter "introdutório". Em muitos casos, este espaço é utilizado para que o autor discorra sobre um tema que julgue importante para a compreensão de seu texto, ou para fazer uma apresentação do que aparecerá no texto e sua estrutura, ou ainda para explicar os motivos de ter adotado uma determinada linha de pesquisa e o conjunto de autores com os quais dialoga, formando não exatamente uma "introdução", mas uma "apresentação", uma "justificativa", ou simplesmente um exercício de erudição com o objetivo de impressionar o leitor.

A introdução deste livro provavelmente não é muito distante das "introduções" descritas acima, mas tem uma diferença importante: pretende reconstruir, aos olhos do leitor, um conjunto de reflexões que levaram à construção do problema desta pesquisa, que partiu de uma pergunta muito geral para chegar a um recorte específico. A pergunta geral é: "como as pessoas que viveram no século XIX experimentaram as mudanças em sua relação com o tempo causadas pela Segunda Revolução Industrial?"; o recorte específico é: "como Zola representa esta experiência do tempo na obra *Germinal*?".

A primeira pergunta, bastante geral, também é bastante complexa. Muitas pessoas, em muitos contextos diferentes, experimentaram o tempo de formas muito variadas; além disso, há inúmeras formas de conceber e vivenciar o tempo numa mesma época e em um mesmo local. Como, então, compreender as mudanças nessas experiências, se mesmo antes das mudanças há muitas concepções de tempo convivendo na Europa do século XIX? Primeiramente, é necessário delimitar, ainda que em linhas gerais, quais concepções de tempo eram possíveis no contexto analisado, para a partir daí compreender quais são antigas, novas ou ressignificadas. Para dar conta deste exercício, podemos seguir a sugestão de WHITROW (1993, p. 9) e colocar o próprio tempo em uma perspectiva temporal.

Intuitivamente, as pessoas que vivem em nossa sociedade (entenda-se por "nossa sociedade" a sociedade pós-industrial) têm uma noção de tempo absoluto, de modo que este existiria independente de qualquer outra coisa. ELIAS (1998, p. 9) nos lembra de que alguns defendem que o tempo é um dado natural, não sendo diferente dos demais objetos da natureza, a não ser pelo fato de não poder ser compreendido pelos sentidos. Caberia, então, perguntar-nos se as múltiplas experiências com o tempo existem pelas diferentes percepções que cada um tem dele, ou se o próprio tempo é uma relação construída entre o indivíduo e seu meio.

Não é necessário fazer muito esforço para nos lembrarmos de experiências simples que contrariam a noção intuitiva de tempo absoluto. Fusos horários, horário de verão, diferentes calendários ao redor do mundo: tudo isso nos faz lembrar de que o tempo não é igual para todos. Os físicos, por sua vez, falam em "medir o tempo", mas como medir algo que não se apreende pelos sentidos? (ELIAS, 1998, p. 7).

Mas, então, o que seria o tempo? Antes que o leitor pense em saltar páginas, presumindo que agora reconstituiremos os debates sobre a natureza do tempo, desde a Antiguidade até Einstein, passando pela famosa pergunta de Santo Agostinho, faz-se necessário esclarecer que buscaremos, aqui, quais possibilidades de se pensar sobre o tempo foram colocadas ao longo da história e que podem ser úteis para compreender a percepção do tempo em transformação com a Segunda Revolução Industrial. Não há uma intuição única do tempo que valha para toda a humanidade (WHITROW, 1993, p. 23). Mas uma primeira linha que podemos traçar dividindo as diferentes concepções de tempo coloca o "tempo construído" de um lado e o "tempo concreto" de outro.

Começando pelo final, escolhemos G.J. Whitrow como um defensor deste tempo concreto. Em uma de suas obras (WHITROW, 2005), o autor

ZOLA E AS PERCEPÇÕES DO TEMPO   15

tenta encontrar, na natureza, alguns relógios que confirmem sua hipótese de que existem marcos concretos da passagem do tempo. Entre eles cita uma espécie de relógio mestre no sistema nervoso central (WHITROW, 2005, p. 70), além de evidências como a constante expansão do Universo (WHITROW, 2005, p. 151), que colocam o tempo em forma de seta, para concluir que o próprio Universo é um relógio (WHITROW, 2005, p. 154).

Mas, curiosamente, o autor defende este ponto de vista após uma longa reflexão sobre as diferentes concepções de tempo que culmina com a constatação de Einstein de que o tempo é um aspecto da relação entre o Universo e seu observador. Ou seja: há um tempo objetivo, mas o tempo do observador é subjetivo e relativo.

Percorrendo outro caminho, Norbert Elias entende o tempo enquanto relação social construída historicamente como ferramenta para compreender o mundo (ELIAS, 1998). Longe de pensar em um "tempo concreto", Elias pensa em "relações concretas" que constroem o tempo ao longo da história até naturalizá-lo. Esta "naturalização" do tempo se dá de forma tão profunda que a passagem do tempo, vista como algo natural, só é perceptível através de instrumentos de medição, ou seja, por ferramentas criadas pelo próprio homem. A "medição" do tempo, por sua vez, seria na verdade a comparação entre dois eventos (o movimento dos ponteiros do relógio e uma caminhada, por exemplo) que em última instância não têm relação entre si. Mesmo assim, para Elias esta relação do homem com o tempo é extremamente importante pelo caráter coercitivo que ela adquiriu, e à qual retornaremos mais adiante.

No campo da historiografia, nossa reflexão parte de uma frase de Antoine Prost, que ao diferenciar a história das demais ciências sociais afirma que "a história faz-se a partir do tempo: um tempo complexo, construído e multifacetado" (PROST, 2008). Diferentemente de outras ciências, a história, segundo Prost, parte de uma experiência diacrônica, com questões formuladas no presente em relação ao passado. Portanto, o historiador não lida com uma temporalidade específica, mas, como podemos extrair do pensamento de Pierre Vilar, os historiadores precisam ter uma ideia de totalidade, entendendo a História como "ciência do tempo, e não do

16   RILTON FERREIRA BORGES

instante" (VILAR, 1982). Aqui, também, podemos perceber o tempo como relação, neste caso do homem com sua experiência.

A cronologia e a periodização, na visão de Prost, são importantes, mas para isso se faz necessário realizar um recorte coerente. Neste recorte deve-se tomar cuidado para que o período delimitado não se feche em si mesmo, perdendo a relação com períodos anteriores (diacronia); também é necessário que o recorte não crie coerências fictícias, além de se observar aquilo que é simultâneo (sincronia). Ainda segundo Prost, historicizar um objeto é construir sua estrutura temporal, e neste percurso acaba se aproximando de Braudel ao pensar em múltiplas temporalidades, que ajudam a precisar os recortes segundo o objeto estudado.

Ao se pensar em temporalidades múltiplas, diversos autores, assim como Prost, dialogam com Braudel. No caso de Pierre Vilar, as estruturas devem ser pensadas em História como mutáveis, ainda que estas mudanças sejam mais lentas. Koselleck (2006), por sua vez, pensa as estruturas como concatenação, e não como justaposição, lembrando que todo fato tem diferentes temporalidades, e segundo Vilar, estas diferentes temporalidades interagem formando a história. Revel cita Paul Ricoeur para lembrar que a experiência humana e sua narrativa estão ligadas: "o acontecimento investe por dentro das estruturas"; isto quer dizer que os acontecimentos têm a capacidade de modificar as estruturas, ainda que estas mudanças sejam pontuais e nem sempre facilmente percebidas.

Outra questão relevante para os historiadores remete àquilo que podemos chamar de "natureza do tempo", ou seja, o que é o tempo para estes historiadores. Para Prost, o tempo da história é o tempo das coletividades: não é físico (encontrável na natureza), nem psicológico (ou seja, individual e subjetivo), nem mensurável ("tempo do relógio"). Cada sociedade tem o seu tempo, portanto ele é também cultural e histórico. Sendo assim, não é dado *a priori*, mas é construído. Sob a influência da "era cristã", porém, houve uma referência unificadora para os diferentes tempos, e a expansão colonial, por sua vez, impôs e expandiu uma noção específica de tempo (que podemos chamar de tempo "moderno/colonial" para citar os pesquisadores da pós-colonialidade). Além disso, quando se começou a pensar em uma história universal, atrelada a ela surgiu a necessidade de unificação do tempo. Finalmente, a industrialização levou à necessidade de controle e padronização do tempo. Em meio a todas estas especificidades, a objetivação do tempo se faz necessária no trabalho do historiador.

***

Segundo KERN (2003, p. XXIII), que analisa alguns conceitos relativos ao tempo na passagem do século XIX para o XX, a percepção do tempo é "acidental", ou seja, cada sociedade o percebe de forma diferente, ao passo que a experiência do tempo é "essencial", isto é, toda sociedade experimenta o tempo de alguma forma. Hoje sabemos que as sociedades primitivas extraíram suas primeiras noções de tempo a partir dos ciclos naturais, como dia e noite, estações do ano, etc. Desta constatação, podemos concluir que a experiência do tempo parte de uma observação, no caso, da própria natureza. Mas nas sociedades industriais os relógios acabam exercendo a mesma função de processos naturais: orientação para homens inseridos numa sucessão de processos sociais e físicos. A importância social das ciências físicas em nossa sociedade ajudou a fazer com que o tempo ganhasse maior destaque, de modo que passasse de algo que servia essencialmente como meio de orientação, para recentemente passar a ter um papel importante no estudo de fenômenos naturais (ELIAS, 1998, p. 8). Isto quer dizer que, ao longo da história, o tempo passou de inferido da natureza para parâmetro do estudo da própria natureza. Neste sentido, todas essas representações do tempo tornaram-se uma espécie de segunda natureza aceita como parte do destino de todos os homens. "Conceitos como o de tempo, que implicam um nível elevado de síntese, situam-se além do horizonte do saber e da experiência" (ELIAS, 1998, p. 11.).

Junto com a modernidade veio a necessidade de sincronização, o que teria levado ao colapso dos tempos locais e o estabelecimento de horários nacionais e, em certa medida, mundiais (em 1913 a Torre Eiffel enviou o primeiro sinal mundial de tempo). Tentou-se reformular o calendário (GALISON, 2005, p. 99), e mesmo que esse projeto não tenha sido levado a cabo, sua simples proposta já revelava a necessidade de se racionalizar o tempo público. O calendário "burro", deformado com meses desiguais poderia ser refeito a partir de uma forma lógica (KERN, 2003, p. 14). A ideia de que "tempo é dinheiro" (THOMPSON, 1998, p. 272) passou a ser expressa na literatura e se tornou cada vez mais corrente. O trabalho passou a ser controlado pelo tempo; pontualidade e precisão na marcação do tempo ganharam um novo estatuto no período que o autor chama de "era da eletricidade". Os defensores de um "tempo mundial" eram poucos e pouco conhecidos. Contudo, o conceito de um "tempo público" era largamente aceito para marcar sucessões e durações. Não havia grandes elaborações a respeito dele porque pareciam desnecessárias. O debate a respeito de um tempo "homogêneo" contra um tempo "heterogêneo" se dava entre novelistas, fisiologistas, médicos e sociólogos que percebiam que os indivíduos criavam diferentes tempos conforme seus estilos de vida, sistemas de referência e formas sociais (KERN, 2003, p. 15).

Partindo para a literatura, podemos perceber diferentes concepções de tempo em diferentes autores: o tempo coercitivo de Baudelaire, o tempo público superficial de Proust, o tempo público aterrorizante de Kafka, e o tempo público arbitrário, relativo e inapropriado de Joyce. Na física, Ernst Mach já questionava o tempo e o espaço absolutos de Newton em 1893. Na sociologia, Durkheim diferenciou o "tempo privado" do "tempo geral", este último socialmente originado, ou seja, as marcações temporais estariam diretamente relacionadas a eventos sociais. Neste sentido, ELIAS (1998, p. 13) acrescenta que o indivíduo não forja sozinho o conceito de tempo: o tempo é socialmente construído. Os calendários expressam, portanto, o ritmo das atividades coletivas (KERN, 2003, p. 19 e 20). Nos estudos de psicologia algumas doenças foram caracterizadas como confusões entre temporalidades ou incapacidade de distinguir entre eventos passados, presentes ou futuros (KERN, 2003, p. 20).

Quanto à natureza do tempo, um importante debate se dava entre aqueles que acreditavam numa natureza atomística do tempo, ou seja, o tempo como sucessão de instantes isolados, e aqueles que acreditavam na natureza fluída do tempo. Newton pensava o tempo como uma soma de partes infinitesimalmente pequenas; antes dos relógios atuais, com seu movimento contínuo, não havia qualquer modelo para se pensar o tempo como uma continuidade (KERN, 2003, p. 20; ELIAS, 1998, p. 36). Na década de 1870, os pioneiros do cinema contribuíram para esta visão atomizada do tempo ao reproduzir o movimento a partir de sequências de imagens estáticas (KERN, 2003, p. 21), criando a sensação de que o movimento era divisível e que, portanto, o tempo também o era.

Os Impressionistas tentaram lidar com o tempo pintando o mesmo motivo em diferentes momentos, como estações do ano ou situações climáticas distintas, na tentativa de ir além do momento estático (KERN, 2003,p. 21). Já os Cubistas buscaram representar um instante em perspectivas múltiplas, mas reconheciam que a pintura não era capaz de proporcionar uma experiência temporal, visto que a visão da tela era apreendida em um único instante (KERN, 2003, p. 22). Ernst Te Peerdt observou que o campo de visão não é composto por unidades atemporais, mas cada instante de percepção sintetiza uma sequência numerosa de percepções. Ao contrário da fotografia, o olho é capaz de integrar uma sucessão de observações. Assim, por mais que um bom artista consiga sugerir uma sequência em seu quadro, ele nunca retratará movimento ou passagem de tempo (KERN, 2003, p. 22).

A teoria de que o tempo é um fluxo contínuo e não a soma de instantes separados está ligada à teoria de que a consciência humana é uma corrente e não um conglomerado de faculdades e ideias. Tanto William James como Henri Bergson concordam que o pensamento não é composto por partes descontínuas, mas que cada momento da consciência é uma síntese de uma constante mudança entre passado e futuro e, portanto, flui (KERN, 2003, p. 24). Esta visão, presente no século XIX, lembra a noção de Santo Agostinho de que o passado e o futuro que experimentamos, pela memória e pela expectativa, são, na verdade, parte do presente (RICOEUR, 2010, p. 23). Bergson distingue o conhecimento relativo do absoluto: o primeiro usa símbolos para se aproximar do objeto; o segundo o experimenta. O conhecimento absoluto, por partir da experiência, não pode ser expressado simbolicamente: daí a dificuldade em se expressar sobre o tempo em palavras, ou representá-lo espacialmente (KERN, 2003, p. 25). Esta ideia se aproxima da de ELIAS (1998, p. 39), que entende que uma das dificuldades em se apreender o tempo é linguística: como "tempo" é um substantivo e não um verbo, tende-se a objetivá-lo, ao passo que uma forma verbal estaria mais próxima da experiência humana.

Ainda para Bergson, o tempo e o movimento são fluxos contínuos. Assumir que uma flecha em movimento está em um determinado ponto em um determinado instante é um erro: o fluxo é indivisível; podemos dizer que ela "poderia" estar em determinado ponto, mas de fato ela não está, pois está se movendo. A teoria de Bergson foi usada para criticar leituras em diferentes áreas, usando como referência a fluidez em contraposição à imobilidade. Wyndham Lewis, por sua vez, se opõe à concepção de tempo de Bergson por perceber nela uma forma de impedir uma análise clara ao colocar tudo em um único fluxo. Se tudo fosse fluxo contínuo, ficaria impossível separar faculdades e fazer análises precisas (KERN, 2003, pp. 26-27).

A luz elétrica e o cinema ajudaram no debate sobre a natureza do tempo. Uma forma barata e eficiente de iluminação, a lâmpada elétrica, ajudou a diluir os limites anteriormente claros entre o dia e a noite. Já o cinema, com diferentes efeitos de filmagem, fez com que o tempo perdesse a uniformidade e a irreversibilidade (KERN, 2003, p. 29). Parar a câmera e depois continuar a filmar, ou editar o filme, permitiam saltos temporais ou aproximações de cenas distantes, ou ainda representar simultaneidade. Esta nova estrutura narrativa foi apropriada pelo teatro, quando diferentes atos de uma peça representavam o mesmo recorte temporal em diferentes locais. A reversão do tempo, passando o filme ao contrário no projetor, também foi apropriada por outras artes. Mesmo a literatura se apropriou destas formas de narrativa (KERN, 2003, p. 30).

Psicólogos e sociólogos também observaram modificações na continuidade e irreversibilidade do tempo em psicoses e rituais religiosos. Freud, por exemplo, observou isto em sonhos que analisou. Henri Hubert e Marcel Mauss observaram que na religião e na magia o tempo serve a funções sociais e se torna heterogêneo, descontínuo, expansível e parcialmente reversível, sendo justamente sua função social que lhe confere estas características, aproximando-os do que observou Durkheim (KERN, 2003, p. 31 e 32). No período em questão o tempo é um assunto seriamente discutido e de grande relevância (KERN, 2003, p. 33). Podemos perceber, neste contexto, que os estudos de Durkheim que insistiam na relatividade social do tempo desafiavam o "etnocentrismo temporal" da Europa Ocidental, enquanto a literatura que explorava o tempo particular desafiava o autoritarismo do tempo público. Assim como Durkheim, tanto ELIAS (1998) quanto WHITROW (2005) também relativizam as noções de tempo segundo diferentes sociedades. Podemos delimitar, aqui, três divisões a respeito da natureza do tempo: número, textura e direção; além da polaridade básica entre o tempo público e o tempo privado.

***

Falar sobre o passado envolve lidar com a ideia de início, questão que interessa muito aos historiadores. Com um pouco de fé, pode-se crer em um início a partir da Bíblia, mas este início é impreciso. Religiosos tentaram calcular, pelos dados bíblicos, a idade da Terra, mas isto acabou dando origem a um debate científico. Com a geologia e o darwinismo, o passado precisava ser longo o suficiente para que as transformações geológicas e biológicas ocorressem (KERN, 2003, p. 37), e também ter caráter progressivo para passar de um estágio a outro sem volta (WHITROW, 1993, p. 175). Contudo, a cada novo estudo as escalas de tempo dos cientistas podiam aumentar ou diminuir, prolongando ou retardando os processos estudados. Em meio a tudo isso, a vida humana passou a ser vista como um curto lapso em meio a um tempo muito longo (KERN, 2003, p. 38).

Enquanto o passado geológico se mostrava cada vez mais distante, o passado da experiência humana parecia vir em direção ao presente, sobretudo através de duas invenções: o gravador e a câmera fotográfica (KERN, 2003, p. 38). Ambos permitiram um acesso antes inimaginável ao passado. O gravador, de modo especial, podia promover um contato "direto" entre vivos e mortos. O cinema, posteriormente, permitiu um contato "direto" com o passado. O cinema e a fotografia trouxeram uma nova experiência para a memória, representando "fielmente" e com riqueza de detalhes aquilo que a memória poderia guardar apenas parcialmente (KERN, 2003, p. 39).

Esta ideia influenciou psicólogos e filósofos. Henry Maudsley, em 1867, introduziu o conceito de "memória orgânica", no qual a memória existe em todas as partes do corpo, e esta ideia foi relida e reformulada por psicólogos posteriores (KERN, 2003, p. 40). Em 1881, psicólogos de diferentes países buscaram na memória a origem e o tratamento de patologias. Estas descobertas a respeito da memória, do esquecimento e do papel da infância foram incorporadas pela psicanálise (KERN, 2003, p. 41; GINZBURG, 1989, p. 170).

Freud trouxe cinco contribuições para se pensar a respeito do impacto do passado: 1) o passado mais remoto é o mais importante; 2) as experiências cruciais são de natureza sexual; 3) as memórias mais importantes são reprimidas, não apenas esquecidas; 4) todos os sonhos e neuroses têm origem na infância; 5) toda experiência deixa algum traço de memória. Assim como Darwin assumiu que reminiscências do passado ficam inscritas na matéria orgânica, Freud entendeu que cada experiência, ainda que insignificante, deixa vestígios e continua a formar repetições e revisões psíquicas ao longo da vida (KERN, 2003, p. 42). Dito de outro modo, cada vez mais a ciência da virada do século XIX para o XX dava a entender que o presente contém, de certa forma, o passado.

De Descartes a Kant, pensava-se que o homem seria dotado naturalmente de formas de ligação dos acontecimentos, dentre elas o tempo; ou seja, seria uma característica inata (ELIAS, 1998, p. 34). Portanto esta ideia não era completamente nova, mas apareceu de forma mais explícita em Bergson, que em 1896 se colocou o problema de pensar o tempo como fragmentado ou contínuo, optando pela continuidade. Deste modo, o passado se prolonga e se mistura ao presente, havendo diversas metáforas para representar isso: "osmose", "interpenetração", "roer", e assim por diante. Não há, em Bergson, uma separação, mas uma continuidade absoluta (KERN, 2003, p. 43), o que nos lembra da ideia de "distensão do tempo" em Santo Agostinho, na qual há um contraste entre três tensões: a atenção (presente), a memória (passado presente) e a expectativa (futuro presente) em uma mesma ação (RICOEUR, 2010, p. 37). William James enxerga uma natureza fluida no tempo e percebe, assim como Bergson, uma continuidade entre passado e presente. Contudo, James diferencia as memórias recentes, como parte do presente, e as memórias remotas, como algo separado. Para Bergson, esta diferença não existe. Husserl pensa em dois tipos de experiência do passado: uma mais recente, chamada "retenção", e outra mais distante, chamada "recolecção". A recolecção pode modificar a ordem e o ritmo de uma experiência, já a retenção é sempre fixada pela experiência. Podemos dizer que a retenção é a vivência de algo, já a recolecção é a reconstituição desta experiência (KERN, 2003, p. 44). Os três filósofos concordam que o passado tem um enorme impacto sobre o presente: para Bergson o passado rói o presente; para James, o passado é transmitido ao presente, e para Husserl o passado agarra-se ao presente (KERN, 2003, p. 45).

***

Quando falamos em "instante", na historiografia, estamos nos remetendo ao "fato", que por sua vez nos leva à cronologia. Esta última, ao longo da história da historiografia, tem sido adotada e abandonada conforme as concepções de História são formuladas. Para Jacques Revel (2009), "acontecimento" e "singularidade" têm o mesmo significado, e aqui podemos associar estes termos a "fato". Ao tentar se afirmar como ciência, a história viu a necessidade de encontrar "leis", assim como fazem as ciências naturais. Para se encontrar estas "leis gerais", o "particular", que remete ao fato, deixou de ser buscado, fazendo com que a história "factual" entrasse em declínio e as cronologias caíssem para o segundo plano, dando lugar à história serial. As "causas", que anteriormente eram buscadas no que vinha "antes", passaram a ser procuradas no contexto. Michel de Certeau (2008) aproxima-se desta ideia ao lidar com "sincronia" e "diacronia" em vez de "causa e efeito".

O "retorno do fato" se deu a partir da década de 1970, quando se buscou casar o acontecimento com o "sistema" (que aqui equivale à estrutura). Portanto, uma análise de tipo sistêmica trabalha com a relação entre "fato" e "estrutura". Vilar chama a "história factual" de "positivista"; contudo, considera que uma sólida cronologia é um marco indispensável para o trabalho do historiador. Certeau, por sua vez, entende que a prática da periodização ajuda a separar o "outro" ou "o que não é mais o que havia sido" do historiador que opera no presente. Segundo Prost, não há História sem datas; ainda que não seja o principal, a cronologia é fundamental para o historiador.

Em resposta à fragmentação da História, que se deu ao longo do século XX com o declínio do "fato", Vilar acredita que se faz necessária uma visão de síntese, ou seja, uma visão total, globalizante. A necessidade de se ter um olhar de síntese se deu, para Vilar, sobretudo a partir dos acontecimentos de 1914 (Primeira Guerra Mundial), 1917 (Revolução Russa) e da Crise de 1929. Para Revel, com os meios de comunicação de massa e a aceleração do tempo, o acontecimento passou a ser construído mais rápido, e não apenas pelo historiador, mas também pela mídia, o que ajudou a tornar os "fatos" e cronologias ainda mais frágeis e o trabalho do historiador ainda mais difícil. A visão "total", defendida por Vilar, lida com temporalidades diferentes e faz emergir a necessidade de técnicas de análise diferentes para cada temporalidade, ou seja, cada período precisa de uma abordagem própria.

No pensamento de Revel, o mundo contemporâneo vive uma aceleração de processos. Esta aceleração leva à impressão de descontinuidade, já que as rupturas nos processos históricos são cada vez mais drásticas e constantes. Esta situação levaria a certo "presentismo", visto que o momento atual seria extremamente complexo e cheio de significados, tornando difícil pensar em sua relação com o passado. Porém, Revel não acredita que a postura do historiador frente ao tempo deva ser de fragmentação, mas sim de compreensão dos processos em sua complexidade, tendo em vista a continuidade. Esta posição se aproximaria do pensamento de Pierre Vilar, que pensa a História a partir de um olhar de síntese, como já citamos. Vilar ainda crê que a ciência histórica é dinâmica, pois acredita na transformação a partir da ação humana. A relação entre passado, presente e futuro, portanto, não seria de ruptura e abandono completo, mas sim uma dialética entre rupturas e continuidades, formando o que chamaria de "sistema". Este "sistema" (que podemos aproximar da ideia de "estrutura") leva em conta temporalidades mais longas, relacionadas a temporalidades mais breves, sugerindo que fatos, ainda que transformadores, levem consigo continuidades.

Koselleck pensa o tempo também dentro de uma chave que relaciona as diferentes temporalidades. Como também já citamos, o autor pensa nas estruturas como concatenação de diferentes temporalidades, de modo que um fato tenha em si diferentes tempos. Seus conceitos de "espaço de experiência" (passado vivido e lembrado) e "horizonte de expectativa" (futuro que influencia as ações presentes) deixam clara esta relação entre diferentes temporalidades. Se todo fato é composto por temporalidades múltiplas, é impossível pensar no tempo como algo fragmentado, ou seja, não podemos pensar em cada instante como totalmente separado de seu predecessor e de seu sucessor. Prost também tem uma concepção de fluidez na história, o que podemos observar em seu discurso quando afirma que a história trabalha com a diacronia, relacionando tempos diferentes ao lidar com um objeto (tempo construído, complexo e multifacetado).

No caso de Certeau, a concepção de tempo é um pouco diferente. O passado não tem estatuto ontológico, como teria para Vilar. Sendo assim, a relação entre passado e presente se dá justamente pela descontinuidade: o passado é necessariamente diferente do presente, é o "outro". Mesmo assim, como já citamos, para Certeau a diferenciação entre passado, presente e futuro é construída historicamente, não é natural. Portanto, é o historiador quem determina esta descontinuidade. A prática do historiador, portanto, necessita da teoria para não cair em valores eternos, caso contrário perderia sua historicidade.

Podemos concluir, portanto, que entre os historiadores aqui trabalhados existe uma tendência a conceber o tempo como algo contínuo, sendo que as rupturas observadas pela ciência histórica podem levar consigo continuidades que se referem a temporalidades mais longas. Ainda que o trabalho do historiador vise encontrar as mudanças ocorridas ao longo do processo histórico (pois se não houvesse mudanças viveríamos em um presente eterno), a própria ideia de "processo" já indica que as diferentes épocas e diferentes temporalidades guardam relações entre si.

***

Outro debate sobre o tempo na passagem do século XIX para o XX diz respeito ao valor do passado: positivo ou negativo. Para Wilhelm Dilthey o passado é fonte de conhecimento e sentido. Toda compreensão é histórica porque o homem é um ser histórico, portanto, toda vida só se dá e só se compreende no tempo. A língua e a forma de pensar que usamos se origina no tempo.[1] Bergson baseou sua teoria do conhecimento no sentido de que nós nos conhecemos a nós mesmos no tempo (KERN, 2003, p. 45). Para Bergson o tempo é o coração da vida. O conhecimento intuitivo é essencial para se viver uma boa vida e nossa habilidade de integrar o passado no presente é uma fonte de liberdade. O centro da avaliação de Bergson sobre o passado é sua noção de que a duração é fonte de liberdade e deve ser buscada nas dinâmicas da experiência (KERN, 2003, p. 46). Na literatura, Proust se aproximou de Bergson vinte anos antes (KERN, 2003, p. 47).

Bergson, Proust e Freud têm herança judaica, e esta experiência pode ter influenciado sua visão sobre o passado como fonte de liberdade, beleza e saúde mental. Tanto o Judaísmo como o Cristianismo reverenciam o passado e argumentam sua validade em parte pela tradição. Implicitamente, sua ética assume que o que é antigo é bom. Outro ponto que pode ser atribuído ao judaísmo diz respeito à sua relação entre tempo e espaço: a vida no tempo é mais importante do que a vida no espaço

---

1 ELIAS (1998, p. 16) nos lembra de que o tempo é expresso por símbolos, sobretudo numéricos, como meio de orientação no devir; estes símbolos que expressam e se confundem com o tempo, também são criados "no tempo", ou seja, em meio às ações humanas.

(KERN, 2003, p. 50), assim como os marcos temporais são mais importantes do que os marcos espaciais (KERN, 2003, p. 51).

Vários pensadores do século XIX tentaram compreender como seus objetos tomaram a presente forma ao longo do tempo (construção histórica). Com o declínio da religião, seus esforços se deram em direção a encontrar um sentido para a vida no mundo sem Deus, bem como o lugar do homem na história (KERN, 2003, p. 51). Nietzsche, por sua vez, reagiu vivamente contra o historicismo e a preponderância do passado. Para ele, a única forma de "redenção" é a vitória da vontade sobre os obstáculos colocados contra o passado. A vontade, portanto, é transformadora e ponte para o futuro (KERN, 2003, p. 52 e 53). Henrik Ibsen, em suas peças, confere ao passado um caráter vitorioso, irreversível e determinista (KERN, 2003, p. 53). Em outras peças, Ibsen retrata o passado como algo que atormenta como uma memória persistente (KERN, 2003, p. 54). Joyce, por sua vez, foca sua visão sobre a memória em suas limitações e perigos; para Stephen Dedalus, o tempo aparece como um pesadelo do qual se tenta acordar (KERN, 2003, p. 55). Entre tantas concepções de passado, porém, forma-se uma certeza: a de que o passado não pode ser abandonado por completo (KERN, 2003, p. 57).

O século XIX ficou conhecido como "século da História", entre outros motivos, pelo fato de a investigação do passado se tornar uma fonte de significados para uma história "sem Deus", altamente influenciada pelas novas descobertas científicas (KERN, 2003, p. 60 e 61). Neste ponto, é interessante dialogar com alguns historiadores que refletiram sobre o papel do passado na história.

Segundo Reinhart Koselleck (2006), a representação da história como "mestra da vida" esteve presente praticamente desde a origem da história e permanece nos dias atuais, apesar de haver consenso entre os historiadores sobre a fragilidade desta concepção. Mesmo presente em diferentes épocas, a *Historia Magistra Vitae* foi também questionada ao longo do tempo, ainda que tenha orientado a maior parte dos estudos de história e da produção historiográfica.

Esta expressão teve diferentes significados ao longo do tempo, e as diferentes formas de compreendê-la se relacionam com as diferentes formas de se estudar e produzir História. Apesar de certa flexibilidade em seu uso, até o século XVIII ela passava a ideia de constância da natureza humana: como nos lembra Prost (2008), os homens de um determinado período podiam falar de seus antepassados como semelhantes, sobretudo no universo cristão que considerava todos os homens desde o nascimento de Cristo até o Juízo Final como "contemporâneos". Assim sendo, o passado não era visto como diferente, mas como integrante do presente. Dentro desta chave de leitura, o passado se torna perene, ou seja, na verdade ele não passa, continua presente.

Seguindo este raciocínio, como os homens do passado e seus feitos não são diferentes dos homens e acontecimentos do presente, a história pode servir de exemplo, não apenas em sentido teológico, mas também prático e político. Deste modo, a história serviria como orientação daquilo que se deveria ou não fazer, tanto do ponto de vista moral, como também político e em cada ação do cotidiano. Podemos identificar, portanto, um caráter pedagógico da História até este momento: ela ensina a agir corretamente a partir de exemplos do passado.

O Iluminismo, no século XVIII, muda a relação com o passado e, por consequência, muda a concepção de história. As novas ideias surgidas neste contexto buscavam romper com o "passado" (Antigo Regime, Idade Média, dogmatismo religioso) e formar novos seres humanos a partir de ideias novas. O passado, portanto, deixava de ser fonte segura de exemplos de ação, mas também não perderia de todo seu caráter "exemplar". Podemos dizer que o passado se tornou fonte de conhecimento apenas na medida em que pudesse auxiliar na construção do futuro; o presente, então, passa a ser orientado não primordialmente pelos exemplos do passado, mas pela necessidade de se construir o futuro.

O olhar para o passado adquiriu outro enfoque. O simples relato foi sendo substituído pela busca de se encontrar aquilo que "realmente aconteceu", procurando-se por uma "história em si". Ao extrapolar o simples relato, Koselleck entende que esta nova concepção de história a torna mais

ZOLA E AS PERCEPÇÕES DO TEMPO

"mestra da vida" do que anteriormente, pois agora assume o compromisso de encontrar a verdade e, portanto, deixa de ser um mero meio de erudição para dar início ao processo que a transformaria em ciência.

Ao lidarmos com o passado na historiografia, não podemos perder de vista a dimensão do passado dentro da experiência humana de um modo mais amplo. Entre os historiadores, a experiência de passado mais debatida é a memória. Vilar começa sua reflexão a respeito da memória diferenciado-a da História. Para este autor, a memória guarda um caráter eminentemente subjetivo, mesmo que estejamos lidando com a "memória coletiva", que para ele se aproxima da ideia de senso comum. A História, por sua vez, tem um crivo objetivo ao "testar" suas hipóteses na realidade concreta. Deste modo, a memória por si só não seria fonte confiável de conhecimento, pois não passa por uma "experimentação científica", guardando muito de subjetividade. Em suma, a memória, para Vilar, não verifica sua aplicabilidade dentro do mundo material.

Para Revel (2009, p. 162), por outro lado, a memória pode ser um espaço de busca de referências. Como já citamos, Revel acredita que a aceleração dos processos históricos faz com que surja a impressão de descontinuidade, de modo que o presente se distancie muito do passado. Esta situação levaria à perda de identidade, que seria recuperada através da memória. A memória, portanto, seria um ponto de partida para a manutenção de determinados referenciais para diferentes sociedades. Ainda que não seja científica, a memória tem importância cultural e se apresenta como um referencial seguro e de aparente imutabilidade diante das transformações históricas cada vez mais constantes.

Estes referenciais, contudo, podem surgir a partir de uma memória construída com base em experiências ou referindo-se a construções desvinculadas do real. Koselleck pensa o passado como experiência, que por sua vez podemos compreender como algo vivido e lembrado. Certeau, por sua vez, lembra que o historiador sempre corre o risco de criar um passado desvinculado do real, de onde podemos extrair que existe a possibilidade de a memória ser baseada em construções desconectadas da realidade. Temos, então, outro problema para os historiadores: caberia verificar a "realidade" da memória construída ou o contexto em que esta memória surgiu?

Koselleck chama de "espaços de experiência" os lugares em que aquilo que foi vivido em lembrado continua presente. Talvez fosse pertinente adaptar esta ideia à construção de memórias coletivas, que apesar de geralmente não serem produzidas a partir de preocupações metodológicas e científicas, não estão totalmente desvinculadas da realidade. Isto quer dizer que elas partem de conhecimentos, aspirações ou situações presentes no contexto de sua produção, ou seja, são históricas. Além disso, estas memórias, fabricadas ou não, também constituem o espaço de experiência das sociedades nas quais estão inseridas. Ou seja, a memória pode ser construída a partir de uma experiência, como também pode ser parte de uma construção. Em outras palavras, podemos adotar a memória como um objeto de estudo, assim como também é possível ter a memória como um recurso para se chegar à compreensão de outro objeto que tenha a memória como constituinte.

***

No que diz respeito ao presente, há duas concepções claras na segunda metade do século XIX: o presente é uma sequência de eventos locais únicos ou simultâneos em diferentes lugares, ou se trata de um pedaço infinitesimal de tempo entre o passado e o futuro (KERN, 2003, p. 68)? Em qualquer uma dessas chaves de compreensão, o presente teve como noção mais forte a simultaneidade, sobre a qual GALISON (2005) discorre para compreender o debate sobre a relatividade no final do século XIX e começo do século XX. Neste contexto, precisamos ler alguns matemáticos e físicos também como filósofos (GALISON, 2005, p. 29).

As novas tecnologias de comunicação, em geral, e o telefone, em particular, trouxeram uma nova noção de instantâneo (KERN, 2003, p. 69). Passa a existir a possibilidade de "democratizar" a informação e diminuir o isolamento dos indivíduos. O cinema, por sua vez, muda a percepção do presente usando diferentes efeitos visuais para passar a ideia de simultaneidade (KERN, 2003, p. 71). Os artistas futuristas, em diversos campos, tentam romper com a "sucessão" para tentar a "simultaneidade", com recursos como a polifonia através de gravações (KERN, 2003, p. 72). Wagner, por exemplo, usa falas simultâneas em suas óperas para intensificar a urgência de um encontro, além de diversas sobreposições de melodias, unindo pontos diferentes da narrativa em um mesmo momento.

A literatura, por sua vez, também tenta representar a simultaneidade (AUERBACH, 2011, p. 477). *Ulysses*, de Joyce, foi influenciado por técnicas de cinema (KERN, 2003, p. 77). O autor imaginava que seus leitores pudessem retornar ao livro várias vezes para reconstituir as teias de relações e referências cruzadas (AUERBACH, 2011, p. 477).

Ao passo que a simultaneidade alargava o presente no espaço, algumas tentativas foram feitas para incluir no presente o passado e o futuro imediatos (KERN, 2003, p. 81). Alguns estudos tentaram medir o tempo e chegaram a estabelecer a duração do presente; o cinema, com suas sequências de imagens estáticas que reproduziam movimentos, ajudou a consolidar a percepção de que o instante podia ser capturado. Já William James, em artigo de 1884, argumentou que é impossível experimentar o presente porque ele se torna passado antes de ser propriamente compreendido (KERN, 2003, p. 82), ideia com a qual Santo Agostinho provavelmente concordaria a partir de sua concepção de "passado presente" (o intelecto compreenderia a lembrança do passado, não o passado concretamente).

Uma das questões que se coloca é que a experiência da duração não pode ser percebida em partes, mas apenas como um todo (KERN, 2003, p. 83); sendo assim, seria impossível separar o presente do restante do tempo. Neste ponto, Paul Ricoeur pensaria na narrativa como única possibilidade viável de colocar a experiência na duração: "O tempo se torna tempo humano na medida em que está articulado de maneira narrativa". (RICOEUR, 2010, p. 9).

***

O futuro também é compreendido em uma dupla chave: o indivíduo vai em direção ao futuro ou o futuro vai em direção ao indivíduo? Esta pergunta introduz as noções de atividade e expectativa, as duas correntes opostas que se enfrentam no debate sobre o futuro (KERN, 2003, p. 90). Ao lado do evolucionismo darwinista, emerge o conceito de degeneração. Este parte da expectativa de que o homem "evolua" pelas forças da natureza e da sociedade, mas esta acaba se transformando em declínio cultural e extinção de espécies. Já o telefone, ao mesmo tempo em que proporcionou a experiência da simultaneidade, também intensificou as noções de imediatismo (respostas em um futuro mais próximo), atividade (fazer a ligação) e expectativa (esperar por uma ligação) (KERN, 2003, p. 91). Também podemos dizer que as descobertas de novas fontes de energia alteraram a percepção do futuro, pois o "progresso", antes medido em carrinhos de carvão, passou a vir por meio de diversas outras fontes (KERN, 2003, p. 93).

A literatura trouxe, por sua vez, a possibilidade de se acessar o futuro da mesma forma que permitia acessar o passado. Na ficção científica, o futuro passou a ser tão real quanto o passado (KERN, 2003, p. 94). A ciência também permitiu observar o futuro a partir do movimento dos astros, diagnósticos médicos e previsões meteorológicas. Podemos dizer que a geração do final do século XIX se voltou para o futuro (KERN, 2003, p. 98), seja por meio de novas ideias científicas, sociais, políticas, literárias e históricas, entre outras. Mas, apesar de o futuro ser cada vez mais "decifrável", a filosofia tendia a repudiar qualquer forma de determinismo (KERN, 2003, p. 100).

Marx, por sua vez, colocava que os trabalhadores incorporavam o futuro através de suas lutas no presente (KERN, 2003, p. 103). Assim como "as novas tecnologias, a ficção científica, Arte Futurista, e políticas revolucionárias olhavam para o futuro como um predador olhando para a presa" (KERN, 2003, p. 104). Por outro lado, havia muitos que olhavam para o futuro com pessimismo e fatalismo, através do prisma da degeneração. Desde meados do século XIX havia previsões de um possível fim das fontes de energia e morte da terra por perda de calor a partir da segunda lei da termodinâmica (WHITROW, 1993, p. 177). Essa ideia influenciou outros campos, inclusive as ciências sociais, que criticavam o fim de sociedades tradicionais e a formação da sociedade urbana-industrial.

***

Um último tópico que diz respeito às concepções de tempo está em sua relação com o espaço: a velocidade. O século XIX viu surgir certa obsessão pela velocidade, mas também reagiu contra ela. Podemos dizer que a velocidade afetou a vida humana como um todo, e é neste ponto que começamos a nos aproximar da delimitação de nosso recorte. É quase senso comum que a Revolução Industrial "acelerou" a vida humana. E se com WHITROW e ELIAS encaramos o tempo em uma perspectiva histórica, partiremos de THOMPSON (1998) para problematizar a industrialização e sua relação com o tempo.

THOMPSON (1998, p. 288) aponta para a necessidade de problematizarmos a ideia de "industrialização", por se tratar de um processo extremamente complexo e que não se deu de forma igual em todos os lugares. O que chamamos de "transição" é um processo que tem ligação com a cultura, passando pelos sistemas de poder, relações de propriedade, instituições religiosas, etc. Segundo ELIAS o tempo tornou-se a representação simbólica de uma vasta rede de relações. (1998, p. 17). Para THOMPSON,

> O que estamos examinando neste ponto não são apenas mudanças na técnica de manufatura que exigem maior sincronização de trabalho e maior exatidão nas rotinas do tempo em qualquer sociedade, mas essas mudanças como são experienciadas na sociedade capitalista industrial nascente. Estamos preocupados simultaneamente com a percepção do tempo em seu condicionamento tecnológico e com a medição do tempo como meio de exploração da mão de obra. (THOMPSON, 1998, p. 289)

O que aqui chamamos de "tempo industrial" é uma novidade histórica por diversos fatores, dos quais podemos destacar: 1) padronização e sincronização da medição do tempo;[2] 2) controle cada vez maior sobre o tempo do trabalho humano; 3) relação cada vez mais intensa entre o homem e a medição mecânica do tempo em detrimento de ritmos "naturais" (por exemplo, quando deixamos de fazer nossas refeições quando estamos com fome para comer em horários estabelecidos segundo nossas atividades); 4) tendência a sobrepor os ciclos convencionais (hora oficial, calendário civil) aos ciclos naturais (dia e noite, estações do ano), de modo a naturalizar o primeiro;[3] 5) noção de que o tempo é quantificável e fragmentado, e portanto pode ter um valor atribuído para que o trabalho seja pago por horas, e não por tarefa realizada.

Mas, como se poderia supor, os seres humanos que vivenciaram esta grande mudança não viam como "natural" esta forma de encarar o tempo, tão radicalmente distinta daquela com a qual estavam acostumados, de tal modo que o "tempo" tornou-se a grande discussão que permeava áreas de conhecimento das mais variadas; podemos aqui citar uma grande quantidade de estudos de geologia, biologia, física, história, filosofia, medicina, psicologia e engenharia, além de trabalhos nas artes plásticas, literatura e cinema, apenas para ficar em alguns dos campos que se preocuparam com a natureza, medição, duração e impacto do tempo no mundo e, sobretudo, no cotidiano das pessoas, que experimentaram mudanças inclusive na relação com os próprios corpos para lidar com este "tempo industrial", adequando-se a ritmos nunca antes experimentados de trabalho e locomoção. Quanto a este ponto, ELIAS (1998, p. 14-15) coloca que o tempo não é aprendido, mas experimentado como um dado evidente, cujo caráter coercitivo é experimentado desde cedo. Nesta dimensão, o tempo é comparável a um instrumento construído com objetivo específico, a partir da experiência: "Ele [o tempo] é também

---

2   Sobre este ponto, ler também Kern (2003, p. 14).

3   Um exemplo disso é quando alguém reclama de como é difícil de se adaptar ao horário de verão que é diferente do "horário natural". O horário de verão, na prática, faz com que todos comecem suas atividades uma hora mais cedo para aproveitar a luz solar, prática que consta, por exemplo, em registros de regras de monges medievais, que começavam suas atividades no verão sempre mais cedo do que no inverno, adequando, assim, suas tarefas aos ciclos naturais.

uma instituição cujo caráter varia conforme o estágio de desenvolvimento atingido pelas sociedades" (1998, p. 15).

Frente a esta novidade, as atitudes foram variadas. Algumas correntes filosóficas entendiam este novo tempo como a expressão máxima do progresso humano; outros pensadores, por sua vez, viam neste novo momento o início do declínio humano. As descobertas científicas davam suporte tanto para o otimismo evolucionista quanto para o pessimismo da degeneração. Até mesmo a cronologia do mundo cristão, datado da Criação ao Juízo Final passava a tender ao infinito com a descoberta de que a Terra e o Universo eram muito mais antigos do que as gerações humanas conhecidas. Ao mesmo tempo o homem podia se ver como o topo de um longo processo evolutivo ou como um ponto desprezível dentro de um plano infinito (KERN, 2003, p. 38).

Para investigar esta nova percepção de tempo que se formava ao mesmo tempo em que se tornava hegemônica, bem como as contradições dela decorrentes, foi escolhida como fonte a obra *Germinal*, de Émile Zola. Esta escolha se deu, em primeiro lugar, por se tratar de uma obra e de um autor tidos como referenciais para o seu tempo. Escrita em 1884, publicada em 1885, mas representando a França entre 1866 e 1867, *Germinal* tem como uma de suas principais características a densa pesquisa documental, bibliográfica e de campo feita por Zola para caracterizar o trabalho e os trabalhadores em uma mina de carvão. A preocupação de Zola com a "realidade" é o eixo central do programa de literatura naturalista, do qual era o principal nome (BORNECQUE, 1958).

Diferentemente de outras obras do mesmo período, o tempo não é o objeto central de Zola em *Germinal*. Aliás, o tempo não é o objeto explícito de Zola em nenhum de seus livros. Por que, então, a escolha de *Germinal* para uma pesquisa que pretende investigar as mudanças na percepção do tempo com a Segunda Revolução Industrial? Porque esta obra tem como objeto, nas palavras do próprio Zola, "a luta do trabalho contra o capital" (ZOLA, 1884a, p. 4). O objetivo de Zola nesta obra era mostrar o cotidiano dos trabalhadores das minas de carvão da França, desde suas condições de trabalho até seus momentos de lazer. Se assumimos que a principal mudança trazida pela nova percepção do tempo se dava no cotidiano, e sobretudo no trabalho, a investigação feita por Zola sobre o cotidiano do trabalhador torna-se de grande interesse para quem investiga as novas formas de se perceber o tempo.

Em segundo lugar, *Germinal* busca o cotidiano não do trabalhador da fábrica, mas do trabalhador da mina de carvão. Zola escolheu este ambiente por sua insalubridade, para mostrar o quão degradante eram as condições vividas por alguns trabalhadores em uma França que se dizia moderna e na vanguarda do progresso científico e industrial. Para a investigação sobre o tempo, a mina ganha importância por outro aspecto: sua característica híbrida. Ao longo do livro serão mobilizados diferentes autores, como Arendt, Elias, Thompson, Elley e Whitrow para demonstrar que a mina de carvão era um espaço intermediário entre o meio rural e o espaço urbano, conservando características de um e outro, de modo que os tempos "industrial" e "pré-industrial" nela conviviam de modo bastante intenso[4].

Finalmente, em terceiro lugar, a escolha de *Germinal* como fonte se deu por ser uma obra literária que não trata do tempo como objeto. Ao não tratar diretamente do tempo, este aparece como um componente secundário, de modo que o autor, por não estar preocupado em expressar uma determinada concepção de tempo ou propor uma reflexão a este respeito, expressa-o de forma "natural", de modo que neste contexto podemos perceber como entendia o tempo em seu próprio cotidiano através dos indícios deixados em sua escrita (GINZBURG, 1989).

***

Após apresentar algumas das reflexões que estão por trás deste texto, é coerente que apresentemos o que virá a seguir. Os quatro capítulos que

---

4   É importante lembrar que mesmo nas cidades industriais e nas fábricas o "pré-industrial" e o "industrial" continuavam e continuam a conviver. Este fenômeno não é exclusivo da mina de carvão, mas de uma sociedade em transformação.

se seguem são, ao mesmo tempo, núcleos independentes e estruturas de uma mesma construção. São peças independentes na medida em que cada um deles pode ser lido individualmente e plenamente compreendido; mas são estruturas de uma mesma construção na medida em que se encaixam de modo a sustentar os argumentos aqui apresentados.

Cada capítulo terá um tema, mas podemos dizer que todos tratarão das mesmas questões, variando a perspectiva, para dar ao leitor a ideia de "cerco" ao objeto. Ao mesmo tempo, cada capítulo tem diferentes perspectivas temporais, cada um se apropriando mais ou menos de questões relativas ao passado, ao presente ou ao futuro, tendo como referencial Zola, suas personagens e seus interlocutores.

O PROBLEMA HISTORIOGRÁFICO DA LITERATURA[1]

Na mesma medida em que me desagradam essas profissões de fé pretensiosas de pretendentes ávidos de sentar-se a mesa dos 'pais fundadores', deleito--me com essas obras em que a teoria, porque é como o ar que se respira, está por toda parte e em parte alguma, no meandro de uma nota, no comentário de um texto antigo, na própria estrutura do discurso interpretativo

Pierre Bourdieu, 1996, p. 204).

RELAÇÕES ENTRE HISTÓRIA E LITERATURA

Escrever história é tão difícil que a maioria dos historiadores vê-se obrigada a fazer concessões à técnica do lendário

Erich Auerbach

No bojo dos debates sobre o papel da História e as metodologias a serem adotadas pelos historiadores nos últimos anos se encontra uma questão que tem provocado acaloradas discussões entre os historiadores: o que diferencia a produção historiográfica da produção literária? Para Roland Barthes (1988) todos os caracteres secundários da ciência (conteúdo, método, moral e modo de comunicação) estão presentes na lite-

---

1 Uma versão resumida deste capítulo foi apresentada na Conferência Internacional "Ficção em Contextos Históricos e Culturais", realizada em São Paulo em março de 2013.

40   RILTON FERREIRA BORGES

ratura em geral, sendo esta diferente das ciências (sobretudo das ciências humanas) apenas por seu estatuto. Em outras palavras, a literatura só não é ciência porque a ela não foi conferida esta condição. Além disso, conflitos internos de um determinado campo podem se transformar em conflitos de definição ("verdadeiro escritor"; "verdadeiro cientista"; etc); assim as disputas acabam passando por questões de legitimidade. As definições que temos hoje como óbvias de "história", "literatura", "ciência", etc., são resultados de disputas dentro de campos, e neste ponto está a disputa pelo monopólio da autoridade em dizer quem é ou não escritor, historiador, artista, cientista, etc. (BOURDIEU, 1996, p. 253).

Émile Zola, no século XIX, tinha entre seus objetivos dar à literatura um caráter semelhante ao da ciência, apropriando-se, inclusive, de seu vocabulário. Pensando neste exemplo, podemos nos perguntar: até que ponto o autor de obras literárias que tem preocupação em representar o real seria diferente do historiador? Ou, ainda, até que ponto o historiador também não é um ficcionista, que organiza os fatos a sua maneira para criar um texto que represente a realidade? Para esta discussão teremos como referências principais os pensamentos de Hayden White e Roger Chartier, que propuseram respostas diferentes para estas questões.

No pensamento de WHITE (1991), a teoria literária tem um papel fundamental no trabalho do historiador. Para ele só é possível compreender a história a partir do estudo da linguagem e do discurso, sendo estes dois campos de conhecimento fundamentais para o historiador, tanto para estudar quanto para praticar a história. É a linguagem, mais do que os acontecimentos em si, que dá ao historiador os recursos para que desenvolva seu trabalho, sendo indissociável a experiência histórica do discurso sobre ela.

White assume que o historiador lida especificamente com o passado e precisa partir do pressuposto de que o passado existe e que pode ser experimentado. A partir deste raciocínio, o autor nos leva a crer que a escrita é indispensável ao historiador, pois o passado não pode ser experimentado de outra forma que não seja através da leitura[2]. Desta forma, a

---

2   Neste ponto, talvez pudéssemos considerar o pensamento de White não muito distante dos historiadores do século XIX que propuseram a divisão clássica

ZOLA E AS PERCEPÇÕES DO TEMPO

escrita da história não se diferenciaria da escrita ficcional da literatura, pois esta também lida com a linguagem para permitir diferentes tipos de experiência ao leitor, inclusive referentes ao passado. Para White, o que diferencia a história de outras formas de escrita é um tipo específico de discurso. Este "discurso histórico", em oposição ao que se pretende pela maioria dos historiadores, para White não é um discurso científico, pois ao contrário, por exemplo, das ciências físicas, este não produz conhecimento, nem informação: as informações estão contidas já nos documentos utilizados pelo historiador para compor seu discurso. O trabalho do historiador produz somente interpretações, ou seja, consiste em interpretar suas fontes formando um discurso no qual apresenta seus resultados. Esta afirmação coloca em xeque o estatuto da história como ciência, ou mesmo como disciplina escolar: como compreender uma disciplina meramente interpretativa, que não produz conhecimento?

Aqui voltamos a questionar o limite entre história e literatura: a literatura também não é vista como uma forma de interpretar a realidade? Tanto a história quanto a literatura não se utilizam da narrativa para representar a realidade? Como seria possível diferenciá-las? White propõe uma resposta:

> O discurso literário pode diferir do discurso histórico devido a seus referentes básicos, concebidos mais como eventos "imaginários" do que "reais", mas os dois tipos de discurso são mais parecidos do que diferentes em virtude do fato de que ambos operam a linguagem de tal maneira que qualquer distinção clara entre sua forma discursiva e seu conteúdo interpretativo permanece impossível (WHITE, 1991, p.5).

No fundo, para Hayden White o discurso histórico e o discurso literário são diferentes apenas na perspectiva em que o primeiro se preocuparia mais com o "real", ao passo que o último poderia lançar mão de maior criatividade. Esta diferença, porém, é muito superficial, pois em ambos os casos a "realidade" pode estar igualmente presente. Tanto

---

entre Pré-História e História tendo o surgimento da escrita como referência.

42 RILTON FERREIRA BORGES

o autor de um romance pode usar informações da realidade, quanto o historiador pode usar a criatividade para compor seu trabalho. Desta forma, White tenta demonstrar que aquilo que torna uma obra literária reconhecida em diferentes épocas é o mesmo que faz o trabalho de um historiador perdurar:

> É a natureza metafórica dos grandes clássicos da historiografia que explica por que nenhum deles jamais "encaixotou" um problema histórico definitivamente, mas antes sempre "destampou" uma perspectiva sobre o passado que inspira mais estudo. (WHITE, 1991, p.6).

A qualidade do trabalho do historiador, portanto, não estaria em dar respostas, mas em suscitar novos estudos, despertar a curiosidade, da mesma forma que o autor de literatura inquieta seu público e gera reflexão.

O pensamento de Hayden White tem recebido diversas críticas de historiadores preocupados com o estatuto da história como ciência. Antes de pensarmos nas implicações de tal pensamento para os historiadores, pensemos na aplicação destas ideias em *Germinal*, de Émile Zola.

Zola utiliza uma metodologia "científica" na composição da maioria de suas obras, sendo este o caso de *Germinal*: pesquisas de campo, entrevistas, pesquisa bibliográfica, pesquisa documental. Em seu discurso apropria-se das linguagens científicas do século XIX e tenta compor um retrato o mais fiel possível da sociedade na qual está inserido. No caso específico de *Germinal*, tenta representar as precárias condições de vida dos trabalhadores de uma mina de carvão e suas ideias a respeito do trabalho e da política. Zola tem como referencial a "realidade", mas usa a ficção como ferramenta para "mostrar melhor" a realidade, usando o recurso da caricatura em algumas personagens como uma espécie de microscópio que torna visível aquilo que seria invisível "a olho nu". Este recurso, permitido ao autor em uma obra literária, não seria permitido a um historiador. Por outro lado, também não podemos entender que esta "metodologia" dê à obra de Zola o caráter de ciência, pois a literatura, mesmo se apropriando de outros tipos de linguagem, tem seu discurso específico, não podendo ser condenada caso o autor não alcance o rigor teórico e metodológico exigido do cientista.

Hayden White, a este respeito, diria que as ciências usam regras específicas e muito claras para o conhecimento do real. A história e a literatura têm liberdade para utilizar o método que quiserem, de modo que a representação da realidade que fazem seria metafórica, ao passo que a ciência estrutura um conhecimento preciso. Mesmo que a história e a literatura usem um vocabulário científico, elas continuariam não sendo ciência.

Ao pensamento de Hayden White se contrapõe o de Roger Chartier. Este autor pensa as relações entre o discurso histórico e a experiência histórica em outra chave, dentro da qual é possível dar à história o estatuto de ciência.

CHARTIER (1991) entende que o discurso histórico é sempre narrativo. Aqui cabe lembrar que durante boa parte do século XX a "narrativa histórica" foi criticada por um grande número de historiadores, entre outros motivos, por ser associada à história positivista do século XIX, focada nos "grandes feitos de grandes homens". Esta estrutura narrativa do século XIX está vinculada ao aparecimento das ciências humanas nos séculos XVIII e XIX, que aumentou o número de disciplinas indiciárias. Algumas desapareceram logo, como a frenologia, outras se tornaram importantes, como a paleontologia, e a medicina se afirmou. Da medicina, surgiram dois modelos de interpretação que influenciaram as demais ciências na metade do século XIX: o anatômico e o semiótico (que partia dos sintomas para encontrar as causas) (GINZBURG, 1989, p.170), e partindo desta relação entre os efeitos e suas causas, tendia-se a um modelo de narração explicativa. No lugar desta modalidade de produção historiográfica, se propunha uma "história temática", ou "história problema", focada em responder a perguntas formuladas a partir do presente, e não em "inventariar o passado". Para Chartier, ao tomarem consciência de que, mesmo não sendo "positivista" a história era sempre narrativa, muitos historiadores passaram a questionar o quanto a história era, de fato, científica, como já vimos no pensamento de Hayden White. Nas décadas de 1980 e 1990 podemos observar algo como uma crise da história: seria possível conceder o estatuto de ciência à história que toma emprestadas características da escrita da imaginação? Para Chartier não haveria contradição entre prova e retórica, o que não retiraria da história seu caráter científico:

> reconhecer as dimensões retórica ou narrativa da escritura da história não implica, de modo algum, negar-lhe sua condição de conhecimento verdadeiro, construído a partir de provas e de controles (CHARTIER, 2010, p. 13).

Chartier nos lembra, por exemplo, de que o fenômeno que tem sido chamado de "o retorno da narrativa", na verdade, nunca se deu, pois a narrativa nunca foi de fato abandonada pelos historiadores. O que se deu, ainda segundo Chartier, foi uma nova forma de narrativa, que não se baseava apenas em "grandes nomes da História", mas que voltava seu olhar a personagens antes esquecidos. Como parte deste movimento se deu, por exemplo, a micro-história, que se permitia olhar para passagens do cotidiano, personagens menores ou grupos tidos como menos importantes, mas sem perder de vista sua relação com o geral. Neste contexto a história se esquivava dos relatos e reivindicava seu cientificismo. Mesmo assim, a história nunca deixou de ser construída sempre a partir de figuras retóricas e estruturas narrativas que também são as da ficção (CHARTIER, 2010, p. 12).

Este olhar para as experiências nos permite repensar a relação entre a "experiência histórica" e a "escrita da história". Se para Hayden White a História só pode ser lida, para Chartier ela é, antes de tudo, vivida:

> Toda história deve levar em conta a irredutibilidade da experiência ao discurso, prevenindo-se contra o emprego descontrolado da categoria "texto", com muita frequência indevidamente aplicada a práticas (ordinárias ou ritualizadas) cujas táticas e procedimentos não são em nada semelhantes às estratégias discursivas. Manter a distinção entre umas e outras é o único meio de evitar dar como princípio da prática dos agentes a teoria que se deve construir para explicar sua razão (CHARTIER, 1991).

ZOLA E AS PERCEPÇÕES DO TEMPO   45

É a experiência histórica que dá condições para a sua escrita, e não o oposto. Chartier critica, justamente, a prática de se conferir a toda prática humana o caráter de "texto" ou "discurso", pois nem sempre este caráter está presente. Sendo assim, muitas práticas podem ser "experimentadas" sem serem "lidas". Se quisermos usar como exemplo a produção de *Germinal*, o sentimento de claustrofobia que Zola experimentou ao entrar em uma mina de carvão lhe deu recursos para que representasse a sensação através da linguagem, e não a linguagem que delimitou a forma como experimentaria a entrada na mina. Neste sentido, Paul Ricoeur diria que

> se podemos falar da ação como um quase texto é na medida em que os símbolos, entendidos como interpretantes, fornecem as regras de significação em função das quais determinada conduta pode ser interpretada (RICOEUR, 2010, p. 103).

Sem dúvida, temos aqui um ponto extremamente polêmico, o que torna necessário recorrer a outros autores para demonstrar a dimensão deste problema para a historiografia. Em um texto que traz um histórico dos debates envolvendo a literatura e a história intelectual, David Harlan (2000) lembra que a crítica literária pós-moderna tem levantado uma série de questões que historiadores tem precisado enfrentar. Um dos historiadores que tem buscado responder a estas questões é Quentin Skinner, que em seus ensaios defende o uso da hermenêutica para tentar reconstituir as "intenções primárias" do autor e se chegar à mensagem original do texto. Para isto seria necessário reconstituir o "mundo mental" no qual o autor escreveu o livro. Skinner propõe, ainda, que o historiador use como instrumental a teoria dos atos da fala pois, a seu ver, a escrita é uma forma de registrar a língua que é, primeiramente, falada.

Por outro lado, para pós-estruturalistas como Roland Barthes o autor "desaparece", ao passo que o texto transcende suas intenções. Em outras palavras, o que chega ao historiador é o texto, e este texto será experimentado a partir do universo mental do leitor, e não do autor, invalidando a proposta de Skinner. Ainda nesta perspectiva, a teoria dos atos da fala não

46 RILTON FERREIRA BORGES

se aplica ao texto porque, enquanto na fala emissor e receptor estão diante um do outro, na escrita o autor está ausente para o leitor e vice-versa.

Ainda sobre esta questão, Harlan cita Gadamer, que sugere ser impossível chegar ao significado original do texto, mas apenas reconstituir a história dos significados deste texto e de como ele chegou ao presente.

Interessado pela linguística e pelo pensamento de historiadores como Fernand Braudel sobre a "longa duração", J. G. A. Pocock tentou trabalhar com os processos de formação de sistemas linguísticos, mas a este respeito recebeu críticas por, ao trabalhar com longos períodos, ter tornado mínima a contribuição dos indivíduos nos períodos analisados. Para tentar solucionar este problema conceitual, pensou em diferenciar a "história do discurso" (longa duração) da "história do pensamento" (onde os "indivíduos pensantes" agem).

Outro grupo de historiadores, por sua vez, tem trabalhado com o "contextualismo", para o qual só é possível compreender um texto dentro de sua "rede de discurso intelectual" presente no momento em que foi produzido. Esta perspectiva, porém, traz consigo um problema: como identificar esta "rede de discurso"? Levando esta perspectiva ao extremo, a rede de discurso de um texto pode compreender desde um grupo bem definido, como o grupo de amigos escritores com os quais Zola se reunia frequentemente, até a totalidade da civilização ocidental, por exemplo.

Retomando o pensamento de Chartier, percebemos que, por um lado, ele se afasta de Skinner ao privilegiar a recepção dos textos em vez de buscar um sentido original. Entretanto, os dois historiadores se aproximam ao subordinar a linguagem à experiência humana (ou experiência histórica). Para Chartier é a experiência que dá ao historiador o material necessário para seu trabalho, e não a linguagem; esta é uma ferramenta, mas não é necessariamente seu objeto (pode ser seu objeto na medida em que a linguagem também constitui uma experiência histórica). Obviamente, estas experiências são limitadas por diversos fatores que não podem ser ignorados:

> Em consequência, o objeto fundamental de uma
> história cujo projeto é reconhecer a maneira como

os atores sociais investem de sentido suas práticas e seus discursos parece-me residir na tensão entre as capacidades inventivas dos indivíduos ou das comunidades e os constrangimentos, as normas, as convenções que limitam – mais ou menos fortemente, dependendo de sua posição nas relações de dominação – o que lhes é possível pensar, enunciar e fazer (CHARTIER, 1991).

Entre as "convenções" que limitam as ações dos sujeitos podem estar as convenções da linguagem, mas estas não são as únicas, nem necessariamente as mais importantes: limites políticos, econômicos, geográficos, entre outros, podem interagir de formas diferentes em diferentes situações.

As interações que compõem a experiência histórica também incluem as interações entre o autor e o leitor:

As obras não têm sentido estável, universal, congelado. Elas são investidas de significações plurais e móveis, construídas na negociação entre uma proposição e uma recepção, no encontro entre as formas e motivos que lhes dão sua estrutura e as competências ou expectativas dos públicos que delas se apoderam (CHARTIER, 1991).

Deste modo, a crítica textual, por si só, não dá conta de compreender as formas pelas quais os leitores se apropriam dos textos, nem como o "objeto texto" se transforma em "objeto livro" (na perspectiva de Darnton que discutiremos a seguir). A leitura, assim como a escrita, tem seus condicionantes para além das convenções linguísticas, o que, de modo simplificado, podemos chamar de materialidade da leitura e da escrita.

Repensando as relações entre a experiência e a escrita da história, poderíamos pensar em uma disciplina histórica ou em uma história como ciência? Para Chartier a resposta é positiva, pois

é preciso lembrar que a ambição de conhecimento é constitutiva da própria intencionalidade histórica. Ela funda as operações específicas da disciplina: construção e tratamento dos dados, produção de hipóteses, crítica e verificação de resultados, validação da adequação entre o discurso do conhecimento e seu objeto (CHARTIER, 1991).

A falta de uma metodologia específica não tira da história seu caráter de ciência; pelo contrário, concede a ela um leque maior de possibilidades para se produzir conhecimento. Para Chartier a "ambição de conhecimento" já confere cientificidade à história, pois é esta ambição que norteará o tratamento das fontes e a construção do discurso, e não a mera inventividade do historiador. A intenção de verdade, portanto, é constitutiva do próprio discurso histórico.

Isto já diferenciaria a história da literatura? Aparentemente não, pois voltando ao exemplo de Zola percebemos que sua obra também carrega uma "ambição de conhecimento" que norteia toda a sua produção, começando pelo projeto (Zola, antes de começar a escrever, fazia um plano de trabalho para cada obra), passando pela pesquisa, chegando à escrita em si, dando razão ao pensamento de Barthes citado no início.

O que diferencia, então, a ciência histórica da literatura? Para CHARTIER (1991), uma dupla dependência: dependência dos arquivos, ou seja, do passado do qual são vestígios; dependência em relação a critérios de cientificidade e operações técnicas próprias a seu ofício. O historiador não pode ser simplesmente "inventivo", pois parte necessariamente das fontes, ao passo que uma obra literária não precisa ter essa preocupação. Além disso, os critérios de cientificidade e de autenticidade dentro dos quais os historiadores operam são próprios de sua disciplina. A mera manipulação dos arquivos para compor um discurso aparentemente histórico não leva, necessariamente, a um trabalho histórico; prova disso é a existência de falsários ou de pessoas e grupos que deliberadamente manipulam suas fontes para produzir um discurso: entre os historiadores esta prática não é aceita, e são justamente os historiadores aqueles capazes de identificar estes desvios. Assumir que há a possibilidade de falsificação no trabalho do historiador implica, portanto, reconhecer que existe um tipo de trabalho legítimo e, por extensão, científico. Diante da escrita literária, portanto, coloca-se a necessidade de sustentar o discurso histórico como

ZOLA E AS PERCEPÇÕES DO TEMPO

representação e explicação adequada da realidade que foi, frente à tentação de criar histórias imaginadas ou imaginárias (CHARTIER, 2010, p. 31).

Algo semelhante pode ser encontrado na crítica que Norbert Elias faz aos historiadores: estes deveriam ter maior distanciamento e usar menos suas narrativas como armas em combates ideológicos de sua época (ELIAS, 1998, p. 150). Tanto a inventividade quanto a utilização do discurso histórico como ferramenta de legitimação sem vinculação com a realidade podem ser condenáveis pelo historiador-cientista. A narrativa como arma em combates ideológicos, que para Norbert Elias é criticável entre os historiadores, era (e ainda é) tida como uma virtude entre determinados grupos de literatos, sendo um dos fatores que fez Zola e obras como *Germinal* ganharem importância. O "combate pela pena", portanto, seria mais "legítimo" aos literatos do que aos historiadores.[3]

Outro comportamento criticável no historiador, quando comparado ao literato, está em sua atitude frente ao que vem antes de si. Para Bourdieu

> A busca da originalidade a qualquer preço, muitas vezes facilitada pela ignorância, e a fidelidade religiosa a determinado autor canônico, que tende à repetição ritual, têm em comum impedir o que me parece ser a única atitude possível com relação à tradição teórica: afirmar inseparavelmente a continuidade e as rupturas, por uma sistematização crítica de aquisições de toda procedência (BOURDIEU, 1996, p. 206).

---

3   Faz parte do senso comum a ideia de que os pesquisadores das ciências sociais em geral, e de modo particular os historiadores, são politicamente engajados e usam suas pesquisas como forma de engajamento. O que se questiona neste ponto não é o engajamento político do historiador, mas sim a construção de discursos que se autointitulam "históricos" quando, na verdade, são apenas discursos de apologia a determinada posição, sem qualquer valor historiográfico. Podemos pensar, então, que o discurso com valor historiográfico e ao mesmo tempo político não seja passível de crítica. No caso da literatura, a relação não é exatamente a mesma: um texto de pouco valor literário e muito valor político pode ser mais elogiado do que um texto de alto valor literário e nenhum valor político, dependendo do contexto histórico e social no qual está inserido.

Desta forma, o historiador que busca ser "original", como o literato, pode cair no erro de desprezar contribuições de historiadores anteriores, ou de se prender a uma única possibilidade de pesquisa e produção historiográfica. A "criatividade" do historiador estaria, então, na capacidade de lidar com diferentes contribuições anteriores, em dialogar com diferentes correntes historiográficas e abordar seu objeto de perspectivas múltiplas, de modo a encontrar novas interpretações e novos conhecimentos a respeito de um tema já trabalhado, ou encontrar novos temas utilizando novas perspectivas.

A "legitimidade" ou "falsificação" do trabalho do historiador levanta outra questão: podemos afirmar que os historiadores continuam buscando descobrir o que "realmente aconteceu"? No fundo desta questão está um debate sobre a "verdade". Para os historiadores existe uma "verdade" ou apenas "interpretações"? Podemos observar que entre os historiadores existe um consenso muito maior a respeito daquilo que é "mentira" do que em relação à "verdade". Aparentemente é muito mais fácil determinar aquilo que é falso do que definir o que é real. E a dificuldade em se encontrar a realidade no passado é uma das questões que preocupam os historiadores.

Pierre Vilar (1982) afirma categoricamente que o passado não volta. Porém, ele existe e pode ser compreendido. Sob influência do marxismo, Vilar acredita que a realidade do passado pode ser encontrada nas condições concretas de sobrevivência dos seres humanos. O material, portanto, é a chave para se chegar ao passado concreto, ou seja, é o recurso que o historiador tem a seu favor para fazer história. Neste sentido, a boa historiografia, segundo Vilar, é aquela capaz de chegar à história, ou seja, encontrar nas condições materiais de existência as respostas para as questões formuladas. Somente desta forma há possibilidade de "verdade" dentro da história. Ainda dentro desta concepção, as formulações dos historiadores devem ser "testadas" na "história vivida", ou seja, dentro das condições materiais de sobrevivência dos seres humanos. Caso este "experimento" funcione, o historiador pode saber se chegou a uma verdade histórica.

Certeau (2008), por sua vez, não acredita que o passado seja atingível, pois não confere estatuto ontológico ao passado. Este seria uma construção do historiador, que é aquele responsável por diferenciar o passado, o presente e o futuro. É o pesquisador, ainda, que determina aquilo que será compreendido ou será esquecido, pois é ele que escolhe quais serão seus objetos e quais serão as perguntas que fará a eles. Deste modo, podemos perceber que Certeau não enxerga no passado algo pronto que espera para ser revelado, mas sim uma fonte de saberes que não existiriam se não houvesse um pesquisador que os procurasse.

É por este motivo que Certeau alerta para o risco de o historiador criar em sua pesquisa um passado totalmente desvinculado do real. Para que isto não aconteça, este autor defende que o historiador deva vincular o "pensar" ao "fazer", ou seja, não perder de vista a relação entre a teoria da História e a prática da historiografia. Diferentemente de Vilar, Certeau não confere à esfera material maior importância, mas vê na relação entre o pensar e o fazer da história o modo mais eficaz para produzir conhecimento a respeito do passado. Certeau define a história como ciência a partir de regras e controles (CHARTIER, 2010, p. 16), aproximando-se da noção de Roland Barthes que já abordamos. Também neste sentido, podemos citar os lugares de produção que legitimam a "instituição histórica" (CHARTIER, 2010, p. 18).

Mas teria a literatura também algum tipo de preocupação com a "verdade"? Segundo Anatol Rosenfold

> Na acepção lata, literatura é tudo o que aparece fixado por meio de letras – obras científicas, reportagens, notícias, textos de propaganda, livros didáticos, receitas de cozinha, etc (ROSENFELD, 1968, p. 11).

Dentro do campo literário, as "belas letras" seriam um setor restrito que difere dos demais por seu caráter fictício ou imaginário. "Ficção" e "imaginação", por sua vez, tendem a ser compreendidas como antônimos de "verdade", mas uma crítica mais rigorosa a estes conceitos pode revelar outras possibilidades. Em primeiro lugar porque o critério ficcional ou imaginário não satisfaz totalmente o propósito de delimitar o campo da literatura. Critérios de valorização estética permitem considerar obras de não ficção como obras de arte, assim como muitas obras de ficção não atingem certo nível estético (ROSENFELD, 1968, p. 12).

52 RILTON FERREIRA BORGES

Na obra de ficção a intenção detêm-se nos seres puramente intencionais se referindo de modo indireto a qualquer tipo de realidade extraliterária. Já nas orações de outros escritos (como do historiador) as objectualidades puramente intencionais não costumam ter por si só nenhum "peso" ou "densidade", uma vez que, na sua abstração ou esquematização maior ou menor, não tendem a conter, em geral, esquemas especialmente preparados de aspectos que solicitam o preenchimento concretizador (ROSENFELD, 1968, p. 17). Por sua vez, os enunciados de uma obra científica constituem juízos, ou seja, objectualidades puramente intencionais pretendem corresponder, adequar-se exatamente aos seres reais. O termo "verdade", quando usado com referência a obras de arte ou de ficção, frequentemente designa algo como genuinidade, sinceridade ou autenticidade; ou a verossimilhança (ROSENFELD, 1968, p. 18). Os textos ficcionais revelam nitidamente a intenção ficcional, mesmo quando esta intenção não é objetivada na capa do livro. "É paradoxalmente esta intensa aparência de realidade que revela a intenção ficcional ou mimética" (ROSENFELD, 1968, p. 20).

Isto colocado, o critério da "verdade" também é bastante frágil para diferenciar a escrita literária da historiografia. Tomando outra vez como exemplo *Germinal* e a extensa pesquisa feita por Zola sobre minas de carvão, não há como desconsiderar a pretensão de "verdade" que o autor tinha em suas obras. O Naturalismo, de um modo geral, tinha como obsessão mostrar a realidade.

Voltando ao pensamento de Chartier, podemos assumir critérios de cientificidade para separar a história da literatura. Ricoeur, neste sentido, observa uma assimetria inegável entre narrativa histórica e narrativa de ficção, que contraria, em parte, a noção de Certeau de um passado inatingível:

> Somente a historiografia pode reivindicar uma referência que se inscreve na *empeiría*, na medida em que a intencionalidade histórica visa a acontecimentos que *efetivamente* ocorreram. Mesmo que o passado não seja mais e que, segundo a expressão de Agostinho, ele só possa ser alcançado no presente do passado, isto é, através dos vestígios do passado que se tornaram documentos para o historiador,

não deixa de ser verdade que o passado ocorreu. O acontecimento passado, por mais ausente que esteja para a percepção presente, nem por isso deixa de governar a intencionalidade histórica, conferindo--lhe uma nota realista que nenhuma literatura jamais igualará, ainda que tenha a pretensão de ser "realista" (RICOEUR, 2010, p. 139).

Para Ricoeur a escrita narrativa da história é capaz de conferir realidade ao passado, ao contrário de qualquer outra literatura, e neste ponto estaria uma irreconciliável assimetria entre literatura e história. Algo semelhante pode ser depreendido do pensamento de Bourdieu, quando este afirma que

> Não há melhor atestado de tudo que separa a escrita literária da escrita científica do que essa capacidade, que ela possui exclusivamente, de concentrar e de condensar na singularidade concreta de uma figura sensível e de uma aventura individual, funcionando ao mesmo tempo como metáfora e como metonímia, toda a complexidade de uma estrutura e de uma história que a análise científica precisa desdobrar e estender laboriosamente (BOURDIEU, 1996, p. 39).

Para Bourdieu há uma diferença fundamental entre a escrita literária e a escrita científica (e a história, para ele, é um tipo de escrita científica), que permite à primeira, com figuras de linguagem, representar de modo mais simples uma realidade complexa. A escrita científica precisa da complexidade em sua escrita para reproduzir a complexidade da "realidade".[4] Segundo Ricoeur, existe uma identidade estrutural entre a historiografia e a narrativa de ficção. Ambas têm profunda afinidade entre a exigência de verdade de cada um dos modos narrativos. Além disso, há um caráter temporal da experiência humana, que torna a narrativa a melhor forma de representá-la: "O tempo se torna tempo humano na medida em que está articulado de maneira narrativa" (RICOEUR, 2010, p. 9).

---

4   Este ponto será retomado no tópico 1.3.

Seria correto afirmar que a história é a única que pode legitima-mente conferir realidade ao passado? Segundo Chartier

> As obras de ficção, ao menos algumas delas, e a me-mória, seja ela coletiva ou individual, também con-ferem uma presença ao passado, às vezes ou amiúde mais poderosa do que a que estabelecem os livros de história (CHARTIER, 2010, p. 21).

Neste ponto Chartier coloca a tripla tarefa da história: convocar o passado, mostrar as competências do historiador e convencer o leitor (CHARTIER, 2010, p. 15). Ao "convocar o passado", o historiador lida com a memória, outro ponto importante para quem pesquisa as ações ao longo do tempo, mas que também pode ser importante na escrita literá-ria. Há relações claras entre memória e história, apesar de suas diferenças (assim como não podemos tomar como iguais o relato e o documento). Utilizando-se da memória, a ficção é um discurso que informa do real, mas não pretende representá-lo ou abonar-se nele, enquanto a história pretende dar uma representação adequada da realidade que foi e já não é (CHARTIER, 2010, p. 24). Segundo Prost (2008), a memória e a história fazem viagens no tempo e se servem do já acontecido; a diferença entre as duas existe na objetivação destas referências, sendo a História mais racio-nal e a memória mais emotiva. Ainda sobre este ponto, é preciso lembrar que memória e história possuem registros diferentes, de modo que a me-mória leva a "reviver", enquanto a história busca compreender.

Para Chartier "o real é ao mesmo tempo objeto e fiador do discurso da história" (CHARTIER, 2010, p. 25), porém há obras literárias que dão mais vida ao passado do que as de historiografia. Reconhecer essa possibili-dade não diminui o papel do historiador em relação ao do literato, mas deixa claro que, enquanto representações de naturezas diferentes e com objetivos distintos, a história e a literatura podem trazer experiências do passado. É por isso que a literatura se apodera não só do passado, mas de documentos e técnicas próprias da disciplina histórica (assim como podemos observar nas técnicas usadas por Zola em *Germinal*). Tendo como referência Barthes, podemos lidar com esta situação a partir de conceitos como "efeito de realidade"; "ilusão referencial"; "verossímil" (CHARTIER, 2010, p. 27). A história se manteve irremediavelmente ligada ao concreto, sendo o historiador comparável ao médico, que utiliza os quadros nosográficos para analisar o mal específico de cada doente. E, como o médico, o conhecimento histórico é indireto, indiciário, conjetural (GINZBURG, 1989, pp. 156-157). A isto podemos acrescentar a ideia de Auerbach, que afirma: "Escrever história é tão difícil que a maioria dos historiadores vê-se obrigada a fazer concessões à técnica do lendário" (AUERBACH, 2011, p. 17).

Portanto, mesmo buscando diferenciar a escrita literária da historiografia, ou a literatura da história, não se pode negar as múltiplas trocas entre cada um destes campos, e muito menos deixar de perceber a riqueza de suas mútuas contribuições. Como nos lembra Bourdieu, a ciência (com a possibilidade de elaborar regras) e a literatura (tratando sempre do homem singular) estão presentes na formação escolar de todos (BOURDIEU, 1996, p. 11), de modo que cientistas (entre eles, os historiadores) muito aprenderam com a literatura, e os literatos tiveram alguma formação científica em sua trajetória; a isto podemos relacionar o que Ricoeur chama de referências cruzadas entre história e ficção, com empréstimos mútuos na estrutura narrativa (RICOEUR, 2010, p. 140). Ricoeur também lembra que os mitos serviam como mediação entre os acontecimentos e a história narrada (RICOEUR, 2010, p. 114), ou seja, a ficção era usada para aproximar a experiência humana da realidade passada.

Por outro lado, Bourdieu nos lembra de que há resistência à análise da obra literária, como se esta perdesse seu lado de "experiência inefável" e cita Goethe para dizer que apesar de um lado incognoscível da arte, o homem não deve por limites a sua busca. Alguns defensores da literatura como pura fruição também colocam questionamentos ao tratamento científico da arte, acusando uma possível perda de "senso estético" ou de prazer com a análise científica de uma obra de arte (BOURDIEU, 1996, pp. 12-13). Mesmo com estas questões colocadas, Bourdieu defende um olhar científico sobre a obra de arte:

> Compreender-se-iam melhor as hesitações, os arrependimentos, as voltas se se soubesse que a escrita, navegação arriscada em um universo de ameaças e de perigos, é também guiada, em sua dimensão negativa, por um conhecimento antecipado da recepção provável, inscrita em estado de potencialidade no campo; que, semelhante ao pirata, aquele que tenta um golpe, que ensaia, o escritor, tal como o concebe Flaubert, é aquele que se aventura fora dos rumos balizados do uso ordinário e que é perito na arte de descobrir a passagem entre os perigos que são os lugares-comuns, as ideias feitas, as formas convencionais (BOURDIEU, 1996, p. 225).

Analisar criticamente a obra de arte, portanto, é um meio possível para se compreender a sociedade na qual ela foi constituída. Compreender a ação do autor e dos demais agentes envolvidos na produção da obra é também compreender as possibilidades de ação em uma determinada sociedade ou, em outras palavras, perceber como se dão ou como poderiam se dar as relações entre indivíduos. Para aprofundar esta questão, faz-se necessário adentrar nos pontos que dizem respeito à materialidade do livro.

O OBJETO LIVRO (OU A MATERIALIDADE DO TEXTO)

> *Para o filósofo natural, como para o filólogo, o texto é uma entidade profunda e invisível, a ser reconstruída para além dos dados sensíveis*
>
> Carlo Ginzburg

Em meio a todos estes problemas apresentados, cabe aqui citar uma outra dimensão do trabalho com o texto: a materialidade. Chartier cita duas atitudes quanto ao texto: a "platônica" e a "pragmática" (CHARTIER, 2010, p. 41). Em resumo, a atitude "platônica" confere ao texto uma realidade externa, proveniente da intenção do autor, enquanto a atitude "pragmática" tenta trabalhar com o texto em sua materialidade e concretude das experiências relacionadas a ele.

ZOLA E AS PERCEPÇÕES DO TEMPO 57

O historiador Robert Darnton, dentro de uma perspectiva "pragmática", trabalha com o que chama de universo de produção e circulação dos textos: segundo este autor, não apenas o texto, mas também todo seu universo de comunicação é significativo para o historiador. Por "universo de comunicação" compreendemos tudo o que está envolvido na criação do texto e na produção do livro. Aqui cabe mais uma distinção: por "criação" compreendemos o trabalho do autor, que escreve o texto; o termo "produção" já se refere a tudo aquilo que envolve a transformação do texto em livro e do livro em mercadoria: a ação do editor, da gráfica, dos distribuidores, dos livreiros ou livrarias e, finalmente, do leitor. Assim, podemos concordar com Bourdieu que afirma que

> A produção artística, especialmente na forma "pura" de que se reveste no seio de um campo de produção levado a um alto grau de autonomia, representa um dos limites das formas possíveis da atividade produtiva: a parte da transformação material, física ou química, aquela realizada, por exemplo, por um operário metalúrgico ou um artesão, aí se encontra reduzida ao mínimo em comparação com a parte da transformação propriamente simbólica, aquela operada pela imposição de uma assinatura de um pintor ou de uma *griffe* de costureiro (ou, de outro modo, pela atribuição de um perito) (BOURDIEU, 1996, p. 198).

Neste ponto, "o trabalho de fabricação material não é nada sem o trabalho de produção do valor do objeto fabricado". (BOURDIEU, 1996, p. 198). Assim, não basta compreender a rede de relações que dá "materialidade" ao "objeto livro", mas também a rede de relações que atribui valor a este objeto (BOURDIEU, 1996, p. 259).

Para analisar as obras de arte, Bourdieu parte do levantamento das tradições de interpretação que têm em comum o "culto à originalidade". Divide as tradições em duas direções: a filosofia neokantiana das formas simbólicas (afirmação de estruturas antropológicas universais) e a tradição estruturalista (BOURDIEU, 1996, pp. 221-222). A partir daí supõe 3 operações: 1) a análise da posição do campo no seio do campo do poder; 2) a

58 RILTON FERREIRA BORGES

análise da estrutura interna do campo; 3) análise da gênese dos "habitus" dos ocupantes dessas posições (BOURDIEU, 1996, p. 243).

Já Foucault entende o autor como princípio de agrupamento do discurso, origem de suas significações e foco de sua coerência. Nem todo discurso tem ou precisa de um autor (diálogos, contratos, receitas técnicas, etc.), mas onde a atribuição do autor é regra (literatura, ciência, filosofia), ela nem sempre desempenha a mesma função. Na ciência, o autor dava verdade ao texto medieval, mas ao longo dos séculos essa função foi se enfraquecendo, até que hoje o autor apenas indica uma origem ou referência; na literatura, ao contrário, a atribuição do autor foi de desnecessária a cada vez mais importante (FOUCAULT, 2013, p. 25-26). Por mais que seja um tanto fictício buscar coerência na obra de um autor *a posteriori*, este autor existiu e agiu no discurso (FOUCAULT, 2013, p. 27).

Podemos exemplificar as proposições de Darnton e Bourdieu a partir da obra de Émile Zola, cuja relação com as editoras era bastante próxima, visto que, antes de ser reconhecido como escritor, chegou a ser chefe do serviço de publicidade da editora Hachette, uma das mais importantes da França. Ao longo de toda sua produção, desde a juventude até a maturidade de sua obra, o autor sempre respondeu, em larga escala, ao que o público (incluindo aqui a crítica especializada) e seus editores diziam a respeito de suas obras (TROYAT, 1994). Em sua juventude, Zola deixou de ser poeta e tornou-se romancista a partir do conselho de um editor, que disse a ele que "para impor-se a um vasto público, deveria escrever em prosa" (TROYAT, 1994, p. 43; JOSEPHSON, 1958, p. 68). Por diversas vezes precisou publicar artigos defendendo-se de ataques violentos de seus críticos, justificando seu modo de retratar a realidade; ainda assim, em muitos momentos a crítica pesada o ajudou a vender, despertando a curiosidade em públicos variados. Outras vezes, ainda, Zola teve desentendimentos com editores que interferiam diretamente em seu texto, cortando trechos ou acrescentando parágrafos para "atenuar" ou "moralizar" seus romances, o que, obviamente, desagradava ao autor. Além disso, a remuneração que recebia, os contratos para publicar ou republicar suas obras e as edições estrangeiras de seus textos influenciavam diretamente sua produção, ao passo que podia ter maior ou menor dedicação a seus romances em detrimento de suas atividades jornalísticas ou políticas, em diferentes momentos de sua vida. Aqui podemos ver que texto e livro são, na prática, resultado da interação de muitos agentes, e não de um autor individual. Por este motivo Bourdieu critica a ideia de "criação", como responsável por desviar o olhar da produção de bens culturais e da fabricação material do produto:

> Basta levantar a questão proibida para perceber que o artista é ele próprio feito, no seio do campo de produção, por todo o conjunto daqueles que contribuem para o "descobrir" e consagrar enquanto artista "conhecido" e reconhecido – críticos, prefaciadores, *marchands*, etc (BOURDIEU, 1996, p. 193).

Ainda pensando nos contextos de produção, podemos nos aproximar do que WHITE (1992) pensa a respeito do que chamaria de "modos de elaboração de enredo", "modos de argumentação" e "modos de implicação ideológica". Para o autor estes são os componentes dos "estilos historiográficos" dentro dos quais operam os historiadores, mas podemos inferir que estes "esquemas" de produção textual permeiam toda obra que tenha preocupação com a "realidade", o que certamente era o caso de Zola em sua concepção Naturalista de literatura (BORNECQUE, 1958). Ainda que talvez não caiba, aqui, delimitar quais são os modos de elaboração de enredo, os modos de argumentação e os modos de implicação ideológica, que em Hayden White parecem prender os autores dentro de certos esquemas difíceis de transpor, esta aproximação nos parece válida para lembrar que cada autor está inserido em uma determinada cultura, numa determinada sociedade e que utiliza as linguagens, símbolos e conceitos que a ele estão disponíveis. Em outras palavras, a criação do texto está inserida na sociedade, dialoga com ela respondendo a questões por ela colocadas e se comunica a partir dos meios que por ela são dados. Ainda neste ponto, podemos citar Bourdieu, para quem

> só se pode esperar sair do círculo das relativizações que se relativizam mutuamente, como reflexos refletindo-se indefinidamente, com a condição de

colocar em prática a máxima da reflexividade e tentar construir metodicamente o espaço dos pontos de vista possíveis sobre o fato literário (ou artístico) com relação ao qual se definiu o método de análise que se pretende propor (BOURDIEU, 1996, p. 220).

Retomando o exemplo de Zola, é fundamental para compreender sua obra pensar nas transformações que a França sofre: a passagem do Segundo Império para a Terceira República; a ascensão de ideologias de esquerda; a industrialização cada vez mais rápida e seu impacto cada vez mais forte na sociedade, transformando o cotidiano dos trabalhadores; a utilização cada vez maior de novas ideias científicas, como o darwinismo, novas ideias políticas sendo difundidas, sobretudo à esquerda, e novas concepções de arte ganhando corpo[5]. Zola assume às vezes o papel de crítico da sociedade burguesa, outras vezes de entusiasta da nova arte e da ciência; às vezes é pessimista quanto às transformações da sociedade, em outros momentos é otimista quanto ao avanço da ciência. Mas, de um modo geral, Zola busca sempre apresentar ao leitor um retrato, o mais fiel possível, da sociedade francesa, se apropriando de modo especial da linguagem científica de sua época. Sobretudo a partir de *Germinal*, Zola pretende "mostrar antes de criticar", para que a sociedade conheça o estado de degeneração em que vivem os trabalhadores e possa fazer algo para corrigir este problema. Por isso opta, em alguns casos, por utilizar a linguagem dos trabalhadores, seus vícios de linguagem e suas "gírias", não só no discurso direto, em que dá voz às personagens, mas também nas descrições e intervenções do narrador. Apropria-se, assim, de diferentes formas de linguagem presentes em sua sociedade.

Retomando a proposta de DARNTON (1990), percebemos que também a produção do livro está inserida na sociedade e responde a questões colocadas por ela. Pensando no contexto de Zola – a França cada vez mais industrializada do século XIX – a produção dos livros responde, em larga medida, a questões de mercado: publica-se o que vende. E, em grande

---

5   Todas estas mudanças ajudaram a formar novas percepções de tempo, o que será demonstrado ao longo dos capítulos seguintes.

ZOLA E AS PERCEPÇÕES DO TEMPO 61

parte, Zola responde também a esta questão: escreve pensando não só em "mostrar", "representar" e "denunciar", mas também em vender, dar lucro e viver de sua obra. Este autor era um escritor profissional, se orgulhava desta condição e acreditava que seus colegas escritores deveriam lutar para alcançar este estatuto; só assim teriam um nível de excelência em seu trabalho (TROYAT, 1994, p. 98-101).

O surgimento de uma cultura de massa em torno de 1850-1880, condição importante para a formação de um mercado consumidor para a indústria editorial e êxito do modelo de escritor profissional idealizado por Zola, tem relação com a revolução industrial, mas também com uma revolução escolar e alfabetização de todos os cidadãos e também com sufrágio universal (MOLLIER, 2008, p. 7). Mas,

> Se os orientadores sociais, quaisquer que fossem suas ideologias e seus objetivos, se obstinaram em orientar a leitura dos humildes, foi porque ela progredia, inquietando, com ou sem razão, as elites, nelas incluídos operários e revolucionários (MOLLIER, 2008, p. 103).

Pensando sobre isto, podemos destacar do pensamento de Foucault alguns elementos que nos ajudam a compreender as limitações deste processo. A interdição, por exemplo, é o procedimento de exclusão mais familiar: não se pode falar de qualquer coisa em qualquer lugar a qualquer momento (FOUCAULT, 2013, p. 9). Outro princípio de exclusão está na separação e rejeição, a partir do qual Foucault pensa na oposição entre razão e loucura (FOUCAULT, 2013, p. 10).

> Eis que um século mais tarde, a verdade a mais elevada já não residia mais no que era o discurso, ou no que ele fazia, mas residia no que ele dizia: chegou um dia em que a verdade se deslocou do ato ritualizado, eficaz e justo, de enunciação, para o próprio enunciado: para seu sentido, sua forma, seu objeto, sua relação a sua referência (FOUCAULT, 2013, p. 15).

A vontade de verdade é também um sistema de exclusão:

É ao mesmo tempo reforçada e reconduzida por toda uma espessura de práticas como a pedagogia, é claro, como o sistema dos livros, da edição, das bibliotecas, como as sociedades de sábios outrora, os laboratórios hoje (FOUCAULT, 2013, p. 16).

Segundo Foucault, fala-se pouco da vontade de verdade, como se para nós ela fosse mascarada pela própria verdade em seu desenrolar necessário.

> O discurso verdadeiro, que a necessidade de sua forma liberta do desejo e libera do poder, não pode reconhecer a vontade de verdade que o atravessa; e a vontade de verdade, essa que se impõe a nós há bastante tempo, é tal que a verdade que ela quer não pode deixar de mascará-la (FOUCAULT, 2013, p. 19).

Há também o desnivelamento entre discursos: os discursos que "se dizem", que acontecem no cotidiano e se passavam com o ato que os pronunciou; e os discursos que estão na origem de certos atos de fala que os retomam, os transformam ou falam deles, ou seja, os discursos que *são ditos*, permanecem ditos e ainda estão por dizer, indefinidamente e para além deles. Estes são, em nossa cultura, os textos religiosos ou jurídicos; em certa medida também os "literários" (aspas usadas por Foucault) e científicos (FOUCAULT, 2013, p. 21).

Foucault também identifica a divisão em disciplinas como fator de limitação do discurso (FOUCAULT, 2013, p. 28). "No interior de seus limites, cada disciplina reconhece proposições verdadeiras e falsas; mas ela repele, para fora de suas margens, toda uma teratologia do saber" (FOUCAULT, 2013, p. 31). Desta forma, um erro disciplinado pode ser mais aceito do que uma verdade que não esteja adequada ao discurso de uma determinada disciplina (FOUCAULT, 2013, p. 33). Isso ajuda a explicar porque Zola tanto se apegou ao discurso científico em sua produção artística: isso ajudaria a conferir estatuto de verdade a suas obras.

Muito semelhante à limitação dos discursos causada pela divisão em disciplinas, está a determinação de condições para seu funcionamento, impondo aos indivíduos que os pronunciam um certo número de regras, de modo a não permitir que todos tenham acesso a elas (FOUCAULT, 2013, p. 34-35). O campo literário também se utiliza deste artifício, e também da prática de se associar determinados discursos com certos rituais que os acompanham (FOUCAULT, 2013, p. 37), o que fez com que a luta de Zola e dos adeptos do Naturalismo não se desse apenas no campo da escrita literária, mas também no campo simbólico, como, por exemplo, na candidatura de Zola à Academia.

Os discursos são conjuntos de acontecimentos:

> Certamente o acontecimento não é nem substância, nem acidente, nem qualidade, nem processo; o acontecimento não é da ordem dos corpos. Entretanto ele não é imaterial; é sempre no âmbito da materialidade que ele se efetiva, que é efeito; ele possui seu lugar e consiste na relação, coexistência, dispersão, recorte, acumulação, seleção de elementos materiais; não é o ato nem a propriedade de um corpo; produz-se como efeito de e em uma dispersão material. Digamos que a filosofia do acontecimento deveria avançar na direção paradoxal, à primeira vista, de um materialismo do incorporal (FOUCAULT, 2013, p. 54).

Deste ponto podemos partir para outro nó da rede de relações que compõe o livro: a recepção por parte dos leitores. CHARTIER (1999) aponta para a necessidade de se conhecer a circulação destes textos e os processos pelos quais os leitores se apropriam deles. Bourdieu afirma que

> nada autoriza a supor que o destinatário declarado, quando existe, comanditário, alvo de dedicatória, seja o verdadeiro destinatário da obra e que aja, em todo caso, como causa eficiente ou como causa final sobre a produção da obra. Quando muito, pode ser a causa ocasional de um trabalho que encontre seu princípio em toda a estrutura e a história do campo de produção e, através dele, em toda a estrutura e história do mundo social considerada (BOURDIEU, 1996, p. 230).

Sendo assim, podemos considerar o leitor (seja ele qual for) como parte fundamental no estudo da circulação dos textos, mas compreender as apropriações feitas pelos leitores é uma tarefa extremamente complicada, visto que cada leitor é produtor de significados, o que em parte se aproxima das críticas a Quentin Skinner citadas anteriormente. Portanto, o texto que sai da gráfica (geralmente) em sua versão final, pode ser usado por cada leitor de formas diferentes. E é esta utilização feita pelo leitor que impõe limites para o trabalho do historiador que lida com estas apropriações. Salvo em casos muito específicos, como em *O queijo e os vermes* de Carlo Ginzburg, em que o autor reconstitui o universo mental de um moleiro através da rica documentação de seu processo inquisitorial, dificilmente temos registros de como os leitores se apropriam dos textos. Tomando como exemplo a recepção da obra *L'Assomoir*, de Zola, para saber como ela foi recebida pelo público francês, temos dados sobre vendas e algumas críticas publicadas em jornais, de onde podemos inferir se o livro teve ou não sucesso, mas estes mesmos dados não nos permitem analisar o significado que cada leitor atribuiu à obra.[6] Quanto a isso, Bourdieu comenta

> A ideologia da obra de arte inesgotável, ou da "leitura" como recriação, mascara, pelo quase desvendamento que se observa com frequência nas coisas da fé, que a obra é feita não duas vezes, mas cem vezes, mil vezes, por todos aqueles que se interessam por ela, que têm um interesse material ou simbólico em a ler, classificar, decifrar, comentar, reproduzir, criticar, combater, conhecer, possuir (BOURDIEU, 1996, p. 194).

Com isto, Chartier constata que as ressignificações mediante os diferentes públicos acabam escapando à ordem inicial da produção do texto (CHARTIER, 2010, p. 42). Em algumas situações chega a ser impossível determinar qual foi o significado dado a um certo texto por um determinado leitor ou grupo de leitores. Em uma perspectiva semelhante, Foucault

---

6   O caso de *L'Assomoir* costuma ser citado para exemplificar a relação aparentemente contraditória entre crítica amplamente negativa e sucesso de vendas.

se pergunta onde está o perigo de o discurso se proliferar indefinidamente, pois supõe que

> em toda sociedade a produção do discurso é ao mesmo tempo controlada, selecionada, organizada e redistribuída por certo número de procedimentos que têm por função conjurar seus poderes e perigos, dominar seu acontecimento aleatório, esquivar sua pesada e temível materialidade (FOUCAULT, 2013, p. 8).

Há, porém, um caso em que estas apropriações podem ficar mais claras: quando o leitor é, também, um escritor. De fato, todo escritor é um leitor e se apropria daquilo que leu para compor sua obra. Neste caso, o trabalho de compreender as apropriações feitas pelo leitor-escritor pode ser realizado a partir do cruzamento entre aquilo que escreveu e aquilo que leu. Esta perspectiva, que parece se aproximar do contextualismo extremo que criticamos anteriormente, não tem, como este, a pretensão de reconstituir uma "rede de discurso" mas, dentro desta rede, encontrar elos entre o texto em questão a algumas de suas referências. Este trabalho torna-se possível ao relacionarmos diferentes textos, como outras obras, correspondências com amigos, colegas e editores, respostas a críticas publicadas em periódicos, rascunhos e anotações de planos de redação de obras, etc. Além disso, a própria edição da obra pode conter elementos que ajudam neste trabalho, como os paratextos: prefácios, notas, orelhas, agradecimentos, dedicatórias, etc. Tudo isso compõe o que Darnton chama de circuitos internos de comunicação do livro, e ajuda a desvendar a "história dos significados do texto".

Buscando as significações que podem ser extraídas do texto, Bourdieu trabalha com a ideia de campo:

> Procurar na lógica do campo literário ou do campo artístico, mundos paradoxais capazes de inspirar ou de impor os "interesses" mais desinteressados, o princípio da existência da obra de arte naquilo que ela tem de histórico, mas também de trans-histórico, é tratar essa obra como um signo intencional

habitado e regulado por alguma outra coisa, da qual ela é também sintoma (BOURDIEU, 1996, p. 15).

Compreender a obra de arte não apenas como fruto, mas também como sintoma de uma época, nos aproxima da perspectiva indiciária descrita por Ginzburg (1989), o que também nos remete à ideia de que a obra de arte (sendo a obra literária nosso exemplo) pode revelar mais do que seu autor pretendia. E isto se dá porque a obra literária não é fruto de um artista isolado, mas de uma rede de relações bastante complexa. É neste sentido que Flaubert afirma que "não se escreve o que se quer". Em *A educação sentimental*, Frédéric, seu personagem, está em um espaço social cuja estrutura é a mesma em que Flaubert estava situado. Mas Flaubert fala do mundo como se não falasse dele, uma condição imposta pelo discurso literário (BOURDIEU, 1996, p. 17). É interessante perceber como o jogo de representações da literatura obriga o autor a "falar sobre determinada coisa sem falar sobre essa coisa". Algo semelhante acontece com Zola, que fala dos agentes sociais da França sem falar de agentes sociais da França: as personagens tomam o lugar de pessoas reais, representam a elas, mas não são elas. E por que isso acontece? Entre outros motivos, porque as regras estabelecidas ao campo literário impõem que, para ser aceito, o autor não pode usar personagens "reais". Aqui podemos citar as diferentes vezes em que Zola foi processado por pessoas homônimas a seus personagens por se sentirem difamadas em suas obras.

A frase de Flaubert também pode ser interpretada em outro sentido: ao autor cabe escrever sobre aquilo que é possível escrever em um determinado contexto. É certo que autores como Zola, Flaubert, os irmãos Goncourt e outros contemporâneos, escolheram representar a sociedade francesa a partir de diferentes ângulos. Mas, até que ponto esta escolha não estava dada por fatores que estavam além de suas preferências pessoais? Bourdieu coloca a questão da seguinte forma:

> Com efeito, em razão do jogo das homologias entre o campo literário e o campo do poder ou o campo social em seu conjunto, a maior parte das estratégias

literárias é sobredeterminada e muitas das "escolhas" têm dois alvos, são a um só tempo estéticas e políticas, internas e externas (BOURDIEU, 1996, p. 234).

O autor não responde, portanto, apenas a seu "gênio criativo", mas a questões postas em sua época e meio social. Zola não teria escrito uma obra sobre a possibilidade de revolução a partir de uma mina de carvão francesa se esta questão não estivesse colocada de alguma forma. Por outro lado, o autor também não teria escolhido este tema se não visse nele nenhum tipo de retorno, fosse este financeiro ou em forma de reconhecimento literário. Se Flaubert defendia uma "arte pela arte" (ainda que esta concepção seja questionável dentro da concretude das relações postas no campo literário), Zola defendia uma arte que tivesse, ao mesmo tempo, impacto social e retorno material para o escritor[7]. É entre as posições possíveis e as tomadas de posição concretizadas que se interpõe o "espaço dos possíveis" (BOURDIEU, 1996, p. 265). É neste "espaço dos possíveis" que se situa a ação do agente histórico em questão. A esta noção podemos colocar em paralelo a técnica de Ginzburg de analisar os casos extremos, como o do moleiro Menocchio, para perceber quais eram os limites da ação de determinados agentes em determinadas sociedades. Em resumo, podemos afirmar que as ações individuais estão situadas dentro de determinados limites, e conhecer estes limites nos ajuda a compreender o funcionamento de determinadas sociedades. Sendo assim, o discurso não é apenas aquilo que traduz as lutas, mas também é aquilo pelo que se luta, o poder do qual queremos nos apoderar (FOUCAULT, 2013, p. 10).

Retomando algo que foi colocado no primeiro tópico deste capítulo, a compreensão dos mecanismos de produção do texto, tando intelectual quanto material, segundo Bourdieu, modifica a experiência literária. "Se a atenção ao sensível convém perfeitamente quando se aplica ao texto, leva a deixar escapar o essencial quando se refere ao mundo social no qual ele é produzido" (BOURDIEU, 1996, p. 14). Cabe ao sociólogo "devolver a vida" aos escritores: "não visa dar a ver ou a sentir, mas construir sistemas de

---

7 Esta questão será detalhada no próximo capítulo.

68   RILTON FERREIRA BORGES

relações inteligíveis capazes de explicar os dados sensíveis". A análise científica, portanto, ajuda a intensificar a experiência literária (BOURDIEU,
1996, p. 14), o que contradiz a crítica de que o olhar científico e crítico ao
texto retiraria o caráter prazeroso da experiência literária.

A análise do campo literário na construção material do texto também ajudaria a compreender como se tecem relações complexas entre
formas impostas e identidades salvaguardadas; em outras palavras, como
pensar a articulação entre discursos e práticas (CHARTIER, 2010, p. 46-
47). A relação entre os discursos (ou representações) e as práticas (vivên-
cias) será trabalhada nos tópicos que se seguem.

"MIMESIS": O PROBLEMA DA REPRESENTAÇÃO

> *O tempo torna-se tempo humano na medida em que
> está articulado de modo narrativo, e a narrativa al-
> cança sua significação plenária quando se torna uma
> condição da existência temporal*

Paul Ricoeur

O problema da literatura enquanto fonte para a história se coloca
de forma mais completa quando lidamos com a questão da representação, ou da mimesis. Em última instância, cabe perguntar: até que ponto
a literatura pode nos informar do real? A resposta a esta questão é o que
vai determinar o quanto a fonte literária é útil, ou não, para o historiador.
Além disso, a experiência narrativa, tanto no campo literário, como no historiográfico, também nos ajuda a compreender a experiência do tempo,
na medida em que, para que a narrativa ocorra, é necessário que os fatos
narrados sejam colocados em ordem temporal, ainda que não necessariamente cronológica.

A construção de narrativas deve ter começado com os primeiros
grupos de caçadores, pois estes foram os primeiros capazes de ler pistas
deixadas por suas presas e reconstituir suas ações (GINZBURG, 1989, p.
152). Esta provável primeira forma de narrativa estava ligada a situações e
necessidades imediatas, sendo possível imaginarmos que eram construí-

das de forma muito simples e muito direta. Para esta elaboração, contudo, fez-se necessário um alto grau de reflexão e abstração, pois lidar com o passado e com o futuro significa lidar com algo que não está imediatamente dado, e muito menos é apreensível diretamente pelos sentidos. A isso podemos chamar de "decifração".

A adivinhação, que também é uma forma de narrativa muito antiga, assim como a atividade do caçador, usa a leitura de sinais para ser construída, mas com a diferença de que seu olhar se volta para o futuro. Ainda assim as operações intelectuais envolvidas tanto na adivinhação, quanto na decifração, são formalmente idênticas (GINZBURG, 1989, p. 153). Por este motivo tendemos a pensar que "a ideia de distinção entre passado, presente e futuro deve ter sido o resultado de uma reflexão consciente sobre a situação humana" (WHITROW, 2005, p. 18).

Observando os textos homéricos, percebemos que neles há apenas narrativas do presente, não havendo nenhum tipo de segundo plano (AUERBACH, 2011, p. 3). Mesmo quando se relata a origem de algo, como a cicatriz de Ulisses (exemplo analisado por Auerbach), ela é tomada como um evento presente, e sua origem é presentificada na narrativa, mesmo tendo ocorrido no passado. Em Homero, a origem é um ponto fixo, não história. Deste modo, a sequência dos acontecimentos não é tão relevante quanto o fato de terem ocorrido. Com isso, o passado e o presente não guardam diferenças significativas.

Petrônio (século I), na tradição latina, tem outra postura frente à narrativa, que acaba se aproximando mais da narrativa moderna, mas ainda sem causar um cisma significativo entre a escrita literária e a historiografia. Utilizando um personagem que se descreve e descreve seus semelhantes à mesa em um banquete, confere mais profundidade à descrição, e através da descrição, busca a mudança. Em Petrônio a mudança é comum, faz parte da vida cotidiana, não é um evento extraordinário como seria nos textos homéricos. Sendo assim, tem uma visão mais prática e terrena, portanto mais histórica. Além disso, aproxima-se mais da moderna representação da realidade pela fixação exata do meio social (AUERBACH, 2011, p. 24-26). Isso faz com que Petrônio descreva não apenas quadros estáticos,

70   RILTON FERREIRA BORGES

mas as possibilidades de mobilidade social em sua época. Mesmo assim, o autor ainda usa a escrita literária com objetivo de descrição social, e por este motivo não pode ser considerado um historiador ou sociólogo.

Mesmo havendo casos como o de Petrônio, entre os escritores antigos havia uma série de limitações de estilo que acabavam padronizando a escrita, mesmo que os objetivos fossem diversos. No que diz respeito às descrições, muitas acabavam sendo construídas desconsiderando as forças históricas, o que resultava em cenas representadas como se tudo sempre fosse igual, sem mudanças significativas (AUERBACH, 2011, p. 28).

Na passagem do século I para o século II d.C., temos a figura de Tácito, tido como um dos grandes historiadores do Império Romano. Seu discurso, porém, difere muito do discurso dos historiadores atuais. Em seus textos usava o discurso direto para dar voz a seus personagens históricos, recurso impensável para historiadores modernos, a não ser que alguma fonte comprove que tais palavras tivessem sido proferidas por determinada personagem[8]. O historiador de hoje, que queira escrever sobre as mesmas personagens descritas por Tácito, precisa reorganizar todo o material que recebe da Antiguidade (AUERBACH, 2011, p. 31), para que então possa formular um discurso que suponha o que poderia ser dito por tais personagens. Ainda assim, o historiador antigo não extrapola o primeiro plano, não se pergunta sobre o que está além da cena descrita (AUERBACH, 2011, p 33).

Mas por que a Tácito era permitido "colocar discursos na boca" de suas personagens sem que este perdesse a legitimidade enquanto historiador? Segundo Auerbach, colocar discursos na boca de certos personagens era também uma questão de estilo: fazia parte dos exercícios escolares da época redigir discursos que tal personagem teria proferido (AUERBACH, 2011, p. 34). Assim, o discurso criado pelo historiador para a persona-

---

8   Mesmo neste caso, o ideal de objetividade a ser alcançado pelos historiadores atuais dificilmente permitiria o uso do discurso direto em um texto historiográfico. Em geral, tendemos a associar o discurso direto ao texto de ficção, no qual o autor sabe exatamente o que foi dito e pensado pela personagem porque esta foi criada por ele.

gem histórica seria não um exercício de imaginação, mas de erudição. Representar corretamente o que um general ou imperador diria em determinada situação demonstrava o conhecimento do autor sobre esta personagem e circunstância histórica. Hoje em dia isso seria associado ao "romance histórico", cuja qualidade costuma ser medida pela relação entre "representação dos fatos históricos" e "qualidade literária". Esta relação é verificada, por exemplo, em romances como *Germinal*, de Zola, que ganhou notoriedade por representar com excelência a situação dos trabalhadores das minas de carvão da França.

Descrito desta forma, temos a impressão de que de Tácito aos dias atuais houve um processo de separação entre o que era próprio da escrita literária e o que cabia à historiografia. Contudo, as relações entre estas formas de escrita são muito mais complexas, como podemos observar ao longo da Idade Média.

Nas novelas medievais de cavaleiros estava colocada a possibilidade de uma existência estética sem função (AUERBACH, 2011, p. 120). Nos escritores antigos encontramos sempre personagens sendo descritos de forma mais ou menos históricas ou literárias, mas sempre com alguma função diante da sociedade, da política, ou do cosmo. Imaginar uma vida meramente estética, cujo fim se dá nela mesma era algo que os antigos dificilmente conceberiam, mas que nas descrições de cavaleiros medievais era totalmente aceito. Em muitos casos, a aventura e a batalha eram um fim em si mesmas, não tendo o cavaleiro nenhum objetivo para além delas.

Dentro desta visão de mundo, como pensar em causas e efeitos, ou em ações transformadoras? Em outras palavras, como pensar historicamente se cada ação tem um fim em si mesma e aparentemente não traz consequências externas a ela? Estas perguntas provavelmente não faziam parte do repertório de muitos homens medievais. Em uma sociedade extremamente religiosa, cuja vida era pautada pela espera por uma outra vida, de modo que todas as ações presentes seriam medidas pela possibilidade de uma recompensa futura, nada mais lógico do que imaginar que todos os homens, de certo modo, vivem na mesma época. Em primeiro lugar, é amplamente discutida entre os filósofos dos primeiros tempos do cristianismo a temporalidade (ou falta de temporalidade) em Deus (AUERBACH, 2011, p. 137). Em uma peça do século XII analisada por Auerbach, não há preocupação com unidade espacial ou temporal: o único lugar é o mundo, o único tempo é agora e a única ação é a que vai da queda à salvação (AUERBACH, 2011, p. 138). Isso leva à noção de que o homem medieval se considera contemporâneo de todos os seres humanos, pois todos vivem entre a queda e a salvação (PROST, 2008).

É justamente na passagem da Antiguidade para a Idade Média que surge uma das mais importantes reflexões sobre a temporalidade, que teria impacto direto sobre a construção das narrativas. Santo Agostinho (354-430), ao se questionar sobre o ser ou não ser do tempo, toca em uma discussão essencial para lidarmos com a representação através da narrativa, seja histórica ou literária (RICOEUR, 2010, p. 16).

Primeiramente, precisamos lidar com a relação entre o tempo e a linguagem. A linguagem atesta a medida do tempo, pois não há estruturas na língua que permitam se referir ao tempo de outra forma que não como algo mensurável. Contudo, a mesma linguagem que usa expressões como "medir o tempo" ou "quanto tempo passou", não nos oferece nenhuma pista sobre "como" o tempo pode ser medido (RICOEUR, 2010, p. 18).

Santo Agostinho, em sua reflexão, precisa lidar com os argumentos céticos contrários ao "ser" do tempo. Primeiramente, parte de uma noção bastante complexa para concluir que o tempo é fragmentado (RICOEUR, 2010, p. 19), de modo que passado, presente e futuro estão separados de alguma forma. Usa a experiência humana para atestar, contra os argumentos céticos, que o passado e o futuro "são". Assim Agostinho, a despeito do argumento cético, conclui que existem coisas futuras e passadas (RICOEUR, 2010, p. 21).

Mas se o passado e o futuro possuem existência, eles precisam existir "em algum lugar", o que leva a uma aproximação entre a experiência temporal e a experiência espacial. A resposta de Santo Agostinho é bastante simplificadora: em última instância, o passado e o futuro "são" na alma. E é exatamente da pergunta "onde?" que se retomam as noções de narração e previsão (RICOEUR, 2010, p. 22): se o passado e o futuro existem, podem ser experimentados de alguma forma; se sua existência está na alma, então esta experiência é bastante acessível ao indivíduo.

Santo Agostinho coloca a experiência do futuro na expectativa e a experiência do passado na memória: ambas presentes na alma, e ambas experimentadas no presente. A expectativa é o análogo da memória: consiste numa imagem que já existe e que precede o acontecimento que *ainda não é*; a memória consiste numa imagem que existe e é posterior ao acontecimento que *já não é mais*. Da memória e da expectativa partem os conceitos de "presente do passado", "presente do futuro" e "presente do presente" (RICOEUR, 2010, p. 23). Tanto a memória quanto a expectativa, assim como a decifração e a adivinhação, podem ser expressas a partir da narrativa. É aqui que voltamos a aproximar a experiência temporal da experiência da linguagem.

Ainda seguindo a reflexão de Santo Agostinho, que usa a linguagem e a experiência humana como indícios do ser do tempo, podemos nos perguntar: o tempo *realmente* passa? Se a resposta for afirmativa, de onde, por onde e para onde ele passa? O termo "passar", que usamos indiscriminadamente para nos referir à temporalidade, suscita uma quase espacialidade ao tempo (RICOEUR, 2010, p. 27). Esta "espacialidade" estaria relacionada à possibilidade de o tempo "fluir". Ora, se passado, presente e futuro "são" na alma, e todos são experimentados através de experiências presentes (memória, ação e expectativa), por que não pensar em um tempo contínuo, fluido como um texto narrativo?

Ainda neste sentido, Santo Agostinho propõe que a medição do tempo deve ser buscada na alma, não em movimentos externos, posto que passado e futuro "são" na alma (RICOEUR, 2010, p. 28). O tempo se mede em sua "passagem", pois futuro e passado não são e o presente não tem extensão (RICOEUR, 2010, p. 32). Sendo assim, o tempo se dá como um movimento contínuo; entretanto, na alma o passado e o futuro ganham extensão através da memória e da expectativa:

> É *na* alma, portanto a título de impressão, que a expectativa e a memória têm extensão. Mas a impressão só está na alma na medida em que o espí-

rito *age*, isto é, espera, presta atenção e se lembra (RICOEUR, 2010, p. 37).

A distensão consiste no contraste entre as três tensões, que só é possível quando o espírito age. Sendo assim, é a ação que permite a experiência e compreensão do tempo, tanto do presente, quanto do passado e do futuro. Sem ação a experiência e compreensão do tempo seria impossível.

O exemplo do canto, usado por Santo Agostinho, engloba a distensão com o triplo presente: a execução do canto vai fazendo a expectativa (imaginar como a música será executada) passar pela atenção (cantar) em direção à memória (lembrar de cada parte já executada para seguir para a próxima), ao passo que a melodia segue (RICOEUR, 2010, p. 37). Portanto, uma ação engloba as três temporalidades. Sendo assim, faz todo sentido que um homem cristão medieval encare toda a humanidade como contemporânea, visto que cada ação tem em si o passado, o presente e o futuro. E assim, também, faz sentido que se pense a história humana como uma narrativa que vai da criação à salvação.

Saltando alguns séculos em direção ao final da Época Moderna, vemos uma nova atitude em relação à narrativa. Voltaire (1694-1778), buscando a simplificação e a clareza, imprime maior velocidade a seus escritos. Junto a isso, usa a justaposição e o repentino para a reforçar o que quer dizer (AUERBACH, 2011, p. 162-164).

Muitos pensadores da época de Voltaire não se viam como contemporâneos de seus antepassados. Aliás, é justamente nesta época que surge a divisão entre as idades Antiga, Medieval e Moderna (PROST, 2008), para deixar claro que o século XVIII era e precisava ser diferente do período anterior. É neste ponto, possivelmente, que se começa a pensar no passado como possível fonte de explicação para o presente, ao contrário do que se pensava antes do século XVIII, em que o presente e o passado não seriam fundamentalmente diferentes.

Isto colocado, podemos olhar para o século XIX e pensar em qual papel a narrativa podia desempenhar para reconstituir a experiência humana, seja como decifração, memória, expectativa ou adivinhação.

A primeira pergunta que se coloca, tanto para o historiador, quanto para o literato que vai narrar, é: o que será narrado? Muitas escolas literárias, desde a Antiguidade até o final do século XIX, delimitaram quais temas seriam dignos de serem narrados e em quais estilos.[9] Algo não muito diferente aconteceu com a história até as primeiras décadas do século XX. Tanto na literatura, quanto na história, foi necessário que alguns grupos se rebelassem contra certos cânones estabelecidos para que qualquer tema, por mais trivial que fosse, pudesse ser representado.

Na literatura, já desde a Antiguidade, ocorria um embate entre o sensível e a significação (AUERBACH, 2011, p. 42). Na Idade Média, muitos textos estavam menos preocupados com a realidade do que com o significado (AUERBACH, 2011, p. 100). Na literatura de Zola, no século XIX, não haveria significado no texto se este não expressasse a realidade. Mas, em um texto literário, o que seria expressar a realidade?

Cabe aqui lidar com a ideia de mimesis. Paul Ricoeur levanta três significados de *mimesis*: 1) remissão à pré-compreensão familiar que temos da ordem da ação; 2) entrada no reino da ficção; 3) nova configuração mediante a ficção da ordem pré-compreendida da ação (RICOEUR, 2010, p. 4). Em qualquer um destes significados, o termo *mimesis* não se refere a uma mera reprodução da realidade, mas a uma reelaboração de algo real e, portanto, configuração de uma nova realidade que tem outra como ponto de partida. No caso da literatura de Zola, podemos enquadrá-la como o terceiro tipo descrito por Ricoeur: nova configuração mediante a ficção a partir da ordem pré-compreendida da ação. Desta forma, tanto *Mythos* quanto *Mimesis* devem ser considerados operações e não estruturas (RICOEUR, 2010, p. 59); em outras palavras, um objeto só é representação no ato de representar, e fora desta ação ele constitui uma realidade em si. Usando como exemplo *Germinal*, o livro é uma representação enquanto está representando a sociedade francesa da época de Zola; fora isso, trata-

---

9   Podemos aplicar, aqui, o que já citamos de Foucault a respeito das limitações do discurso no tópico 1.2.

-se de uma realidade, um livro específico de um autor específico. Ainda sobre isto, Ricoeur coloca que

> Ela [a mimesis] não me parece estar regida pelo estabelecimento da equivalência entre as expressões "imitação (ou representação) de ação" e "agenciamento de fatos". Não que haja algo a ser suprimido dessa equação. Não há dúvida de que o sentido prevalente da *mimesis* é precisamente aquele que se destaca por sua aproximação com o *mythos*: se continuarmos a traduzir *mimesis* por imitação, deveremos entender o contrário do decalque de um real preexistente e falar de imitação criativa. E, se traduzirmos *mimesis* por representação, não deveremos entender por essa palavra uma duplicação da presença (...) e sim o corte que abre o espaço de ficção (RICOEUR, 2010, p. 81).

Qualquer que seja a compreensão de *mimesis,* ela não pode ser entendida como uma duplicação ou imitação: a *mimesis* é sempre um processo criativo. É neste sentido que uma obra literária, como as de Zola, por mais fiel que seja à realidade, não pode ser lida como uma cópia exata da mesma, e sim como algo novo que tem a realidade como referência. Nas palavras de Anatol Rosenfeld, "o poema não é uma foto e nem sequer um retrato artístico de estados psíquicos; exprime uma visão estilizada, altamente simbólica, de certas experiências" (ROSENFELD, 1968, p. 22).

Mesmo assim, não se pode compreender a "ficção" exclusivamente como antônimo de "verdadeiro": o texto ficcional abre possibilidades, outras realidades, ou outras percepções da realidade. Apenas compreendendo o texto ficcional desta forma é que podemos utilizá-lo como fonte para a história.

Partindo destas pressuposições, podemos tomar alguns trechos de *Germinal* para compreender como estas ideias seriam aplicáveis na obra de Zola. Segundo Auerbach, Zola era um dos autores que comunicavam ao leitor, a partir de conhecimento seguro, o interior de suas personagens (AUERBACH, 2011, p. 482). Sendo assim, Zola podia descrever e analisar não apenas as ações, mas pensamentos e intenções de suas personagens.

Na medida em que conferia certa realidade a suas personagens, representando-as como se elas pudessem realmente ter existido, constrói seus discursos e ações dentro da mesma perspectiva de Tácito, a partir da pergunta "qual seria a ação mais provável dentro desta circunstância?"

No início da segunda parte do livro, Zola descreve os hábitos dos mineiros, por exemplo, sua rotina após o trabalho: o almoço, sempre sopa. "Quando havia carne, era reservada para o pai" (ZOLA, 1885, p. 92-95).[10] Em seguida, todos tomavam banho em uma tina na cozinha, primeiro Catherine, depois os meninos e por último o pai. Todos saíam nus e iam se vestir no quarto, no andar de cima, exceto o pai, que não ficava nu na presença dos filhos: "Apesar de ser um hábito comum na aldeia, Maheu não achava certo" (ZOLA, 1885, p. 92-95).

Nestes trechos percebemos algumas questões relevantes à representação dos trabalhadores. Dentro do ambiente das vilas de mineiros, a possibilidade de uma refeição mais completa era mínima, por isso o almoço era constantemente sopa e, na possibilidade de haver carne, esta era reservada ao pai. Por quê? Na sociedade francesa do século XIX, o homem era o chefe e responsável pela família; se não era o único que trabalhava, era o principal trabalhador e, por este motivo, tinha o privilégio da alimentação mais "nobre". Isto configura Maheu, o pai da família, como um homem egoísta e pouco sensível à necessidade dos filhos? Não se observarmos o pensamento que Zola coloca em sua mente: apesar de ser costume na vila, Maheu não ficava nu na frente dos filhos. Temos aqui um exemplo de como Zola tenta atribuir a Maheu certa moralidade que o aproxima dos burgueses que liam suas obras. Para construir a imagem de um homem de bem, com o qual o leitor se identifique e apoie, Zola faz com que Maheu seja um mineiro "com valores", que não costuma falar palavrões, que não anda nu na frente dos filhos, que obedece aos chefes, não costuma embriagar-se e não frequenta cabarés, como a maioria de seus companheiros (ZOLA,

---

10 Para o texto ter uma leitura mais fluida, em todas as citações diretas usaremos a tradução de *Germinal* feita por Silvana Salerno (2000); nas citações indiretas, serão indicadas as páginas em que o assunto é tratado na primeira edição publicada de *Germinal* (1885).

1885, p. 164 et seq.). Maheu, portanto, apesar da pobreza, não era "degenerado". Com um recurso semelhante ao de Tácito, porém inverso, Zola faz o leitor saber quem é Maheu através de seus pensamentos e ações, enquanto Tácito, a partir do conhecimento da personagem, tentava atribuir discursos e pensamentos.

Apesar de escrever literatura, sabemos que Zola buscava ter o máximo de rigor científico em sua escrita, o que explica sua busca por representar as personagens da forma mais precisa possível. Entretanto, não eram apenas Zola e outros literatos que buscavam o rigor em seu campo de atuação. Henri Poincaré (1854-1912), por exemplo, criticava a falta de rigor dos matemáticos de seu tempo, que usavam conceitos muito vagos (GALISON, 2005, p. 68). Pode-se dizer que a segunda metade do século XIX não foi apenas da busca de cientificidade por parte de algumas áreas, como a história (e mesmo a literatura, no caso do Naturalismo), mas da busca por um rigor cada vez maior mesmo nas ciências "duras".

Este rigor nas descrições ajuda seus leitores a compreenderem o momento que está descrevendo. Henri Mitterand considera que muitos estudos atuais sobre os modos de vida do século XIX partem da leitura de Zola (MITTERAND, 1986, p. 36). A vasta pesquisa feita na mina de Anzin é um dos elementos que fazem de *Germinal* um bom exemplo de como Zola lidava com esta ideia de rigor e compromisso com a realidade. Nas anotações para *Germinal* (reunidas em dois volumes e digitalizadas na base de dados Gallica da Biblioteca Nacional da França) encontram-se diversos recortes de jornais com notícias sobre greves, estudos sobre doenças comuns entre mineiros, descrições dos ambientes internos e próximos à mina e diversos desenhos representando as observações que Zola realizou durante sua visita a Anzin. Com todos estes recursos à disposição, Zola propõe, através das personagens e descrições, imagens sintéticas que os historiadores tentam recusar (MITTERAND, 1986, p. 34). Todavia, o trabalho de Zola não consegue substituir o do historiador, ainda que traga muitas informações e lide com documentos semelhantes (MITTERAND, 1986, p. 35).

Segundo Mitterand, o sistema de personagens mais completo e conforme ao modelo de narrativa épica é o de *Germinal* (MITTERAND, 1986, p. 58). Um exemplo de imagem sintética que Zola utiliza é Boa-Morte, personagem que representa, ao mesmo tempo, o mineiro típico e o assassino/demente típico. Essa composição causa o efeito simultâneo de real e lenda (MITTERAND, 1986, p. 55-57). Boa-Morte, assim, é aquilo que Ricoeur descreve como *mimesis* III: a reelaboração do real. Boa-Morte, ao ser o exemplo típico de dois personagens que geralmente não são representados juntos, faz com que sua figura seja, ao mesmo tempo, real e irreal: representa todos os trabalhadores idosos de minas de carvão, mas um trabalhador típico não é um assassino ou demente típico. Um trabalhador pode ser um demente ou assassino? Sim, mas neste caso deixaria de ser um trabalhador "típico". Este jogo entre realidades sobrepostas que formam uma terceira realidade se relaciona com a ideia de Ricoeur a respeito da ficção. Nesta construção elaborada por Zola está também a discussão sobre o metafórico. A retórica antiga entendia a metáfora como o mero deslocamento de sentido que a palavra sofre, mas isso não equivale ao todo da metáfora (RICOEUR, 2010, p. 1). Para Ricoeur, a síntese do heterogêneo aproxima a narrativa da metáfora (RICOEUR, 2010, p. 2).

Podemos, a partir disso, pensar como Rosenfeld, para quem

> A ficção é um lugar ontológico privilegiado: lugar em que o homem pode viver e contemplar, através de personagens variadas, a plenitude da sua condição, e em que se torna transparente a si mesmo; lugar em que, transformando-se imaginariamente no outro, vivendo outros papéis e destacando-se de si mesmo, verifica, realiza e vive a sua condição fundamental de ser autoconsciente e livre, capaz de desdobrar-se, distanciar-se de si mesmo e de objetivar a sua própria situação (ROSENFELD, 1968, p. 48).

Quer se trate de metáfora ou intriga (que é como Ricoeur traduz *mythos*), explicar mais é compreender melhor. Aqui colocam-se duas questões: a primeira é o problema de se ligar a explicação à compreensão; a segunda diz respeito à pretensão de verdade (RICOEUR, 2010, p. 3). Zola certamente tenta usar sua narrativa como forma de compreender a sociedade na qual está inserido, mas não pretende propriamente "explicar" a sociedade, e sim descrevê-la, o que parte de um ideal comum a seus contemporâneos no qual a descrição exata é melhor do que qualquer tipo de explicação (visto que a ciência descreve fenômenos para compreendê-los). Contudo a linguagem poética permite ao discurso certas coisas que o diretamente descritivo não permite (RICOEUR, 2010, p. 3). A isto se relaciona a constatação de Rosenfeld de que só com personagens tornam-se possíveis orações diversas de qualquer enunciado em situações reais ou em textos não fictícios (ROSENFELD, 1968, p. 24). Entre as orações que só se tornam possíveis em contextos fictícios estão algumas que lidam com a temporalidade. Advérbios de tempo (ontem, hoje, amanhã, agora, antes, depois, etc.) só fazem sentido a partir do ponto zero das coordenadas de espaço e tempo de quem está falando ou pensando. Se surgem num escrito, só são possíveis para um narrador fictício (ROSENFELD, 1968, p. 24). A historiografia, por sua vez, lida com noções de temporalidade, mas utilizando expressões mais precisas e que independem do "ponto zero" que se adote ("em 1789", "no século XIX", "em 22 de abril de 1500", etc.).

Dentro desta percepção, o caso de *Germinal* é bastante interessante, pois mesmo sendo uma narrativa de ficção, usa algumas construções de temporalidades mais comuns à historiografia. Já no primeiro parágrafo da obra, Zola faz uma densa descrição do cenário para apontar um homem caminhando sozinho pela escuridão em um caminho plano. A descrição continua no parágrafo seguinte: as vestes, ritmo da caminhada, treme de frio, carrega um pacote, mantém as mãos nos bolsos até encontrar fogueiras e se aproximar para se aquecer. Apesar da descrição densa, percebemos a preocupação de Zola em especificar o tempo de cada ação ("partiu às duas horas"; "após uma hora", etc.), além da distância ("a dez quilômetros de Montsou", etc.). Pode-se, a partir deste tipo de descrição, se ter noção da velocidade com que a personagem caminha. Da descrição da personagem, passa-se à descrição da vila, vista de longe, na qual chamam a atenção a regularidade das construções, o aspecto sujo e escurecido e a fumaça de uma chaminé "que não pode ser vista". O primeiro diálogo, muito simples, é intercalado com descrições longas das reações e da aparência dos personagens envolvidos (ZOLA, 1885, p. 1-12). Em diversos outros momentos da narrativa, são precisadas datas e horários, de modo que o ponto temporal de partida do narrador não importa ao leitor para a compreensão do texto. No primeiro capítulo da quarta parte temos algo semelhante ao se descrever o início da greve e o modo como ela é informada ao diretor da mina: a greve começou de forma surpreendente após a primeira quinzena em que a nova tarifa para o pagamento dos mineiros havia entrado em vigor[11], no dia em que os Hennebeau recebiam os Grégoire para almoçar. Hennebeau acompanhava a greve desde as cinco da manhã, quando foi informado que nenhum mineiro havia ido trabalhar na Voreux, e a cada quinze minutos recebia mensagens de que outras minas estavam paradas ou com poucos trabalhadores (ZOLA, 1885, pp. 221-238).

Outro ponto interessante na construção da temporalidade em *Germinal* se dá nos vários capítulos em que Zola utiliza o recurso da sobreposição para descrever a mesma cena sob ângulos diferentes. No terceiro capítulo da segunda parte, Zola descreve, sob dois pontos de vista, a cena em que Chaval força Catherine a ter sua primeira relação sexual: o do casal, com seus diálogos e ações, e o de Étienne, que os acompanha de longe sem saber quem são. A cena ganha um tom dramático quando, após os dois pontos de vista expostos, Étienne descobre o que o leitor já sabia: que o casal que observava era composto por sua amada e seu maior rival. Assim, Zola faz com que o leitor tenha, na verdade, três ângulos para observar a cena: o do casal, o de Étienne, e o de observador externo, que observa tanto o casal, quanto Étienne. Este ponto nos leva a refletir sobre a questão da simultaneidade: no final do século XIX, e sobretudo após o surgimento do cinema, a noção de simultaneidade passou a ser buscada de várias formas em várias expressões artísticas. Na literatura, recursos como este que acabamos de descrever em *Germinal*, se tornaram cada vez mais comuns. A descrição sob vários ângulos acaba conferindo maior intensidade à cena, o que Zola utiliza muito bem em diversos momentos da obra.

---

11 Esta nova tarifa fazia com que os mineiros recebessem menos por seu trabalho.

A quinta parte de *Germinal* pode ser considerada o melhor exemplo desta noção de sobreposição: quatro dos cinco capítulos descrevem os mesmos acontecimentos, mas cada um a partir de um ponto de vista diferente. O primeiro capítulo descreve a greve chegando à Jean-Bart, através de Chaval que temia ser visto como traidor e tentou convencer seus companheiros a aderirem à greve que começara em Montsou. Deneulin foi acordado às quatro da manhã com a notícia de que metade dos mineiros se recusava a trabalhar e não permitia que os demais descessem à mina. Deneulin chamou Chaval para conversar e, percebendo que liderava a greve em Jean-Bart apenas para ser reconhecido, ofereceu a ele um trabalho de contramestre. Chaval, então, mudou de resolução e passou a tentar convencer os mineiros a não pararem de trabalhar; um grande número foi embora, muitos o vaiaram, mas o trabalho prosseguiu normalmente, visto que os mineiros de Montsou ainda não haviam chegado e, talvez, nem viessem (ZOLA, 1885, p. 329-340). No segundo capítulo, os mineiros da Jean-Bart precisaram interromper o trabalho e subir pelas escadas porque os cabos do elevador foram cortados (ZOLA, 1885, p. 341-355). No terceiro capítulo, descreve-se como os grevistas de Montsou chegaram à Jean-Bart e cortaram os cabos para impedir o trabalho nesta mina (ZOLA, 1885, p. 356-367). Zola constantemente usa o recurso de narrar separadamente o que está acontecendo em lugares diferentes para que o leitor experimente o ponto de vista das personagens que estavam em um local sem saber o que se passava no outro. Apenas no quinto capítulo da quinta parte Zola usa a descrição de um quarto ponto de vista, a visão de Hennebeau dos acontecimentos. Ele é praticamente simultâneo aos anteriores, mas começa apenas às nove da manhã, enquanto os demais começam às quatro (ZOLA, 1885, p. 382-399). Zola descreve como o diretor vai sendo informado dos acontecimentos e o horário em que recebe as informações, para que o leitor consiga cruzar os dados e compor a totalidade das ações nos diferentes espaços. Em meio às informações da greve, Hennebeau, que estava sozinho em casa, acaba descobrindo a traição da esposa com seu sobrinho ao encontrar um objeto dela no quarto deste. Esta descoberta parece afetá-lo muito mais do que a greve, mas as informações que chegam das minas en-

Zola e as Percepções do tempo

trecortam seus pensamentos de tristeza, indignação e conformidade com a situação (ZOLA, 1885, p. 382-399).

No quinto capítulo da quinta parte temos um exemplo ainda mais forte do que seria a simultaneidade em *Germinal*. Zola utiliza o entrecruzamento entre as vidas profissional e pessoal de Hennebeau, que recebe notícias da greve nas minas que dirige ao mesmo tempo em que descobre a dupla traição em sua casa. Este trecho pode nos auxiliar a pensar sobre as diferenças entre o tempo da ação e o tempo da narração (AUERBACH, 2011, p. 477). Parece-nos óbvio, em um primeiro momento, imaginar que o tempo que uma ação leva para ser lida é, geralmente, diferente do tempo que a mesma ação levaria para efetivamente ocorrer. No caso de Hennebeau em seu momento de sofrimento, percebe-se que Zola quer dar, no pensamento da personagem, maior espaço para a traição recém-descoberta do que para a greve recém-iniciada. Todas as outras personagens, nestes e nos capítulos precedentes, estão ocupadas, em ações e pensamentos, com a greve; Hennebeau quer ocupar sua mente com a traição, compreendê-la, tirar algo de positivo dela (chega a pensar que é melhor que sua esposa o esteja traindo com um sobrinho do que com um empregado qualquer), mas a todo momento tem suas reflexões interrompidas pelas notícias da greve que chegam através de seus empregados. Neste trecho, como em outros, Zola abre espaço para uma temporalidade interna que se contrapõe à temporalidade externa. É provável que Hennebeau, depois de Étienne, seja a personagem que mais tenha seus pensamentos externados. Os operários, em geral, revelam poucas reflexões, talvez porque Zola queira demonstrar o quanto o trabalho impede que os trabalhadores dediquem tempo a pensamentos mais profundos e que extrapolem a concretude de suas ações e necessidades.

O ápice da relação entre tempo interno e tempo externo se dá na sétima e última parte da obra. No terceiro capítulo da sétima parte, após o fracasso da greve, Étienne volta ao trabalho com Catherine. Suvarin, o niilista russo, havia sabotado a mina e um acidente acontece, deixando presos Étienne, Catherine, Chaval e outros mineiros (ZOLA, 1885, p. 519-536). No quarto capítulo, o acidente causa comoção, os mineiros e

Négrel (engenheiro da mina, sobrinho de Hennebeau) se empenham no resgate (ZOLA, 1885, p. 537-554). Na quinta parte, Zola utiliza o mesmo recurso de intercalar a narrativa do que acontece fora da mina com o que acontece dentro dela até o resgate. Neste trecho dedica-se a falar sobre como os mineiros se comportaram dentro da mina após o desabamento, contexto em que a percepção do tempo muda: Étienne já não sabe há quanto tempo está tentando subir, por isso se atrapalha ao calcular quanto falta para chegar à saída (ZOLA, 1885, p. 555-577). Neste ponto, o tempo interno e o tempo externo das personagens se confundem, de modo que, dentro da mina, o tempo parece ser completamente diferente do que é fora da mina, de tal forma que quando Étienne é finalmente resgatado, seu aspecto é o de um velho. O acidente e o fato de estarem presos dentro da mina, sem qualquer referência externa, aliado ao desespero da situação, faz com que as personagens vivam apenas sua temporalidade interna, que se externaliza e se torna a única temporalidade presente e real. Do lado de fora da mina, contam-se as horas e os dias até o resgate. Dentro da mina, fala-se apenas na possibilidade de sobreviver ou não, e vários desejos antes apenas internos (a vingança de Étienne sobre Chaval, o desejo de Catherine por Étienne, o amor de Étienne por Catherine) são externalizados e concretizados, mas não saem da mina, pois apenas Étienne sobrevive.

O narrador que acessa as temporalidades internas de cada personagem é aquele que convencionalmente chamamos de "onisciente", que só é possível na ficção.

> Na ficção narrativa desaparece o enunciador real. Constitui-se um narrador fictício que passa a fazer parte do mundo narrado, identificando-se por vezes (ou sempre) com uma ou outra das personagens, ou tornando-se onisciente etc. Nota-se também que o pretérito perde a sua função real (histórica) de pretérito, já que o leitor, junto com o narrador fictício, "presencia" os eventos (ROSENFELD, 1968, p. 26).

Independente de se tratar da representação do tempo interno ou externo, de fatos simultâneos ou em sequência, ou mesmo de realidade

ZOLA E AS PERCEPÇÕES DO TEMPO 85

ou ficção, acompanhar uma história leva a uma conclusão. A conclusão não está logicamente implicada em qualquer premissa anterior. Entender a história é entender como e por que os episódios levaram a essa conclusão, que não é previsível, mas deve ser aceitável (RICOEUR, 2010, p. 116). Por isso, Ricoeur nos lembra de que

> Se a sucessão pode, assim, estar subordinada a uma conexão lógica qualquer é porque as ideias de começo, meio e fim não são extraídas da experiência: não são aspectos da ação efetiva, mas efeitos do ordenamento do poema (RICOEUR, 2010, p. 70).

Assim, a narrativa é ordenada pelo efeito de sentido que ela causará, e não por uma sequência pré-determinada. Para o literato, esta afirmação soa como óbvia, mas para o historiador pode parecer problemática se este entender que a narrativa de fatos tem uma ordenação a ser descoberta pela pesquisa histórica. Quanto a isto, Ricoeur faz a seguinte proposição:

> O tempo torna-se tempo humano na medida em que está articulado de modo narrativo, e a narrativa alcança sua significação plenária quando se torna uma condição da existência temporal (RICOEUR, 2010, p. 93).

Deste modo, a representação da temporalidade na existência humana só se dá através de uma construção narrativa, seja ela ficcional ou historiográfica. E em ambos os casos não há possibilidade de se entender uma sequência dada *a priori* para a construção desta narrativa. Tanto para o historiador quanto para o literato, a construção da narrativa parte de escolhas; mas, como já vimos nos tópicos anteriores, o historiador constrói esta narrativa a partir de seu compromisso com as fontes, enquanto o literato pode escolher outros caminhos para esta construção.

Sendo assim, podemos concluir que a historiografia e a escrita literária são representações, mas de ordens diferentes. Ambas podem ter compromisso com o real, mas para a historiografia este compromisso é necessário. Além disso, a forma de se construir a temporalidade na historiografia é diferente da forma como esta pode ser construída na literatura, sobretudo no que diz respeito às estruturas linguísticas utilizadas.

O passado como fonte de explicação

Usadas de forma empírica por dezenas de anos, as noções de cultura popular, de leitura popular e, mais ainda, de literatura popular assemelham-se hoje ao monstro do lago Ness. Quanto mais se fala no assunto, menos se tem a chance de percebê-lo

Jean-Yves Mollier

O PASSADO DE ZOLA E SUA LITERATURA

Todo homem pressupõe outras condutas antes dele

Norbert Elias

Apesar deste tópico não ser propriamente uma biografia, teremos que trabalhar com questões biográficas de Zola para compreender como se formou o autor naturalista com o qual estamos lidando, para então compreender a literatura praticada por ele. Além disso, compreender as redes de relações nas quais Zola estava inserido nos leva a entendê-lo como agente histórico, e não como um gênio extraordinário cuja literatura é proveniente exclusivamente de seu talento e erudição. Aqui nos apropriamos da crítica que Bourdieu faz à visão de que a vida é um todo orientado com princípio e fim e que deve ser analisada dessa forma (BOURDIEU, 1996, p. 213). Como já vimos no capítulo anterior, cabe ao historiador ordenar os fatos que comporão sua narrativa de modo a atribuir algum sentido a ela. Por este motivo, em vez de pensarmos em uma cronologia da vida de Zola, procuramos agrupar informações que nos farão compreender o percurso que o levou a escrever *Germinal*, com o objetivo de compreender, nos capítulos seguintes, como este percurso contribuiu para suas representações das percepções do tempo em sua época.

Conforme as palavras de Mollier,

> Vê-se que a história cultural não poderia se privar da história social, da qual ela se nutre para explicar os comportamentos, as representações dos homens e suas maneiras de interpretar o mundo (MOLLIER, 2008, p. 9).

Sendo assim, não há como prescindir dos caracteres sociais que ajudam a formar as condições culturais nas quais se inserem os agentes históricos pesquisados. Entre os meios em que esta associação entre "social" e "cultural" se faz mais viva podemos citar os salões franceses dos séculos XVIII e XIX. Segundo Auerbach, os salões do século XIX eram muitas vezes tidos como enfadonhos, se comparados a seus similares do século XVIII, pois neles não se podia falar sobre qualquer assunto, ou se emitir qualquer opinião (AUERBACH, 2011, p. 407). A vivência dos cafés, no século XIX, seria mais "solta" do que no ambiente dos salões (BOURDIEU, 1996, p. 92). E por qual motivo? Segundo Bourdieu, existia uma relação de subordinação, na época de Napoleão III, dos mecenas ao Imperador, e dos artistas aos mecenas. Bourdieu fala em "subordinação estrutural", seja pelo mercado (diretamente pelas vendas, indiretamente pelos postos oferecidos), seja por ligações duradouras de afinidades entre escritores e frações da alta sociedade (BOURDIEU, 1996, p. 65). Sendo assim, os salões eram também ambientes influenciados por questões políticas, e não apenas por relações de afinidade intelectual, artística, ou de amizade. Os cafés, por sua vez, estavam à parte destas vinculações, e neles os artistas poderiam se reunir para trocar ideias fora da esfera de influência de Napoleão III. Instâncias políticas e membros da família real exerciam domínio no campo literário, tanto pela capacidade de sanções, como pela possibilidade de distribuir proveitos materiais e/ou simbólicos, como pensões, abrir teatros e exposições, cargos remunerados etc. (BOURDIEU, 1996, p. 66). Desta forma os salões se configuraram como espaços de articulação entre campos, com trocas entre políticos e artistas (BOURDIEU, 1996, p. 67).

Napoleão III governava em um regime autoritário, repressor, apoiado pelo exército, polícia e Igreja, mas, apesar disso, tinha amplo apoio popular (WINOCK, 2006, p. 483). Através de um complexo sistema de regulamentação, a censura e a vigilância da imprensa foram restabelecidas, fazendo com que os próprios jornais se autocensurassem para evitar suspensões e fechamentos (WINOCK, 2006, p. 488). Neste contexto a imprensa estava sob o risco permanente da censura, o que fez com que houvesse espaço cada vez maior para folhetins e "pequenas notícias", levando ao surgimento de jornais como *Le Figaro* e *Le Petit Journal* (BOURDIEU, 1996, p. 69). Os diretores de jornais, por sua vez, eram figuras aduladas, pois escritores e artistas sabiam que um artigo elogiando sua obra poderia gerar uma boa reputação, visto que, para ser publicado, o artigo deveria estar conforme as exigências do Segundo Império (BOURDIEU, 1996, p. 69).

Flaubert, ao se colocar em uma área entre a esfera de influência política de Napoleão III e os debates artísticos que tentavam se desvincular da influência política, exerceu um importante papel na constituição do campo literário como campo à parte, com funcionamento tão familiar a nós que suas regras nos escapam (BOURDIEU, 1996, p. 64). Este contexto foi caracterizado, ao mesmo tempo, pelo horror ao burguês e pela ascensão dessa figura na expansão industrial do Segundo Império. Colocou-se, assim, a oposição entre a materialidade (enriquecimento) e o espírito (atividade intelectual) (BOURDIEU, 1996, p. 64).

Muitos escritores começaram a ter seu valor atribuído segundo "as cifras que rendiam", o que permitia que muitos autores conseguissem escrever para vários jornais muito diferentes entre si. Assim, um autor de "esquerda" poderia escrever para jornais de "direita", desde que vendesse bastante. Este grupo de autores "escritores-jornalistas" acabou adquirindo um tal prestígio social que passaram a ser considerados como "medida de todas as coisas": seus textos formavam opiniões e condenavam ou absolviam obras de arte, romances e peças teatrais. A imprensa é um indício da expansão sem precedentes do mercado de bens culturais; absorvendo jovens sem fortuna,

90   RILTON FERREIRA BORGES

oriundos de classes médias ou populares da capital que não eram absorvidos pelas empresas e serviço público, que não conseguiam incorporar todos os diplomados pelo ensino secundário, cujo número aumentou no Segundo Império (e em toda Europa na primeira metade do XIX) (BOURDIEU, 1996, p. 70). Neste contexto surge também um novo grupo social que aspira viver da arte, mas sem depender dos mecenas. O estilo de vida boêmio adotado por estes primeiros "escritores independentes" contribuiu para a invenção do estilo de vida do artista em oposição aos artistas "oficiais". Tornaram-se "detentores da excelência em matéria de estilo de vida" (BOURDIEU, 1996, p. 72). Esta oposição entre "artistas verdadeiros" e "artistas oficiais" também se deu nos estilos usados: os artistas mais próximos do poder voltavam-se para o romance, de leitura mais fácil e que geraram empresas de edição lucrativas; a poesia, ligada à boemia, batalhas românticas e engajamento social, era hostilizada e quase criminalizada. Alguns salões recebiam escritores mais conformistas, mas havia aqueles que buscavam abrigar artistas mais originais (BOURDIEU, 1996, p. 66).

Podemos citar Balzac para mostrar a construção do artista como uma exceção na sociedade. Segundo este autor, o artista não é o homem que trabalha, não é o homem que pensa, não é o homem que não faz nada: seu pensamento domina a sociedade, alterna entre elegante e negligente, não segue regras, mas as impõe. Ainda segundo Balzac, os artistas geram sentimentos ambíguos: partilham a miséria do "povo", mas estão mais próximos da aristocracia, pois seu capital cultural permite acesso a bens que são dispendiosos demais para a pequena burguesia (BOURDIEU, 1996, p. 73).

E como Zola se insere neste contexto? Em 1863 o Salão de Artes de Paris teria pela primeira vez uma mostra paralela, como resposta de Napoleão III ao grande número de reclamações contra a ausência de diversos pintores recusados pelo juri oficial. Émile Zola e seus amigos pintores, como Paul Cézanne, receberam a notícia como uma vitória, mas este salão paralelo tinha como objetivo causar estranheza ao público acostumado com a arte tradicional, fazendo com que os pintores fossem rejeitados pelo público assim como haviam sido rejeitados pela crítica (TROYAT, 1994). Zola, fascinado pela nova experiência de arte que estes pintores traziam, decidiu

ZOLA E AS PERCEPÇÕES DO TEMPO 91

abraçar a causa destes novos artistas; através da amizade com Cézanne, circulava por ateliês e exposições, tornava-se amigo de diversos artistas, conhecia suas técnicas e formas de produção, passando a entender a arte pelo ângulo dos artistas. Escreveu, então, um ensaio sobre as "três telas", tomando partido da estética realista em detrimento da clássica e da romântica, publicado em um jornal de Aix-en-Provence, cidade em que passou a infância. A possibilidade de uma nova arte, que Zola já ensaiava em seus escritos, tinha nas artes plásticas também uma possibilidade (TROYAT, 1994). Zola reivindicou para o artista o direito à impressão pessoal e a reação subjetiva ("o artista só é responsável por si próprio"), e essa posição causou sua saída do *L'Événement*. Zola admirava Manet por este ser capaz de revelar a pessoa particular do pintor. Neste ponto, como Bourdieu, podemos ver uma forte relação entre o Zola escritor iniciante e o Zola do caso Dreyfus anos depois (BOURDIEU, 1996, p. 161). O que mais agradava Zola nestes novos pintores era a novidade, a atitude de romper com o tradicional e propor o novo, não exatamente a estética. Sua concepção de arte vinha, em grande medida, de Hipollyte Taine, autor de *Philosophie de L'art*, obra da qual Zola extraiu sua concepção de arte a serviço da ciência.

Neste momento a pintura estava se libertando da academia, e acabou precisando se libertar também dos escritores, que ajudaram na primeira libertação, mas depois acabaram usando a pintura para impor seus gostos. Além disso, ao defender inicialmente que a pintura não precisa dizer nada, podendo apenas causar sensações, escritores começaram a reivindicar a exclusividade do ato de "dizer", deixando a pintura "muda"; assim os pintores precisaram lutar para mudar a hierarquia entre os campos (BOURDIEU, 1996, p. 158).

Como o grande espaço de disseminação dos valores culturais era a imprensa, fazia-se necessário que através dela Zola começasse a difundir sua concepção de arte ainda em construção. O então chefe do departamento de propaganda da Editora Hachette et Cie., tornou-se colaborador do jornal *L'Événement*, cujo dono era o mesmo de *Le Figaro*, Hippolyte de Villemessant, escrevendo uma coluna sobre literatura que teve grande sucesso. Villemessant pediu a Zola uma apreciação sobre a Exposição de

1866, na qual Zola[1] expôs sua indignação com a arte "conservadora" e com o júri que mais uma vez havia descartado nomes como o de Manet, defendendo os novos artistas e chocando os leitores. Após este artigo os novos pintores acolheram Zola como seu defensor na imprensa, ao passo que o autor sentia-se muito à vontade para continuar escrevendo sobre sua concepção de como deveria ser a arte (TROYAT, 1994, p. 56).

Villemessant inicialmente gostou da polêmica iniciada por Zola, que fez as atenções se voltarem para seu jornal. Porém, junto com as atenções vieram protestos, como ameaças de cancelamento de assinaturas, negociantes de artes retirando seus anúncios do jornal e até mesmo boatos de que os artigos de Zola estariam incomodando a Napoleão III, que mandaria investigar o jornal. O dono do jornal tentou contornar a situação colocando um colunista que elogiava os pintores consagrados e debatia com Zola, mas a situação manteve-se insustentável, culminando com a demissão de Zola (JOSEPHSON, 1958, p. 97). Como resultado de sua carreira jornalística (que não se encerrou com este episódio, mas foi retomada e interrompida diversas vezes ao longo de sua vida), Zola constituiu uma disciplina que passou para sua atividade como escritor de romances: escrever todos os dias, em um ritmo constante (MITTERAND, 1986, p. 13). Zola também usou o jornalismo para expressar suas visões políticas, mostrando-se republicano e anticlerical (WINOCK, 2006, p. 722); mesmo assim trabalhou no *Le Figaro*, jornal conservador, pois considerava os jornais republicanos incapazes de criticar a república. Zola queria ser independente, criticava o protestantismo e preferia a ele o catolicismo, que ao menos era mais propenso à arte. Defendeu uma política experimental, influenciado por Taine, que levava em conta as circunstâncias e não tentava dobrar a realidade a certo conjunto de dogmas, fossem eles da direita ou da esquerda (WINOCK, 2006, p. 732).

A indignação moral contra a submissão aos poderes do mercado, que interferia nas artes plásticas, também teve um desempenho determinante na

---

1   Sob o pseudônimo "Claude", em referência a seu primeiro romance publicado, *Confissões de Claude*.

ZOLA E AS PERCEPÇÕES DO TEMPO

formação da autonomia dos escritores. A ruptura ética, na formação do campo, era sempre fundamental na ruptura estética. Mas apenas em um campo artístico e literário em alto grau de autonomia (como o que se formou após o caso Dreyfus) que foi possível aos membros com a intenção de ocupar posições dominantes se sentirem obrigados a se declarar independentes dos poderes externos (BOURDIEU, 1996, p. 77-78). Junto com este campo literário que começava a se formar, surgiu um campo de editores semelhante ao campo de escritores, assim como a ligação entre o editor e o escritor de combate se consolidou (BOURDIEU, 1996, p. 85). Muitos editores começaram a estabelecer contato com estes autores "independentes", vendo neles a possibilidade da formação de um novo mercado a ser explorado. Neste momento começou a se formar um triplo embate, instaurado pela expansão da arte comercial (dominada pelo quarteto império, imprensa, mercado e Estado): arte burguesa contra a arte social e contra a "arte pela arte" (BOURDIEU, 1996, p. 89). Por um lado coloca-se o debate de interferir ou não na realidade, e da serventia da arte (AUERBACH, 2011, p. 452); por outro lado, os adeptos da "arte pela arte" se colocavam contra a arte moralizante (BOURDIEU, 1996, p. 90); finalmente, os adeptos da arte social acusavam a "arte pela arte" de egoísmo (BOURDIEU, 1996, p. 91). Também se deram debates como o do papel do "artista burguês" e o horror à burguesia (BOURDIEU, 1996, p. 99). A isto, somava-se um problema: como defender uma arte que não é comercial (se não pode ser paga, ao mesmo tempo não tem valor comercial) sem anular o burguês como possível cliente? (BOURDIEU, 1996, p. 100). Zola e seu grupo são citados entre os proscritos por essa rede de relações. Escritores esperavam dos poderosos a proteção que os meios institucionais do mercado (editores e jornais) não podiam dar; por sua vez, editores e jornais precisavam do mesmo tipo de proteção (como vimos no caso da demissão de Zola do jornal de Villemessant), sendo apenas após o fim do Segundo Império que os editores passaram a ser contados entre estes "poderosos" (BOURDIEU, 1996, p. 68).

Foi neste momento que Flaubert e outros autores se depararam com a contradição entre a "consciência da arte" e o "viver da arte". Alguns escritores conseguiam certa liberdade em relação aos poderes estabelecidos através de uma renda que poderia ser proveniente, por exemplo, de uma herança; mas a renda não era condição necessária, e menos ainda suficiente, de independência (BOURDIEU, 1996, p. 104). Quanto mais a arte se tornava autônoma, mais demorava para impor ao público as normas de sua própria percepção. Aquilo que não era consagrado pela crítica ou pelo mercado não gerava a mesma renda que a literatura comercial e se restringia a públicos menores, cujos integrantes não iam muito além dos próprios produtores (BOURDIEU, 1996, p. 101). Talvez por isso Flaubert tenha se aproximado de Zola no projeto Naturalista que englobava, ao mesmo tempo, a profissionalização do escritor e uma nova proposta de arte: se o projeto fosse amplamente seguido, mais rapidamente seus ideais seriam difundidos. Sobre isso, Flaubert dizia:

> Somos operários de luxo. Ora, ninguém é bastante rico para nos pagar. Quando se quer ganhar dinheiro com a pena, é preciso fazer jornalismo, folhetim ou teatro (...). É preciso amar a Arte pela própria Arte; de outro modo, a menor profissão é preferível (BOURDIEU, 1996).

Quando Zola começou a estreitar laços com outros grandes nomes da literatura de sua época, começou também a participar de reuniões frequentes na casa de Flaubert, de quem se tornou um amigo próximo, com Édimond de Goncourt, Guy de Mupassant, Alphonse Daudet e Ivan Torgueniev, formando o "grupo dos cinco". Estes eram, na mesma medida, amigos e colaboradores. Em torno destes nomes começaram a se agrupar jovens escritores que abraçaram o projeto literário proposto por estes. Aliás, não só um projeto literário, mas todo um modo de vida que inclui a profissionalização do escritor. Estes passaram a se dedicar à administração das receitas geradas por suas obras, ocupando lugar de destaque em meio à sociedade e renunciando à excentricidade dos escritores de outros tempos. Tornaram-se membros da burguesia e assumiam o comportamento desta em oposição aos "boêmios da escritura", com quem os naturalistas "não têm o que discutir" (TROYAT, 1994, p. 98-101). Neste momento, a "marca Zola" começou a despontar e ganhar um

ZOLA E AS PERCEPÇÕES DO TEMPO 95

peso que independia (em parte) das redes de proteção que delimitavam quais autores teriam ou não sucesso comercial.

A partir destas disputas formaram-se grupos dentro do campo literário, orientados a partir dos diferentes estilos de vida associados à origem social e posição no campo dos escritores. (BOURDIEU, 1996, p. 95). Muitos autores, como Flaubert, colocaram-se numa posição de dupla ruptura: "detesto X, mas não detesto menos o oposto de X". Esta operação faz com que o autor mantenha distância de todos os lugares sociais (BOURDIEU, 1996, p. 97). Mas ao passo que o campo literário se consolida e um grupo começa a se tornar dominante, percebemos que alguns autores com valores estranhos a este passam a fazer concessões a ele (como burgueses criticando, ainda que de forma tímida, valores burgueses) (BOURDIEU, 1996, p. 88), o que faz com que este distanciamento aparente se transforme em adesão a um novo projeto.

A partir de 1880 o estado do campo se modificou. Estabeleceu-se uma hierarquia entre gêneros e autores segundo os critérios dos pares, que era praticamente oposta à estabelecida pelo sucesso comercial (BOURDIEU, 1996, p. 133). Também se estabeleceu uma hierarquia econômica: o teatro dava muito retorno a poucos produtores; a poesia dava pouco retorno (com algumas exceções); o romance era "intermediário", dava um lucro importante (não tanto quanto o teatro) a um número maior de autores e atingia um público maior (além do mundo literário e da burguesia, chegava a uma pequena burguesia e a uma "aristocracia literária" de trabalhadores através das bibliotecas[2]; pode-se pensar também nas leituras compartilhadas e na popularização do teatro em alguns casos para se atingir os trabalhadores de forma mais ampla).

Sob o Segundo Império havia uma "hierarquia literária", na qual a poesia estava no topo ("arte por excelência"), mas com pouco público; o teatro tinha mais "honras oficiais" e muito mais público; o romance, situado entre estes dois mundos, era mais disperso, tendo algum reconhecimento, mas ainda associado à literatura mercantil. Zola é citado

---

2   Cf. ELEY, 2005, p. 68

por Bourdieu como um marco a partir do qual o romance ganha um peso considerável com sucessos de venda excepcionais que o permitem libertar-se da imprensa e do folhetim (ainda que a imprensa e o folhetim sejam importantíssimos dentro da economia literária), conquistando um público maior do que qualquer outra forma de expressão, tendo inclusive uma "consagração burguesa" que antes era reservada apenas ao teatro (BOURDIEU, 1996, p. 134).

Podemos nos questionar se o sucesso comercial de Zola é uma ruptura com o campo ou uma consequência da consolidação deste. Zola, a princípio, teve maior sucesso de venda com as obras que recebiam maior número de críticas. Mas, ao passo que se tornou amplamente lido, algumas de suas obras começaram a ser vistas como modelos por seus novos seguidores, escritores mais jovens que aderiram a seu projeto naturalista, tanto do ponto de vista estético, quanto do ponto de vista da profissionalização do escritor. Quando Zola se tornou um nome dominante na literatura francesa, nomes como os de Flaubert e Goncourt passaram a ser vistos como superados, especialmente Goncourt, que se tornou um grande crítico de Zola (TROYAT, 1994, p. 119). Assim, Zola acabou fundando uma nova posição a partir das anteriormente possíveis: sua literatura não podia ser compreendida como "arte pela arte", pois tinha uma função social; mas também não podia ser considerada somente "arte social" pois tinha objetivos comerciais.

Zola acabou se inserindo em um movimento cada vez mais comum no campo literário: o da substituição pela superação. Dentro do campo, a diferença entre o "velho" e o "novo" não se dava pela "idade" das obras ou dos autores, mas sim pelo estilo. Segundo Bourdieu

> O envelhecimento dos autores, das obras ou das escolas é coisa muito diferente do produto de um deslizamento para o mecânico para o passado: engendra-se no combate entre aqueles que marcaram época e que lutam para perdurar e aqueles que não podem marcar época por sua vez sem expulsar para o passado aqueles que têm interesse em deter o tem-

po, em eternizar o estado presente (BOURDIEU, 1996, p. 181).

É por este motivo que aquilo que marca época é inevitavelmente datado (BOURDIEU, 1996, p. 180). Desta forma, as escolas literárias se sobrepõem a partir da negação das precedentes, mesmo que assim acabem se identificando com outras anteriores. Assim, não é propriamente a novidade, mas sim a diferença que forma as novas literaturas. Por isso, quando Bourdieu diz que "Os pintores de vanguarda têm muito mais em comum com a vanguarda do passado que com a retaguarda dessa vanguarda" (BOURDIEU, 1996, p. 173), podemos imaginar que o mesmo acontece com os escritores. A "idade social", para se separar as escolas literárias, era usada em lugar da "idade biológica" dos autores. As "gerações" de escritores eram, na verdade, muito próximas entre si, o que mantinha um estado de "revolução permanente": a todo momento surgiam rupturas e chefes de escolas, mas a maioria caía no esquecimento sem seguidores. Cada revolução legitimava-se a si mesma, mas também legitimava, ao mesmo tempo, a revolução em si, tornando-a modelo de acesso à existência no campo. Uma tendência, corrente ou escola podia ser condenada apenas por estar "ultrapassada" (BOURDIEU, 1996, p. 145-146). Mas esta constatação não é exclusiva do campo literário: os campos político, social, econômico, científico e filosófico acabaram legando as noções de "novidade" e "velocidade" para as artes.

A superação de um estilo por outro, entretanto, não se dá apenas quando um escritor se coloca contra seu antecessor; também pode se dar quando um mesmo escritor abandona um estilo para se dedicar a outro. O autor de *Germinal* não nasceu (nem para o mundo, nem para a literatura) naturalista. Em sua adolescência, nos campos de Aix-en-Provence, Zola era entusiasmado pelo Romantismo. Via a arte como forma de embelezar o mundo, sendo o "poeta um profeta enviado por Deus para iniciar os homens nas perfeições da natureza" (TROYAT, 1994, p. 34). Foi na companhia de seus dois grandes amigos de infância e colegas no Colégio Bourbon em Aix-en-Provence, Paul Cézanne e Jean-Baptiste Baille (futuro cientista e professor da École Polytechnique de Paris) que Zola começou a se aprofundar em artes e literatura, começando a projetar seu trabalho como escritor aproximando-se da poesia e do Romantismo, por volta dos 13 anos de idade. Nesta época, Zola e seus amigos descobriram Rousseau, Hugo e Musset. O primeiro trabalho de Zola, ainda aos treze anos, foi um romance de cavaleiros e donzelas medievais inspirado em um trabalho de Michelet (JOSEPHSON, 1958, p. 24).

Esta visão de mundo perdurou até o fim de seus estudos, aos dezenove anos, quando já vivia em Paris com a mãe e o avô. Desde a morte de seu pai, pouco antes de Zola completar sete anos de idade, sua família encontrava-se em meio a graves problemas financeiros, o que os obrigou a se mudarem várias vezes dentro de Aix-en-Provence, até finalmente decidirem ir a Paris, por volta de 1858, onde a mãe de Zola, Emilie, podia trabalhar em serviços domésticos para sustentá-lo. Na nova cidade e na nova escola, o antes aplicado aluno, apesar de preguiçoso, passou a ser um aluno desencantado com os estudos e empolgado apenas com a literatura de seu tempo. Os clássicos estudados nas aulas eram quase desprezados, o que talvez tenha ajudado Zola a decidir-se por ciências em vez de letras, ainda em Aix-en-Provence, quando entrou para a segunda classe. Em Paris, Zola teve dois anos de estudo muito ruins e nenhuma amizade conquistada, o que o deixava ainda menos a vontade no ambiente escolar. Sua única dedicação era, então, a literatura (JOSEPHSON, 1958, p. 32). Nomes como Michelet, Balzac, Stendhal e Hugo certamente estiveram presentes entre as leituras do jovem literato.

Michelet, mesmo romântico, pode ter iniciado a procura de Zola pelo pensamento psicológico e médico (MITTERAND, 1986, p. 8). Do ponto de vista histórico, para Michelet, "tudo parte de baixo, o povo é a fonte da ordem contemporânea". Sua filosofia da história, vinda de Vico, entendia a história como feita pela coletividade, sem Deus ou necessidade de grandes homens. "A humanidade é obra de si mesma" (WINOCK, 2006, p. 364). Michelet também se configurou como uma espécie de historiador de si para ser historiador de seu tempo (WINOCK, 2006, p. 366), além de querer corrigir as imagens que os literatos pintaram da França (WINOCK,

2006, p. 367). Podemos perceber que o mesmo autor que influenciou o jovem Zola em seus primeiros escritos românticos, também pode ter influenciado o autor de *Germinal* em seu projeto naturalista.

Balzac e Stendhal são tidos como criadores do realismo moderno, sendo que Balzac voltou-se sobretudo para as representações do real (AUERBACH, 2011, p. 419), buscando a harmonia entre a pessoa e aquilo que atualmente chamamos de meio (AUERBACH, 2011, p. 421). Balzac se deixou inspirar por um biólogo (AUERBACH, 2011, p. 424), tentando fundamentar suas opiniões acerca da sociedade humana mediante analogias biológicas. A palavra "meio", na literatura de Balzac, foi herdada da biologia, que por sua vez tinha vindo da física (AUERBACH, 2011, p. 425). Portanto, não foi o Naturalismo o primeiro movimento, nem Zola o primeiro escritor, a se apropriar das ciências naturais para desenvolver sua literatura.

Apesar das analogias biológicas e das comparações que faz, Balzac considera natureza e sociedade como coisas distintas. Sua compreensão histórica é instintiva, e nela busca a história dos costumes (AUERBACH, 2011, p. 426). Mais uma vez, percebemos uma aproximação muito grande entre a obra de Balzac e a tentativa de Zola em construir uma "história dos costumes" com a série dos *Rougon-Macquart*. Mas diferentemente de Zola, Balzac pretende fazer historiografia (AUERBACH, 2011, p. 427), considerando sua atividade criativa como histórico-interpretativa e compreendendo o presente como parte da história (AUERBACH, 2011, p. 430).

A política na literatura de Stendhal é apenas cenário. "A política pode ter motivado Stendhal em sua juventude republicana, mas não é de modo algum o centro de sua vida" (WINOCK, 2006, p. 222). Foi liberal e anticlerical, mas o modo como tratava republicanos e insurreições demonstra, no mínimo, distanciamento. Se sentia à vontade com uma monarquia constitucional, com duas câmaras e liberdade de imprensa. Temia o regime republicano como regime do número e da indiferenciação em oposição à individualidade. Sua defesa da liberdade não passava pela política, mas pela glorificação do amor que se sobrepõe às convenções sociais (WINOCK, 2006, p. 222). Stendhal desconfiava da ideia de felicidade coletiva ou social como finalidade da política, concebia apenas a felicidade

100   RILTON FERREIRA BORGES

individual, para a qual os governos não deveriam colocar obstáculos. Via em Napoleão um exemplo de energia que condizia com seu gosto pelo heroísmo, não se interessando propriamente por seu papel na Revolução (WINOCK, 2006, p. 223). Zola, em suas anotações, deixa claro que o que chama sua atenção em Stendhal é a forma de representar o excepcional, e faz considerações a respeito de representar o geral e o excepcional (ZOLA, rascunho da série, p. 33).

Victor Hugo, por sua vez, é um desses exemplos de como uma vida pode ser complexa a ponto de ser difícil de traçar uma linha de coerências entre os fatos que a compõem. Hugo foi ultramonarquista, monarquista liberal, depois de centro (WINOCK, 2006, p. 195), e mais do que Balzac e Stendhal, sua literatura não pode ser compreendida sem ser associada a sua atuação política. Como monarquista constitucional, desconfiava da república e defendeu até o fim a monarquia. Tinha uma boa posição na monarquia e, com a república, continuou sendo convidado para importantes cargos, recusando a princípio, mas apoiando algumas medidas do governo provisório (WINOCK, 2006, p. 450). Para defender "uma certa república e não outra; a civilização contra o terror", decidiu se candidatar a cargos políticos. Em 1848 tornou-se deputado da Assembleia Constituinte, onde a princípio buscava posições conciliadoras (WINOCK, 2006, p. 451), mas cada vez mais se aproximou da esquerda e fez coro a suas reivindicações, como o fim do estado de sítio e a liberdade de imprensa (WINOCK, 2006, p. 453).

Hugo aconselhou o novo presidente a fazer "um grande governo pela paz", "pela grandeza de todas as artes, as letras, as ciências, pela vitória da indústria e do progresso", o que anos depois viria a ser praticamente a mesma definição de Zola para um governo "naturalista", pois era exatamente o oposto disso que Zola acusava Napoleão III de fazer, especialmente a partir do Salão de Artes de 1863; também o aconselhou a manter a liberdade de imprensa e paralelamente ter uma imprensa de Estado (WINOCK, 2006, p. 455), o que não ocorreu a partir do Segundo Império. Hugo foi bem votado nas eleições de 1849, mas seu grupo político era minoria. Ele não era visto como de direita pela direita, nem como de esquerda pela esquerda. Logo rompeu com a direita, mas defendia que o socialismo,

ZOLA E AS PERCEPÇÕES DO TEMPO

apesar de conter algumas verdades, tinha também algo de perigoso, sendo necessário separar as verdades dos perigos (WINOCK, 2006, p. 456).

Em 1860, aos vinte anos de idade, Zola tornou-se uma espécie de *flâneur*, vagando por Paris e experimentando suas sensações, mas sem conseguir se fixar, enquanto sua mãe trabalhava para mantê-lo. Esta situação certamente o desagradava, levando-o a ignorar sua decisão da adolescência de nunca trabalhar em repartições e, com a ajuda de um amigo da família, conseguiu um emprego nas docas de Napoleão, ao norte de Paris, calculando direitos alfandegários e fretes (JOSEPHSON, 1958, p. 40). Ganhava 60 francos por mês, valor que não era suficiente para uma pessoa se manter em 1860. Além do salário baixo, Zola não suportava o ambiente insalubre, o que o fez abandonar este emprego apenas dois meses após ser contratado (TROYAT, 1994, p. 35).

O caso de Zola não era uma exceção na França de meados do século XIX. Paris era uma cidade centralizadora, pois quase não havia outros centros culturais, políticos e financeiros na França. Balzac dizia que Paris atraía a aristocracia, a indústria e o talento. Paris era também a cidade da liberdade, onde se podia ser livre da religião e se expressar livremente, o que a tornava capital do pensamento socialista e comunista (WINOCK, 2006, p. 324), especialmente na década de 1840. Neste período havia muitos estrangeiros e franceses de outras regiões em Paris. Entre os grupos que merecem nota, podemos citar o grande número de alemães, de operários a artistas, entre os quais estava Marx (WINOCK, 2006, p. 323).

Em 1862, com a ajuda de um amigo de sua família, Zola conseguiu um emprego como empacotador na Hachette & Cie. Do jovem que pouco se dedicava aos estudos e depois vagava por Paris, passou a ser um trabalhador dedicado e bem-visto dentro da empresa. Em pouco tempo a dedicação foi recompensada com uma promoção para o departamento de propaganda e um pequeno aumento de salário. Esta situação dava a Zola a esperança de poder, finalmente, dar a sua mãe uma nova condição de vida, restaurando o conforto que haviam perdido com a morte de seu pai (TROYAT, 1994, p. 43). É possível que esta disciplina de trabalho tenha ajudado a formatar o Zola escritor, também disciplinado e metódico na

102   Rilton Ferreira Borges

produção de seus romances. O trabalho no serviço-chave de toda casa de edição, a publicidade (MITTERAND, 1986, p. 10), onde se tornou chefe, o colocou em contato com o mundo da editoração. Ali teve contato com redatores, romancistas e historiadores. Descobriu como calcular o valor dos contratos e de venda das obras. Conheceu os caminhos que levavam o livro ao público, passando pela propaganda nos jornais, pela aprovação dos críticos e pelas estantes das livrarias. É possível que este trabalho dentro da editora tenha dado a Zola todo o instrumental necessário para que pudesse se lançar como autor com muita segurança (TROYAT, 1994, p. 45-46). Este mercado editorial, dentro do qual Zola estava inserido, fez parte de uma das grandes transformações culturais ocorridas na França ao longo do século XIX. Zola estava em meio à grande empresa de expansão do conhecimento de Hachette (MITTERAND, 1986, p. 11). O livro de sala de aula, principal produto da Hachette, foi o primeiro componente das bibliotecas familiares e tendeu a homogeneizar as visões dos franceses no final do século XIX (MOLLIER, 2008, p. 10).

Enquanto trabalhava como chefe do departamento de propaganda de uma das principais editoras da França, Zola se preparava para sua nova literatura. As ideias de Darwin e Laplace circulavam pela Europa e provavelmente ajudaram a fortalecer as esperanças sobre o poder da ciência em Zola. É interessante notar, porém, que nas correspondências de Zola e nos resumos de livros que leu para compor a série dos *Rougon-Macquart* não há referências diretas a obras de Darwin, o que nos faz pensar que Zola tenha recebido o darwinismo de forma indireta, através das discussões presentes na sociedade.

Sua maior influência certamente veio do positivismo de Taine. Seu método de crítica moderna considera determinações biológicas (raça), históricas (momento) e sociais (meio). (MITTERAND, 1986, p. 12). Sendo assim, a obra de arte é condicionada, determinada. Sua tese não foi bem recebida em meios tradicionais por ser "materialista" (WINOCK, 2006, p. 672).

Por alguns meses Zola frequentou a Biblioteca Nacional em busca de informações para compor uma "filosofia" para sua arte, tentando aplicá-la imediatamente (TROYAT, 1994, p. 62-65). Adquirindo confiança em

ZOLA E AS PERCEPÇÕES DO TEMPO   103

seu trabalho, Zola resolveu deixar sobre a mesa de Louis Hachette, dono da editora, os manuscritos de algumas de suas poesias. Após um sermão inicial, repreendendo Zola pela liberdade tomada, Hachette aconselhou o novo autor a dedicar-se à prosa para que fosse mais lido, além de lhe conceder uma promoção como incentivo a sua nova carreira. Este foi mais um golpe, ainda que não o último, sobre o poeta romântico que dava lugar ao romancista naturalista. Zola tinha consigo a pretensão de ser um escritor grandemente lido e reconhecido, por querer se igualar a seu pai, que projetou o grande Canal Zola em Aix-en-Provence (TROYAT, 1994), ou assim como seu pai ter uma obra a concluir e nome a impor (MITTERAND, 1986, p. 5), ou ainda por querer se igualar a Balzac e Hugo como um dos grandes nomes da literatura francesa (JOSEPHSON, 1958). Talvez um misto de tudo isso?

Hachette resolveu, então, encomendar a Zola um conto para uma revista infantil que editava. O conto intitulado *A Irmãzinha dos Pobres*, porém, não chegou a ser publicado, pois Hachette o considerou "revolucionário" (TROYAT, 1994, p. 69). É difícil saber o que, de fato, Hachette entendia por "revolucionário", mas alguns traços de crítica social podem ter levado o experiente empresário do mercado editorial a classificar o texto dessa forma. É preciso lembrar que a situação política da França era ainda tensa, e qualquer texto que pudesse ser interpretado como crítica à estrutura social vigente poderia trazer problemas ao autor e à editora. Sendo assim, Hachette preferiu não se arriscar com um autor iniciante; contudo, sabe-se que, mesmo não sendo um "revolucionário", Hachette publicava autores agnósticos, ou mesmo ateus (MITTERAND, 1986, p. 12). Em todo o caso, um pouco do autor que buscava representar a realidade com o máximo de detalhes já se revelava neste conto que não tinha grandes pretensões (JOSEPHSON, 1958, p. 69). Como chefe de propaganda da Hachette, Zola fez duas importantes descobertas: a primeira, que os homens das letras precisavam sobreviver de alguma forma; a segunda, que precisavam ter algum tipo de independência financeira para imporem sua arte da forma como desejavam. E isto, mais uma vez, se liga à ideia de profissionalização do escritor que já discutimos.

Ao terminar o manuscrito de seu primeiro livro de contos, o *Contes à Ninon*, Zola o apresentou a Hachette, que imediatamente o recomendou ao editor Hetzel, que junto com Lacroix havia fundado a *Librarie Internacionale*, livraria que editava traduções de importantes obras estrangeiras e de autores franceses ligados à esquerda e às "ideias revolucionárias", como Hugo e Proudhon (Hachette provavelmente se convenceu de que Zola era mesmo um "revolucionário"). Zola apresentou-se a esta editora em 1864. Segundo Henri Troyat (1994), Zola teria se apresentado a Hetzel de forma espirituosa e quarenta horas depois recebeu um bilhete avisando que Lacroix seria seu editor; segundo Matthew Josephson (1958), Zola apresentou-se timidamente a Lacroix, que prometeu ler seu manuscrito, mas só o fez após alguns dias de insistência de Zola. O que sabemos, com certeza, é que o primeiro livro de Zola foi publicado por Hetzel & Lacroix em outubro de 1864, poucos meses após a morte de Louis Hachette, fato que havia preocupado Zola a respeito de sua continuidade na editora (ZOLA, 1908, p. 3). Este primeiro livro publicado era ainda de inspiração romântica, reunindo contos de sua adolescência em Aix-en-Provence, de sua juventude em Paris e ainda alguns de quando já era funcionário da Hachette. Nesta obra, Zola era ainda um "filho de Rousseau" (JOSEPHSON, 1958, p. 72).

Aproveitando sua posição na Hachette, Zola usou seus contatos para ajudar a divulgar, também, seu primeiro romance, pedindo aos jornais que dedicassem, além dos livros que enviava em nome da Hachette, também algumas linhas a sua obra, o que causou certo mal-estar com seu chefe, pois isso fez com que seu livro, publicado por Hetzel & Lacroix, fosse constantemente associado à Hachette. A esta altura, com relativo sucesso como escritor iniciante e os consequentes convites para ser colaborador em diferentes jornais, a chefia da Hachette sugeriu que Zola se dedicasse exclusivamente a sua carreira de escritor; Zola, então, pediu para ser demitido em janeiro de 1866. *La Confession de Claud*e, seu primeiro romance, não fez grande sucesso, mas ajudou a consolidar o nome de Zola como sendo o de um escritor profissional. Nesta mesma época, Zola começou a conhecer os amigos pintores de Cézanne, e também sua futura esposa, Éléonore-Alexandrine

ZOLA E AS PERCEPÇÕES DO TEMPO

Meley, além de passar a ter contato pessoal com Gustave Flaubert, de quem se tornaria um grande amigo e interlocutor na literatura.

Com Flaubert o realismo herdado de Balzac, Hugo e Stendhal se tornou impessoal, apartidário e objetivo (AUERBACH, 2011, p. 432). Ao contrário de Balzac, Flaubert recuperou uma antiga tradição francesa de não se identificar com as personagens, não emitir opiniões e não comentar, apenas tentar exprimir, pela linguagem, o acontecimento escolhido. Nesta concepção, a descrição exata tendia a explicar o acontecimento e as personagens envolvidas melhor do que qualquer juízo emitido (AUERBACH, 2011, p. 435).

Após o pouco êxito de seu primeiro romance, Zola passou a buscar um tema forte, que culminou em *Thérèse Raquin*, no qual o autor buscou fazer uma ficção que parecesse real: começou a tratar seus personagens com o rigor de um cientista que descreve um animal e se sentiu orgulhoso ao constatar, aos 27 anos, que o cientista havia matado o poeta dentro de si (TROYAT, 1994, p. 64). "A atividade do romancista é comparada com a atividade científica, sendo que, com isto, indubitavelmente se pensa em métodos biológico-experimentais" (AUERBACH, 2011, p. 446). Como já vimos, esta atitude de cientista não foi criada por Zola, que teve vários antecessores, como Balzac. O discurso científico, para Zola, teve importante papel em sua consolidação dentro do campo literário: o distanciamento de "cientista" que guardava do objeto permitia que falasse do "vulgar" sem se "contaminar pelo vulgar"; o "romance experimental" neutralizava a suspeita de vulgaridade. Com isso, Zola acabou afirmando, em sua obra, a superioridade do homem de letras e da linguagem literária (BOURDIEU, 1996, p. 137). A este respeito, Bourdieu fala em uma separação clara entre a linguagem das personagens e a do narrador; esta separação, porém, inexiste em muitos romances de Zola. Portanto, talvez faça mais sentido falar na postura do autor como observador do que no papel do narrador dentro do romance para se compreender este distanciamento.

Outro escritor a antecipar Zola no "distanciamento científico" é Flaubert. Este autor já tentava fundir o lirismo e o vulgar: "escrever bem o medíocre". "Escrever o real", desta forma, seria diferente de "descrever o

106 RILTON FERREIRA BORGES

real", "representar", "imitar"; com isso Flaubert acabou indo tanto contra a "arte pela arte", quanto contra o realismo (BOURDIEU, 1996, p. 114-116).

Flaubert tomou emprestado não apenas os temas, mas o modo de pensar das ciências naturais e históricas, como determinismo, relativismo, historicismo: "O que têm de belo as ciências naturais: não querem provar nada"[3] (BOURDIEU, 1996, p. 119). Foi este caminho aberto por Flaubert que Zola trilhou e ampliou.

Thérèse Raquin foi publicado com cortes no texto original e acréscimos "moralizadores" por parte dos editores, o que muito desagradou Zola, que a esta altura assumira o compromisso em mostrar a realidade, e não necessariamente com a aprovação do público, algo semelhante ao que Flaubert já procurava fazer. A crítica se dividiu, mas acabou sendo majoritariamente negativa. Para Zola, o importante, naquele momento, era que o livro fosse comentado, e a curiosidade despertada pelas críticas fez com que o livro tivesse boas vendas. Zola declarou que seu objetivo com esta obra era, antes de tudo, científico, e se empenhou em defender sua obra na imprensa. Hippolyte Taine chegou a escrever a Zola reconhecendo em *Thérèse Raquin* uma genuína aplicação de suas ideias (TROYAT, 1994). Foi neste contexto que surgiu o projeto dos *Rougon-Macquart*. Esta série, que teria inicialmente dez livros a serem publicados em dez anos, e acabou tendo um total de vinte volumes, seria a aplicação do Naturalismo que Zola passara a pregar. E o que era este Naturalismo?

Natureza, observação, documento, exame, realidade, análise, lógica e determinismo são palavras frequentemente usadas para explicar o Naturalismo (MITTERAND, 1986, p. 25). Entretanto, o termo vem do século XVI, mais precisamente da obra de Montaigne, que o usava como um tipo de estudo da natureza. De Montaigne a Zola o termo passou por diversas alterações de sentido, sendo usado com referência ao ateísmo e ao materialismo; também já foi compreendido como "religião da natureza". "Naturalista" também se tornou sinônimo de cientista que estuda a natureza. Nas artes, o "naturalismo" se referia à imitação exata da natureza, e chegou a representar algo mais que o realismo, que extrapolava o impesso-

---

3 Frase atribuída a Flaubert.

al para o expressar também o temperamento (MITTERAND, 1986, p. 21-22). Zola deve ter retirado o termo do vocabulário da arte e aplicado à sua própria concepção literária (MITTERAND, 1986, p. 23). Zola certamente teve como referência a obra de Balzac, mas sua admiração pelo autor não admitia copiá-lo. As duas palavras-chave para sua nova literatura seriam observação e análise (MITTERAND, 1986, p. 20). O romance naturalista também deveria ter uma composição muito precisa, exigência que vinha provavelmente da educação clássica de Zola, de seu racionalismo positivista e da disciplina adquirida no trabalho no jornal (MITTERAND, 1986, p. 50). Para seu projeto estabeleceu um plano de trabalho que era executado a partir de um método. Desta forma se aproximou das ciências exatas e acreditava que o romancista e o cientista compartilhavam a missão de aprofundar o conhecimento sobre o real. Portanto, o público que admirava os cientistas do século XIX deveria confiar nos escritores que tivessem a mesma disciplina intelectual: se o século era científico, a literatura também deveria ser (TROYAT, 1994, p. 69-71). Por isso fazia planos para o tempo e o espaço em que se situavam os romances, misturando uma certa concepção de "engenheiro" (talvez em alguma referência a seu pai) à noção de proporção vinda de Flaubert (MITTERAND, 1986, p. 52). Entre as principais referências para Zola no início deste projeto estavam a *Introdution à la médicine experimentale*, de Claude Bernard; o *Traité de l'hérédité naturelle*, de Prosper Lucas; a *Philosophie de l'art*, de Taine; a *Physiologie des Passions* de Charles Letourneau.[4] Para ser científico e não religioso ou político, era apenas descritivo e não dava conclusões (WINOCK, 2006, p. 721).O método de Zola, estabelecido após a publicação do primeiro volume da série *Os Rougon-Macquart*, começava com a preparação de 5 dossiês.[5]

1-características dos heróis e ideia geral do livro ("Ébauche");

2-determinar estado civil, antecedentes hereditários, traços marcantes das personagens;

---

4 Apesar de Darwin ser amplamente citado entre as influências de Zola, preferimos deixá-lo de fora desta lista de referências por não constar nas anotações de Zola para a série *Os Rougon-Macquart*.

5 Alguns destes dossiês estão digitalizados e disponíveis em gallica.bnf.fr.

108 RILTON FERREIRA BORGES

3-investigação sobre o meio em que se envolvem, profissão que exercem, etc.;

4-notas de leituras, jornais e entrevistas para dar *autenticidade*;

5-plano capítulo por capítulo.

A partir deste planejamento, Zola deixava a "inspiração fluir" e escrevia de 3 a 5 páginas por dia (TROYAT, 1994, p. 90-91). Planejava uma divisão proporcional de partes e capítulos, buscando simetria entre as partes iniciais e finais, como em *Germinal*, estipulando um ritmo preestabelecido (MITTERAND, 1986, p. 53). Todas as personagens da série que fazem parte da família Rougon-Macquart receberam traços de demência ou alcoolismo, heranças genéticas dos patriarcas da família mostrados no primeiro livro da série, variando segundo o meio em que estavam inseridas. Ao final, Zola teria traçado um panorama da sociedade do Segundo Império e teria dado cabo de um trabalho científico: "minha obra será menos social do que científica".[6] (ZOLA, plano da série, p. 37).

Zola usou o materialismo, a fisiologia e a hereditariedade para mostrar os vícios e a degeneração presentes no reinado de Napoleão III, o qual abominava, por considerar um governo "antinaturalista".[7] Trabalhou na Biblioteca Imperial assiduamente para criar a árvore genealógica dos Rougon-Macquart. Ao apresentar o projeto a Lacroix, conseguiu um contrato com o editor que garantia os quatro primeiros tomos e um salário de 500 francos por mês. A partir de então, estabeleceu uma rigorosa rotina de trabalho para dar conta deste projeto que se pretendia monumental.

O desejo de Zola era fazer com que o leitor visse um mundo desconhecido. Sua técnica fazia a obra apresentar-se como uma caricatura que, neste caso, servia como ampliação para mostrar a essência da realidade, sendo semelhante ao microscópio do cientista no laboratório. Esta pretensão de mostrar a realidade remetia a Balzac e Stendhal, que introduziram um novo estilo sério ou elevado, no qual não bastaria apenas transpor o

---

6   *"Mon ouvre sera moins sociale que scientifique"* - tradução livre.

7   Para Zola, um governo naturalista seria um governo que experimenta, assim como o cientista e o artista, até encontrar o que é melhor para o povo (MITTERAND, 1986, p. 27).

ZOLA E AS PERCEPÇÕES DO TEMPO 109

estilo elevado tradicional aos novos temas e abordagens: Stendhal criou personagens que sentiam e pensavam contra o tempo; Balzac submergiu bem mais profundamente seus heróis na temporalidade. Qualquer tema era tratado por Balzac de forma grandiloquente (AUERBACH, 2011, p. 431); Zola agiu de forma semelhante. Para as gerações de escritores que vieram a partir de Balzac, nem todo tema era do mesmo nível, mas se sua representação fosse bem-feita, a escrita atingiria o nível correspondente de forma automática (AUERBACH, 2011, p. 436). Numa sociedade liberal, a literatura não podia hierarquizar os objetos (AUERBACH, 2011, p. 445), e por isso as hierarquias entre as literaturas não se davam pelo que se representava, mas pela forma de se representar. Hugo, por negar a ciência, passou a ser alvo de críticas vindas de Zola, que chegou a declarar que este autor pertencia à idade média (WINOCK, 2006, p. 760).

Entre os novos temas de representação estava o povo. A literatura, para Sainte-Beuve, "deve acompanhar o diapasão do povo". A revolução de julho teria dado base a uma arte social (WINOCK, 2006, p. 195), que se formou ao longo das décadas seguintes até culminar no Naturalismo de Zola. Em Balzac, Stendhal e ainda em Flaubert o povo pouco aparecia ou aparecia visto de cima (AUERBACH, 2011, p. 446). Os irmãos Goncourt, por sua vez, não fizeram exatamente uma inclusão do povo na literatura, mas buscaram mostrar o "diferente", como numa espécie de "show de horrores" que se popularizava entre alguns grupos da parte final do século XIX. Não podemos nos esquecer que neste momento o escritor era um produtor, e o público era formado por clientes. Ainda que se possa pensar no escritor como educador, a relação econômica não se desfaz (AUERBACH, 2011, p. 448).

Balzac se dedicou à questão operária. Em um texto elogiou Sainte-Simon e Fourier, mas no texto seguinte os criticou, por "darem à indústria uma preponderância que ela não merece". O problema estaria em uma sociedade que "vê dinheiro em tudo", não havendo outros valores, e seria o motivo da revolta do trabalhador. Em seu funeral, Victor Hugo o definiu como pertencendo aos escritores revolucionários, "tenha ele querido ou não" (podemos comparar esta frase com a expressão usada por Winock

110   Rilton Ferreira Borges

que define Zola como "socialista a revelia"). Suas personagens não concordavam com o autor, viviam suas vidas. Assim, Balzac distribuía as virtudes e vícios igualmente por todos os grupos sociais (WINOCK, 2006, p. 272). *Madame Bovary* (1857) foi reconhecida como uma obra que expressa a realidade. Isso fez dela algo perigoso, levando seu autor a ser investigado. Mas a repercussão também trouxe muitos leitores (WINOCK, 2006, p. 493). Flaubert foi absolvido e sua obra ganhou, ao mesmo tempo, pesadas críticas e entusiasmados elogios, além de um público consistente (WINOCK, 2006, p. 494). *Os Miseráveis* (1862) foi publicado de dois em dois volumes e constituiu um dos maiores sucessos de livraria do século XIX. Contudo a crítica foi majoritariamente negativa (WINOCK, 2006, p. 523), e mesmo os aparentes elogios consideraram as personagens como irreais (WINOCK, 2006, p. 525). Estas duas obras apontaram dois caminhos que Zola tentou reunir em um só: representar a realidade da forma mais fiel possível e, ao mesmo tempo, dar evidência ao povo (como parte de sua pretensão de dar conta da sociedade como um todo). Se a isto somarmos a grandiloquência de Balzac em sua *Comédia Humana*, temos alguns dos ingredientes que ajudaram a constituir os *Rougon-Macquart*. No plano inicial da série, Zola fala em análises como as de Balzac e em personagens como os de Flaubert e dos Goncourt, mas é difícil compreender o que ele quer aproximar e o que quer diferenciar; em todo o caso, essas referências ficam explícitas (ZOLA, plano da série, p. 31). Zola queria ir além de Balzac[8] e fazer um romance experimental como Claude Bernard fez ciência experimental (WINOCK, 2006, p. 720).

A obra que inicia sua "História natural e social de uma família", subtítulo dos *Rougon-Macquart*, é *La Fortune des Rougons*. Esta começou a ser publicada em folhetim em 1870, mas a publicação foi interrompida pela guerra com a Prússia, que demandava mais espaço no jornal, sendo retomada em 1871 pelo jornal *Le Siècle*. Enquanto isso, Zola observava, com dificuldades para compreender, as insurreições que se intensificavam

---

8   Cf. no plano geral da série *Os Rougon-Macquart* um trecho intitulado por Zola como "diferenças entre Balzac e eu".

e os conflitos entre Versalhes e a Comuna (JOSEPHSON, 1958, p. 153). O bonapartismo se legitimava com vitórias militares, e perdeu legitimidade com as derrotas. A guerra contra a Prússia se deu neste contexto, e após a derrota se iniciou a guerra civil. O caos não garantia a república, pois o parlamento ainda tinha maioria monarquista. Os adeptos da arte pela arte precisaram se posicionar e, entre eles, Flaubert é o melhor exemplo (WINOCK, 2006, p. 632). Flaubert procurou ser alheio à política e o conflito com a Prússia aumentou este sentimento. Para Flaubert, o artista não tinha outra pátria senão a arte, portanto os conflitos políticos não lhe diziam respeito (WINOCK, 2006, p. 634).

Flaubert percebeu que a guerra externa estava gerando uma revolução. Aos poucos, sua tristeza se transformou em desejos belicosos: Flaubert queria defender Paris dos invasores. A capitulação de Napoleão III iniciou a revolta que culminou com a proclamação da república (WINOCK, 2006, p. 636). A esquerda mais radical queria ir até o fim com a guerra; os moderados não queriam prolongá-la e pensaram em se render o quanto antes para evitar um novo Terror. Neste contexto alguns exilados conseguiram voltar, como Hugo e Quinet (WINOCK, 2006, p. 638).

Em Paris se inicia a formação de uma comuna, cuja primeira tentativa fracassa. Um plebiscito assegurou a continuidade do governo, mas os radicais venceram em várias regiões. A carestia e a miséria, contrastadas com as possibilidades dos mais ricos, fizeram o governo sofrer duras críticas. Hugo se manteve fiel ao governo, mas se recusou a participar dele (WINOCK, 2006, p. 642). Os seguidos revezes levaram ao armistício. Flaubert, como outros, consideraram este resultado uma humilhação (WINOCK, 2006, pp. 644-645).

Eleições agradariam Bismarck, que teria um governo legítimo com quem negociar. Os candidatos republicanos eram vistos como candidatos da guerra, e ao votar pela paz o país elegeu uma maioria de monarquistas (WINOCK, 2006, p. 646). A primeira atitude da assembleia gerou antipatia: a eleição de Garibaldi foi invalidada por este ser italiano. Zola assinou seu primeiro artigo justamente sobre esse caso.

112   RILTON FERREIRA BORGES

Em 1870, Zola havia tentado entrar para a guarda nacional, mas foi recusado por ser míope. Queria defender a França na guerra contra a Prússia, sentimento semelhante ao de Flaubert. Em meio à insegurança de Paris, decidiu ir com a mãe e a esposa para o subúrbio de Marselha, onde se sentia feliz por estar seguro, mas triste por não ser um dos que anunciava o fim do Império. Zola era um opositor veemente de Napoleão III, ficando ao lado dos republicanos, mesmo não se identificando totalmente com estes. Em Marselha se deparou com republicanos divididos, chegando a ser preso por grupos diferentes. Buscando estabilidade, tentou conseguir uma posição política, mas para isso precisou ir a Bordeaux, onde estava a sede do governo provisório. Queria um cargo de prefeito ou subprefeito, mas acabou se contentando com um lugar como secretário num ministério em Bordeaux, levando para lá sua mãe e sua esposa. Zola observava o desenrolar e os resultados da guerra Franco-Prussiana com pesar, pois cria que esta guerra poderia ser evitada. Mesmo assim, tinha esperança de que o capítulo seguinte fosse o surgimento de uma França "naturalista".

Parcialmente estabelecido, Zola retomou sua atividade como jornalista e observou a política em Bordeaux como crítico, tendo certo desprezo pelos deputados, "que mal sabem levantar a mão para votar" (TROYAT, 1994, p. 85). Chegou a declarar que, em Bordeaux, "a França será executada". Criticava, por exemplo, a "ingratidão" para com Garibaldi, que lutou pela França, mas "quis continuar sendo italiano". A perda da Alsácia-Lorena foi retratada por Zola através da descrição que fez da reação de seus representantes na Assembleia: "somos franceses e continuaremos franceses, mesmo a despeito de vocês". Os deputados de Paris, única região de maioria republicana, seriam os únicos a se pronunciar contra. Em decorrência deste episódio, Hugo chegou a prever duas nações perigosas na Europa, uma por vencer (Alemanha), outra por perder (França) (WINOCK, 2006, p. 647).

Os deputados jogavam uns aos outros a responsabilidade pela derrota para a Prússia. Zola não se sentia bem neste meio e assim que a Assembleia decidiu ir para Versalhes, o autor retornou a Paris com a família, deixando a política um pouco de lado (JOSEPHSON, 1958, p. 153). Com a aprovação do tratado, os parisienses sentiram-se traídos

ZOLA E AS PERCEPÇÕES DO TEMPO 113

(WINOCK, 2006, p. 648). A Assembleia, em Bordeaux, temia Paris, e por isso cogitou-se mudar a capital (WINOCK, 2006, p. 649). Hugo defendia Paris e após outro incidente com Garibaldi demitiu-se. A assembleia se mudou para Versalhes. As medidas tomadas prejudicaram Paris. A questão do regime ficou suspensa, mas sabia-se que os monarquistas pretendiam a restauração, ainda que divididos quanto a quem coroar (WINOCK, 2006, p. 650). O governo central queria submeter Paris e evitar uma revolução; os parisienses queriam formar uma Comuna e sugeriram o mesmo ao resto da França, ainda que sem chegar a um acordo definitivo de como ela seria (WINOCK, 2006, p. 652).

Zola, a princípio, confia em Thiers, o presidente eleito da nova república, mas ao perceber que este não parecia querer evitar o conflito, ficou assustado com o espírito de vingança da direita (WINOCK, 2006, p. 654).

> "Zola mantém uma posição de neutralidade: desaprova Paris por ter saído da legalidade, desaprova Versalhes por não ter saído de uma intolerância cega" (WINOCK, 2006, p. 655).

Após uma série de interdições, sobra a Zola um jornal em Marselha através do qual, de forma anônima, criticou a Comuna. Saiu de Paris durante os conflitos e retornou após a Semana Sangrenta. Pouco depois saiu o primeiro volume dos *Rougon-Macquart*, em meio a uma quase total indiferença (WINOCK, 2006, p. 655).

Hugo era contra a Comuna, mas defendeu que seus participantes derrotados pudessem se exilar na Bélgica, onde estava. Acabou sendo expulso do país (WINOCK, 2006, p. 657). Além de Hugo, muitos outros autores se posicionaram contra a Comuna, como Blanc, Sand e Flaubert, ainda que não apoiassem Versalhes e Thiers (WINOCK, 2006, p. 660-661). Sand era republicana antes de socialista, e acreditava que era necessário fazer a província aceitar a república, por isso defendia o "sim a Thiers". Esse seria o pensamento por trás da Terceira República: o acordo antes da intransigência (WINOCK, 2006, p. 663). A Comuna inspirou soluções variadas, como o "governo dos mandarins" de Flaubert, o "governo católico e monarquista" de Veuillot e a república conservadora de Thiers, defendida por Sand. A Comuna inspirou também a literatura de ficção, e Zola, em *La Débâcle*, escreveu sobre ela, criticando-a (WINOCK, 2006, p. 665). Todos estes acontecimentos incentivaram Zola a trabalhar na continuação de sua série, sobretudo quando os conflitos terminaram e Paris pareceu se preparar para um "novo reinado": o do Naturalismo (JOSEPHSON, 1958, p. 153). Esta esperança aumentou quando *La fortune des Rougons* foi publicado em livro e elogiado por Flaubert, que recebeu um volume enviado pelo próprio Zola.

A ideia de crise social e as tentativas de explicar a sociedade a partir de seus sintomas (GINZBURG, 1989, p. 178) estão presentes na obra de Zola. Pode-se dizer que antes de chegar a *Germinal* Zola passou por todos os grupos sociais da França; após se aventurar pela alta sociedade, Zola decidiu buscar o operário e sua degradação em Paris. A personagem Gervaise seria o grande nome de *L'Assomoir*. A pesquisa foi uma observação pessoal das ruas e ambientes operários. Zola entrou em bares, lavanderias, percorreu becos. Leu *Le Sublime*, de Denis Poulot, que descreve a situação de trabalhadores e prevê a criação de sindicatos, e *Dictionnaire de la langue verte*, de onde extraiu uma lista de gírias que "o encantam por sua sonoridade brutal" (TROYAT, 1994, p. 115). Zola não se contentou em usar a linguagem dos trabalhadores no discurso direto, mas também na narração, mergulhando o leitor no universo operário. Zola previa as críticas, sobretudo referentes à simplificação da psicologia das personagens para encaixá-las em suas teorias. Submeteu os manuscritos ao jornal republicano radical *Le Bien Public*, que aceitou publicá-lo com cortes. Mesmo com os cortes, os leitores protestaram e a publicação foi suspensa. Além dos protestos do público, a imprensa conservadora acusou Zola e *Le Bien Public* de difamarem aos operários. Esta manobra visava jogar os trabalhadores contra o jornal, tirando votos dos quais dependiam os republicanos radicais (JOSEPHSON, 1958, p. 213). Recomendado à revista *Le République des lettres*, de pequena circulação, Zola continuou sendo atacado com críticas cada vez mais duras, acusado de "imundície" e "pornografia". O autor defendia-se dizendo que cumpria um papel moralizador: mostrava a realidade para mudá-la, para tirar o trabalhador desta imundície em que vivia. Chegou a declarar-se um "bom burguês" e que as pessoas se surpreenderiam ao ver como sua vida era regrada (JOSEPHSON, 1958, p. 214). A crítica continuava vindo nos mesmos termos de grandes veículos e, para a surpresa de Zola, também da esquerda, que o acusou de deturpar a imagem do trabalhador. Pela primeira vez, foi atacado por cartunistas, "uma glória sob os escarros" (TROYAT, 1994).

Zola, o crítico da sociedade, um "bom burguês"? Esta afirmação pode nos parecer estranha, mas é compreensível se lembramos de que Zola, neste momento, ainda buscava se firmar entre os escritores de romances, cujo público era predominantemente burguês. Neste ponto podemos traçar um interessante paralelo com a vida de Balzac, que de certa forma contradiz seus escritos: era agnóstico, apegado ao luxo e ao trabalho, buscava enriquecer (WINOCK, 2006, p. 271). Isto explica a afirmação de Hugo no funeral de Balzac e demonstra que vida, atuação política e obra não são partes coerentes de um todo que podemos narrar em forma de biografia.

As biografias de Zola e Balzac são comparáveis em muitos pontos. Balzac teve sucesso em vida e formou uma propriedade campestre onde recebia amigos artistas (WINOCK, 2006, p. 259). Zola, ao contar com as cifras provenientes de seu sucesso literário, mudou-se para o campo e formou uma imensa propriedade em Médan, cortada por uma estrada de ferro que o inspirava por celebrar a vida moderna; lá recebia seus amigos e seguidores, apelidados pela imprensa de "senhores Zola" (TROYAT, 1994, p. 128). Ambos tiveram problemas com a censura, tanto em livros, quanto no teatro (WINOCK, 2006, p. 260). Ambos tentaram entrar para a política e tiveram atividades jornalísticas (WINOCK, 2006, p. 261). Zola defendeu a profissionalização do escritor e Balzac foi presidente da Sociedade das Pessoas de Letras, redigiu um Código Literário, no qual defendia direitos dos escritores e que viria a ser usado como base para contratos de edição (WINOCK, 2006, p. 262). Mas também temos algumas diferenças importantes: em sua propriedade Zola vivia uma vida discreta, onde se dedicava a atividades simples do cotidiano, como cuidar de seus cães e suas plantas

(TROYAT, 1994, p. 128); Balzac, ao contrário, vivia com certa extravagância e muitas dívidas.

Traços biográficos de Zola também podem ajudar a compreender sua relação de insatisfação com o Segundo Império. O pai de Émile Zola, o engenheiro italiano Francesco Zola (que ao se estabelecer em Marselha adotou o nome de François) lutava pela aprovação da construção de um canal em Aix-en-Provence, que se deu em 1846. A realização deste projeto trouxe à família estabilidade e certa comodidade financeira. Esta situação começou a mudar em março de 1847, pouco antes de Zola completar sete anos de idade, quando seu pai morreu durante uma viagem de negócios em Marselha, para a qual havia levado sua esposa, acometido por uma grave doença pulmonar que confundira, dias antes, com uma simples gripe. A morte de François Zola acarretou à família muito mais do que a perda do pai e do esposo: trouxe consigo a revelação de dívidas que o engenheiro italiano acumulara na busca pela aprovação de seus projetos. A família Zola precisou reorganizar as finanças: demitiu criados, começou a mudar de endereço e de padrão de vida. Emilie esperava que a família recebesse o pagamento a que François teria direito pela construção do canal, mas, em 1848, a crise política que a França vivia afetaria diretamente os Zola: com a ascensão de Napoleão III ao poder, diversas obras públicas foram paralisadas, entre elas a construção do canal de Aix-en-Provence. Com a interrupção da obra, o pagamento que Emilie receberia em nome de seu falecido marido também foi suspenso. Em 1851, quando finalmente a administração de Napoleão III chegou a Aix-en-Provence (após muita resistência na região), os direitos pela construção do canal deixaram de ser reconhecidos, o que obrigou Emilie a entrar em uma batalha judicial contra o novo governo, cujos custos eram, para ela, quase impagáveis. Quando finalmente o novo governo retomou o interesse pela construção do canal, ainda conhecido como Canal Zola, a família recebeu uma pequena indenização (JOSEPHSON, 1958, p. 12-16).

Temos aqui um primeiro momento pelo qual Émile Zola toma contato com a política, ainda que indiretamente. Uma criança, dos 8 aos 11 anos de idade, dificilmente teria a completa dimensão de tudo que lhe ocorria, sobretudo a relação entre a política da França e os problemas financeiros de sua família. Contudo, não seria exagerado imaginar que sua mãe e seus avós tenham transmitido ao pequeno Émile toda a insatisfação com a nova administração que não reconhecia o direito que tinham e o papel que François Zola exercera para a cidade de Aix-en-Provence. Tendo consciência disto ou não, foi neste momento que Émile Zola, pela primeira vez, experimentou a oposição entre sua vida e o governo de Napoleão III, que seria o pano de fundo para as obras da série *Os Rougon-Macquart*.

Outra biografia que podemos comparar à de Zola é a de Flora Tristan: esta perdeu o pai em 1808, aos cinco anos de idade, o que colocou sua família em dificuldades, pois o casamento dele com sua mãe não era legalmente reconhecido, o que fez o governo apreender sua casa em Paris, obrigando sua família a ir para o campo (WINOCK, 2006, p. 291), caminho exatamente contrário ao de Zola, mas causado por motivos muito parecidos. De volta a Paris com 15 anos, um bom casamento parecia, à sua mãe, uma boa saída. Apesar de não ter dote era bonita; um primeiro noivado foi rompido por não poder provar ser filha legítima, mas outro aconteceu com um jovem patrão (Flora era fraca em escrita mas dotada em pintura, trabalhando como colorista). O casamento durou pouco pela falta de afinidade e, além disso, Flora acusou seu marido de tentar prostituí-la. Após a separação, confiou a guarda dos filhos à mãe e se tornou criada de uma família inglesa. A partir daí há um hiato em sua biografia, mas deve ter sido criada de várias famílias em diferentes países pela Europa (WINOCK, 2006, p. 292), proporcionando-lhe o contato com mais culturas.

Conseguiu contato com familiares de seu pai no Peru e para lá viajou, tentando conseguir "proteção". Lá teve contato com os problemas de uma tumultuada sociedade pós-colonial e ampliou sua visão de mundo, tendo mais clareza sobre certas questões políticas, sociais e de gênero. Logo após o retorno, escreveu um livro que defendia a organização das mulheres, o socialismo e o obsoletismo das pátrias (WINOCK, 2006, p. 293). Em meio a problemas com o marido pela guarda de uma das filhas, Flora estudava as teorias socialistas de Saint-Simon, Owen e Fourier (WINOCK, 2006, p. 294). Alcançou notoriedade como escritora e se engajou em uma luta pela legalização do divórcio, previsto no Código Napoleônico e suprimido com a restauração; sob a Monarquia de Julho a questão era debatida com caráter político, pois se tratava de uma herança da Revolução (WINOCK, 2006, p. 295). Após sofrer um atentado do marido, ela ganhou notoriedade e seu primeiro livro ganhou uma segunda edição; o julgamento dele atraiu ainda mais atenção (WINOCK, 2006, p. 296).

Flora escreveu um romance, situável em meio ao romantismo social, mas seu campo era o da reportagem, da descrição social sem caricaturas, o que em muito se aproximava da literatura que viria a ser feita por Zola. Ao descrever o operário inglês entendia que sua condição era pior que a do escravo, pois este último tinha garantido o alimento e o cuidado quando caía doente:

> A escravidão, a meu ver, não é o maior dos infortúnios humanos, depois que conheci o operariado inglês; o escravo tem a segurança do pão durante toda a vida e de cuidados quando cai doente; ao passo que não existe nenhum vínculo entre o operário e o patrão inglês. Quando este não tem trabalho a oferecer, o operário morre de fome; se ficar doente, sucumbe na miséria de sua enxerga, a menos que, pouco antes de morrer, seja recolhido a um hospital: pois é um favor ser aceito. Se envelhece, se é mutilado em consequência de um acidente, é despedido e mendiga furtivamente, com medo de ser preso. Essa situação é de tal maneira terrível que, para suportá-la, é de pensar que o operário tenha uma coragem sobre-humana ou completa apatia (Flora Tristan em WINOCK, 2006, p. 297).

Flora Tristan denunciou a condição das mulheres, presídios e desigualdade social na Inglaterra (WINOCK, 2006, p. 298). As *Promenades dans Londres* firmaram a reputação da autora e ganharam várias edições, inclusive uma "popular" dedicada às "classes operárias"[9] (WINOCK, 2006, p. 299). É interessante notar como esta autora tem muitas características,

---

9   A adaptação ao teatro de *Germinal* também teve apresentações populares, inclusive gratuitas, para operários.

biográficas e literárias, que lembram os escritos de Zola. Contudo, em nenhuma das cartas ou anotações de Zola a que tivemos acesso há menções a Flora Tristan. Ainda assim, podemos pensar que as ideias da autora estavam presentes no socialismo francês da segunda metade do século XIX e foram herdadas por Zola de forma indireta.

A avalanche de críticas a algumas de suas obras rendeu a Zola uma boa propaganda. Quando *L'Assomoir* foi finalmente lançado, o debate sobre a representação dos operários reapareceu, mas alguns críticos importantes deram valor a seu trabalho. Muitos críticos o acusavam de imundície, de desprezo ao povo, ou mesmo de plágio de *Le Sublime*. Toda esta polêmica aguçou a curiosidade dos leitores e fez com que *L'Assomoir* vendesse rápido e regularmente. Charpentier, seu editor, tornou Zola sócio nos lucros das vendas e o autor passou a ganhar muito dinheiro. A obra atingiu toda a sociedade: os abastados tinham curiosidade pela novidade (era a obra a ser lida para se ter assunto nos salões e recepções); a burguesia ficou chocada, mas se apropriou da imagem dos operários produzida por Zola para atacá-los; e os operários, a grande novidade no público leitor de Zola, reconheceram a verdade em que viviam e se identificaram com a obra. Zola, com o sucesso, tornou-se uma espécie de novo-rico e despertou o ciúme de amigos, como Goncourt (TROYAT, 1994). Nesta época Zola também exerceu um importante papel na tentativa de derrubar a hierarquia entre temas e gêneros. Ele e outros romancistas tentaram transferir o capital conquistado entre o público dos romances ao teatro, mas inicialmente sem sucesso, pois o público dos romances não era o mesmo que frequentava os teatros. Podemos citar como exemplo o fracasso na adaptação de *Thérése Raquin* ao teatro, cuja exibição foi suspensa após 17 apresentações, e algumas peças de humor, mas que não tiveram grande repercussão (TROYAT, 1994). Isso fez com que surgissem propostas de novos teatros para um novo público, como o *Théâtre-Libre*, em 1887 (BOURDIEU, 1996, p. 139), o que explica porque, após esta data, vários textos de Zola foram adaptados ao teatro com grande sucesso de público, ajudando a consolidar seu nome entre os grandes autores de seu tempo.

O sucesso que Zola alcançou, mesmo com a pesada crítica contrária, em muito se deve ao papel de seu editor. Após a falência de Hetzel & Lacroix, que publicaram os dois primeiros volumes de *Os Rougon-Macquart*, Zola foi apresentado ao editor Georges Charpentier, herdeiro de uma importante casa editorial, a quem fez a proposta quase absurda de lhe pagar um salário fixo para produzir dois livros por ano. Charpentier, que via nele um grande potencial de vendas, não apenas aceitou a proposta como adquiriu os direitos dos dois primeiros livros da série dos *Rougon-Macquart* (JOSEPHSON, 1958, p. 167). Escritores e artistas costumavam ter relações de violência com editores, diretores de galeria e diretores de teatro, bem como agentes do mecenato de Estado, por estes serem agentes de repressão simbólica (BOURDIEU, 1996, p. 86); neste ponto, Charpentier parecia ser uma exceção. A Charpentier já havia conseguido um estrondoso sucesso com outra obra polêmica, *Madame Bovary*, explicável em parte pela decisão do editor de incluir a obra em uma coleção de um franco.

> A dicotomia entre livro clássico e livro popular não existia aos olhos do comerciante parisiense, que tinha solidificado sua editoria no começo do Segundo Império, e que estava convencido de que sua coleção estava qualificada para satisfazer todos os públicos (MOLLIER, 2008, p. 22).

No prefácio das obras completas de Alexandre Dumas pai, publicada pela Charpentier a dois francos o volume encontra-se a frase:

> Constantemente agitados pela vida frenética a que nos leva os negócios em que todos mergulham, arrastados por esta nova lei geral, impiedosa, a lei "de andar rápido", temos vontade de encontrar no que lemos uma distração agradável (MOLLIER, 2008, p. 33).

Esta frase expõe a dinâmica provocada por uma aceleração da história em um domínio particular (MOLLIER, 2008, p. 33) e também evidencia o papel que o editor tinha na popularização de autores e estilos literários. Portanto, não se pode compreender o "fenômeno Zola" sem se levar em conta a atuação de Georges Charpentier.

ZOLA E AS PERCEPÇÕES DO TEMPO 121

A relação entre muitos escritores do XIX e o público foi difícil, sendo necessários longos embates para se chegar ao reconhecimento (AUERBACH, 2011, p. 449). Acostumar o público gradativamente ao novo (AUERBACH, 2011, p. 450) era uma das preocupações dos escritores novos, e certamente foi compartilhada por seus editores (BOURDIEU, 1996, p. 143). Alguns autores ainda recusavam todos os lugares sociais, recusando-se a regular-se pelas expectativas do público. Neste contexto, explica-se a candidatura de Baudelaire à Academia: paródica e séria ao mesmo tempo, como um "atentado simbólico" contra a arte "acadêmica" e seu público (BOURDIEU, 1996, p. 79).[10] Criticavam, assim, o ato de se dirigir ao público para explicar suas intenções, ponto de vista que Zola abandonou assim que se viu obrigado a declarar-se um "bom burguês" com objetivos moralizantes. Aliás, para alguns autores o público nem precisava compreender: Flaubert escreveu a Renan, a respeito de *Prece sobre Acrópole*: "Não sei se existe em francês uma mais bela página de prosa![...] É esplêndido e estou certo de que o burguês não compreende patavina. Tanto melhor!" (BOURDIEU, 1996, p. 98). Zola certamente opera em outra chave, pois o público é sempre seu alvo. Mas Zola também tinha a preocupação de educar o leitor através de sua arte: ainda que este tivesse outra leitura do mundo, chegaria, na visão de Zola, a compreender a realidade através da arte "científica".

No mundo de contrários em que se constituía o campo literário, ganhar terreno no mundo simbólico significava perder terreno no mundo econômico (pelo menos a cruto prazo), assim como ganhar terreno no mundo econômico significava perder prestígio simbólico (no longo prazo) (BOURDIEU, 1996, p. 102). Zola conseguiu escapar de um "destino social" reservado às suas tiragens altas quando conseguiu converter-se de "comercial" para "popular", tendo sua qualidade literária reconhecida e sucesso

---

10   Zola, por sua vez, candidatou-se à Academia com dois objetivos: o primeiro, fazer com que a qualidade do Naturalismo fosse reconhecida (o que gerou críticas de muitos de seus aliados); o segundo, fazer com que a Academia fosse ridicularizada a cada recusa, pois seu nome já era reconhecido pelo público como o de um grande escritor.

de vendas ao mesmo tempo (dentro do próprio campo era reconhecido como "profeta social") (BOURDIEU, 1996, p. 136). Por outro lado o público podia ser muito pouco receptivo a determinadas obras, ainda que de extrema qualidade literária. O que mais incomodava em Zola, por exemplo, era o fato de ele apresentar sua arte não como sendo de estilo "baixo" ou "cômico", mas com extrema seriedade, como um retrato da sociedade contemporânea (AUERBACH, 2011, p. 458). Um público mais acostumado ao "tradicional" (podemos comparar com o público do Salão de Arte de 1863) precisava ser "introduzido" e "reeducado" para compreender uma nova literatura.

A crise do naturalismo se relaciona profundamente com a crise do mercado literário, que não estava mais em crescimento. A situação política também favoreceu conversões de autores. No caso particular de Zola, seria preciso analisar o que, na experiência do escritor (sabe-se, especialmente, que foi condenado a longos anos de miséria pela morte precoce do pai), pôde favorecer o desenvolvimento da visão revoltada da necessidade (ou mesmo da fatalidade) econômica e social expressa por toda a sua obra e a extraordinária força de ruptura e de resistência (sem dúvida oriunda das mesmas disposições) que lhe foi necessária para realizar essa obra e para defendê-la contra toda a lógica do campo. "Uma obra", escrevia ele em *Le naturalisme au théâtre*, "não é mais que uma batalha travada contra as convenções" (BOURDIEU, 1996, p. 149). Zola precisou, mesmo que sem querer, mudar os princípios de percepção e apreciação em vigor. Ao criar uma dignidade específica do homem de letras, que coloca sua autoridade específica a serviço de causas políticas, forjou a figura do intelectual. O que era descrito como gosto vulgar e depravado virou defesa de um partido ético, estético e político (BOURDIEU, 1996, p. 150).

O PASSADO DE *GERMINAL* E O PRESENTE DA FRANÇA

*Uma revolução cultural silenciosa nacionalizou os
franceses por volta de 1880-1900*

Jean-Yves Mollier

Segundo Erich Auerbach, *Germinal* é uma tragédia histórica que
mistura o *humile* e o *sublime*, predominando o último. Ainda segundo
Auerbach, Zola tornou-se um "especialista em tudo", misturando inteligên-
cia e trabalho. "Os erros da concepção antropológica de Zola e os limites do
seu gênio são evidentes" (AUERBACH, 2011, p. 462), mas não diminuem
sua importância artística. "A literatura francesa do século XIX está muito à
frente das literaturas dos outros países europeus quanto à apreensão da realidade contemporânea" (AUERBACH, 2011, p. 462). A caracterização dos
Rougon-Macquart, por exemplo, conta com bastante precisão histórica, de
modo que o leitor que conheça a história do Segundo Império a reconheça
nos romances (MITTERAND, 1986, p. 33), incluindo *Germinal*.

A ideia de uma "história social e natural de uma família", subtítulo dos *Rougon-Macquart*, não quer dizer "social" por um lado e "natural"
por outro; a relação entre natural e social está imbricada: a família que se
desenvolve na sociedade se desenvolve em seu meio, portanto, este é seu
desenvolvimento natural. Além disso, os caracteres naturais (biológicos,
corporais) influenciam as decisões na sociedade. No fundo, Zola está es-
tudando, através da hereditariedade e da degeneração, as ações de seres
naturais em um contexto social, ou seja, relações entre natureza [humana]
e sociedade (MITTERAND, 1986, p. 37).

Zola quer pensar a sociedade contemporânea, mas com menos
personagens do que Balzac na *Comédia Humana*, dentro de uma família,
e com a raça sendo modificada pelo meio, conforme as ideias de Taine.
Assim, o quadro histórico serviria apenas para mostrar melhor o meio:
sua preocupação é puramente naturalista, fisiologista. Zola quer lidar com
as leis, não com os princípios (ZOLA, plano da série, p. 39). Buscando a
origem de toda uma sociedade, confundem-se história, rito e mito na me-

dida em que Zola faz uma espécie de arqueologia cultural de um mundo (MITTERAND, 1986, p. 46).

Mundo ou mundos? Dentro da concepção de Zola para a série dos *Rougon-Macquart*, existem quatro mundos que compõem a sociedade: povo (trabalhadores, militares), comerciantes, burguesia e grande mundo; fora destes existiria um mundo a parte (prostitutas, padres, assassinos, artistas), que também viria a compor suas obras (ZOLA, plano da série, p. 53).

Nos planos iniciais para *Os Rougon-Macquart* há uma lista de temas e locais para os 10 romances que a princípio fariam parte da série. Nesta lista não há nenhum plano de se fazer um romance sobre trabalhadores fora de Paris, ou qualquer referência a minas de carvão (ZOLA, plano da série, p. 55), o que nos leva a crer que *Germinal* foi concebido posteriormente e é fruto de um momento histórico muito próximo à sua produção; é daí que concluímos que Zola pretendia, com *Germinal*, mostrar o momento atual com base no passado recente da França.

Por este motivo, deixamos para apresentar neste tópico um autor pouco conhecido e que influenciou diretamente Zola: Taxile Delord[11], jornalista com tendências de esquerda e deputado por Vaucluse entre 1871 e 1876. Neste período escreveu e publicou a primeira obra que consta entre as notas de Zola para *Os Rougon-Macquart: Histoire du Secund Empire: 1848-1869*. O que mais nos chama a atenção a respeito dessa obra não é exatamente sua presença entre as anotações de Zola, mas a total ausência da mesma em toda a bibliografia que consultamos a respeito de Zola e dos autores franceses do século XIX. Isso é ainda mais estranho se percebemos que o que Delord faz é exatamente contar uma história do Segundo Império, o que Zola pretendia fazer do ponto de vista naturalista. Além disso, Delord começou a publicar esta História do Segundo Império logo após sua queda, já em 1869 (a obra tem 6 volumes no total,

---

11 Em uma pesquisa através de sites de busca, além de uma página na wikipedia em francês com poucos dados biográficos, só se encontram links para obras deste autor. A fonte aparentemente mais segura a respeito de sua biografia a que tivemos acesso é a página da Assembleia Nacional da França, que conta com uma base de dados sobre os deputados franceses a partir de 1789.

ZOLA E AS PERCEPÇÕES DO TEMPO

publicados nos anos seguintes), o que também a identifica muito com a ideia de explicar a França atual através de sua história recente, objetivo que percebemos em *Germinal*.[12]

Os motivos que levaram Delord a ser esquecido (ou ignorado) por biógrafos e analistas de Zola não tivemos condições de descobrir, mas o uso que Zola fez deste autor é perceptível: em seu resumo, Zola anota basicamente dados factuais a respeito do Segundo Império, características econômicas e políticas, cronologias (ZOLA, preparação da série, p. 50 et seq.). Zola não buscou em Delord análises: deixou para si a tarefa de fazê--las. Além disso, como os dois autores são contemporâneos, seria difícil identificar quais juízos de valor foram "tirados" da obra de Delord e quais já eram compartilhados por ambos antes de Zola lê-la.

Em um dos primeiros diálogos de *Germinal*, o jovem Étienne pergunta se há fábricas em Montsou, ao que o velho Boa-Morte responde (após tossir e cuspir uma mancha negra, figura recorrente na obra) que não são as fábricas que precisam de trabalhadores. Então descreve que três ou quatro anos antes havia muito trabalho e muita atividade que geravam prosperidade, mas que agora as pessoas "apertavam o ventre": "Talvez não fosse culpa do Imperador, mas por que ele foi lutar na América?". Ambos lamentam a pobreza e a falta de comida. Ao final, o velho indica a direção de Montsou (ZOLA, 1885, p. 1-12). Nesta passagem Zola tenta relacionar a situação econômica francesa com as ações de Napoleão III. A "luta na América" faz referência à interferência da França no México entre 1862 e 1867, apoiando a oposição ao governo de Benito Juárez, com o objetivo de garantir o comércio francês na América, mas que acabou arruinando a economia francesa. Na mesma época, o Imperador estava envolvido na construção do canal de Suez e na defesa de cristãos maronitas na Síria, o que fez com que o governo ganhasse muitos opositores internos (WINOCK, 2006, p. 265). É possível que no imaginário francês a lembrança da participação

---

12 Existe a possibilidade de se comparar o resumo que Zola fez da obra de Delord com a obra em si, pois ambos estão disponíveis em formato digital em gallica. bnf.fr, o que em muito interessaria aos estudiosos das práticas de leitura e das formas de apropriação de textos.

no processo de independência dos Estados Unidos ainda estivesse presente e fosse comparada à ação de Napoleão III, bem como a oposição a seu governo poderia ser comparada à oposição a Luís XVI.

A economia e a política da França não estavam separadas de um contexto mais amplo, a *Haute finance*, cujo objetivo era o lucro; sua utilização como instrumento de paz se deu como que por acidente, visto que para conseguir o lucro era necessário um bom relacionamento com os governos; precisava balancear o nacional e o internacional, conformar os múltiplos interesses envolvidos (POLANYI, 2012, p. 12). Segundo Polanyi, "o poder tinha precedência sobre o lucro" e "desde 1870, por exemplo, a França e a Alemanha eram inimigas. Isto não impedia transações sem compromisso entre elas". Essas transações eram criticadas tanto por nacionalistas quanto por socialistas (POLANYI, 2012, p. 13).

Ideias do Iluminismo e da Revolução de 1789 rapidamente viraram chavões (AUERBACH, 2011, p. 451). Com o objetivo de revisar estes chavões, em 1847 foram publicados três livros sobre a Revolução Francesa, escritos por Blanc, Michelet e Lamartine. Neste momento a história estava se libertando do gênero literário e se transformando em instrumento de luta (WINOCK, 2006, p. 371). Também se coloca a necessidade de se conhecer a Revolução para melhor compreender o presente e abordar o futuro, o que muito se aproxima da intenção de Zola ao escrever *Germinal*.

Louis Blanc já era conhecido como historiador e teórico socialista e defendia um modelo de cooperação com participação do Estado (WINOCK, 2006, p. 373). Blanc entendia a Revolução como o palco onde individualidade e fraternidade, ambas filhas do Iluminismo, se enfrentaram, com vitória do individualismo e da burguesia (WINOCK, 2006, p. 374). Michelet, por sua vez, criticou a preponderância dada ao Terror e a Robespierre e Saint-Just, defendendo a ideia de uma Revolução popular anônima; além disso, para ele, a fraternidade não servia de nada sem a liberdade (WINOCK, 2006, p. 375). Já Lamartine era menos hostil aos jacobinos, mas achava que a Revolução havia fracassado, apesar da fecundidade dos cinco primeiros anos (WINOCK, 2006, p. 386). Podemos perceber que em 1847, como hoje, não havia um consenso a respeito do que

ZOLA E AS PERCEPÇÕES DO TEMPO

a Revolução Francesa havia representado ao país, mas sabia-se que ela, de alguma forma, havia dado errado. Em *Germinal* Zola retomou este debate. Descrevendo uma discussão que envolvia Rasseneur, taberneiro que havia tido grande participação política como trabalhador da mina e que então se limitava a dar conselhos políticos mais moderados, a esposa de Rasseneur, mulher muito politizada e que em geral participava das discussões políticas em sua casa, Étienne, que estava se encantando com as ideias marxistas e a Internacional, e Suvarin, anarquista-niilista russo que defendia a destruição de tudo para que a sociedade recomeçasse, o autor usa a mulher para dizer que tudo estava muito caro e que a situação estava por explodir. O narrador toma a palavra para constatar que

> Dessa vez os três homens concordaram. Os operários não podiam mais suportar, a Revolução Francesa só tinha agravado a situação para eles, somente os burgueses vinham lucrando desde 1789. (…) o século não podia terminar sem outra revolução, agora a dos trabalhadores, uma revolta que mudaria radicalmente a sociedade e a reconstruiria com mais justiça (ZOLA, 2000, p. 51-52).

Esta cena aproximaria o pensamento de Zola da visão de Michelet? Não podemos afirmar ainda. O que o autor pretendia com esta passagem era mostrar que esta visão estava presente na sociedade, mas não era a única. Assim como estes homens com tendências políticas de esquerda, ainda que diferentes, atribuíam à apropriação indevida pela burguesia o fracasso da Revolução, a própria burguesia tinha sua interpretação de 1789:

> Lembrem-se de 1789! – disse ele [Deneulin]. – Foi a nobreza que tornou a Revolução Francesa possível, por seu gosto às novidades filosóficas… Muito bem, hoje a burguesia faz o mesmo jogo imbecil, com sua fúria liberalista, sua ânsia de destruição, sua aproximação do povo… Sim, vocês estão afiando os dentes do monstro para que ele nos devore. E ele vai nos devorar, fiquem tranquilos! (ZOLA, 2000, p. 79-80).

Curioso notar que a Revolução Francesa era vista pelos trabalhadores como um marco que começou a favorecer a burguesia, ao passo que para a burguesia a Revolução era um processo que acabaria destruindo-a. Deneulin, dono da mina, assume um papel extremamente conservador, atribuindo os problemas da França ao "gosto pela novidade". Podemos perceber que Zola tentou mostrar que em diferentes grupos sociais a Revolução Francesa trouxe mais problemas do que soluções, sendo responsável pelo que havia de mal na sociedade: para os trabalhadores, o poder exagerado à burguesia; para a burguesia, liberdades demais para os trabalhadores. E qual seria a posição de Zola? É possível que o autor visse a Revolução por este prisma duplamente negativo, mas que também visse nela um fato histórico que prova a possibilidade de mudanças na sociedade.

Todos os autores franceses com certo renome estavam participando de alguma forma do processo que levou à proclamação da república em 1848 (WINOCK, 2006, p. 407);

> Contudo, por trás da agradável mas enganadora reconciliação das classes sociais, a luta política continua, alimentada de sentimentos contraditórios. Para uns, medo do comunismo ou simples rejeição à desordem; para outros, vontade de fundar uma república democrática e social. (WINOCK, 2006, p. 417).

A república de centro fracassou, e em 1849 seus deputados eram minoria, 80 contra 500 da direita e 180 da esquerda radical (WINOCK, 2006, p. 432). Podemos perceber como a França tendia a guinar para um extremo desde 1789, fosse este extremo à esquerda ou à direita. Neste contexto, a república passou a ser vista como a solução menos perigosa para a maioria. Republicanos moderados, chamados de "oportunistas" em oposição aos "irredutíveis" votaram com os conservadores que aceitavam a república por um mandato de sete anos ao presidente e uma parcela de senadores inamovível. Queriam uma república que se implantasse aos poucos para conter e contentar aos ruralistas e conservadores (WINOCK, 2006, p. 687).

Winock caracteriza o século XIX como o da nostalgia da religião, que é "o mais sólido fundamento da identidade coletiva e das normas de unidade" (WINOCK, 2006, p. 14). Isto porque

> o Iluminismo e a Revolução minaram as bases do cristianismo sem conseguir substituí-las por um fundo de princípios (para o espírito) e de fervor (para o coração) capaz de cimentar a comunidade histórica que é a França (WINOCK, 2006, p. 14).

De certo modo, a maior parte do século XIX francês é uma tentativa de encontrar uma nova base para a sociedade, e também a busca por um desfecho para a Revolução de 1789. Em muitos grupos, havia o sentimento de que a Revolução não havia acabado, ou havia sido desviada de seu curso original. Após a queda de Napoleão formou-se o "Partido da liberdade", movimento difuso, com escritores, publicistas e jornalistas, que não eram políticos profissionais, mas chegaram a se tornar em alguns casos. Sua maior necessidade era a liberdade de expressão (WINOCK, 2006, p. 9), que também se tornou uma discussão recorrente ao longo dos embates políticos do século XIX francês. A Revolução de 1830, que mudou a dinastia que governava a França para uma mais liberal, se deu em termos de disputa por liberdade de expressão (WINOCK, 2006, pp. 154 et seq.); os próprios republicanos de 1830 não se sentiam seguros em proclamar uma república, pois o fracasso da Primeira República ainda estava presente no pensamento político francês (WINOCK, 2006, p. 162). Tentou-se chegar a uma solução liberal, mas o resultado de 1830 foi uma solução conservadora, contrariando os republicanos (WINOCK, 2006, p. 166). Chegou-se a pensar que a França teria a sua própria Revolução Gloriosa, com representatividade sob o rei e sem revolução (WINOCK, 2006, p. 169), mas não foi isso o que ocorreu. Ainda assim, a revolução de 1830 fez a França ser bem-vista entre os defensores da liberdade em outros países, como a Alemanha. Heinrich Heine, judeu de origem alemã que posteriormente chegou a viver em Paris, se informava sobre a França através de *Le Globe*, um jornal saint-simoniano. Os franceses teriam feito na prática o que a filosofia alemã fez na teoria (WINOCK, 2006, p. 327).

130   RILTON FERREIRA BORGES

A mudança de dinastia pouco teria mudado na França, mas uma série de ideias novas ganhava força por toda a Europa (WINOCK, 2006, p. 173). Stendhal se limitou a criticar a sociedade da restauração; apoiando a nova monarquia, quis um cargo para ter segurança financeira (WINOCK, 2006, p. 211). Balzac, por sua vez, criticou a gerontocracia da monarquia de julho em um de seus contos, usando uma personagem para dizer que a juventude veria na república uma oportunidade para satisfazer seus anseios (WINOCK, 2006, p. 263). Muitos destes jovens sem oportunidades nas posições dominantes, acabaram migrando para o campo literário. A defasagem entre oferta e procura de posições dominantes se dá por três fatores: juventude dos quadros administrativos saídos da Revolução, do Império e da Restauração bloqueiam o acesso às carreiras; a centralização concentra diplomados em Paris; o exclusivismo da grande burguesia que temia formas de mobilidade social (BOURDIEU, 1996, p. 71). Em *O Cura da Aldeia*, Balzac denunciou a Monarquia de Julho, a representação eleitoral, o protestantismo, o individualismo moderno, a imprensa, e exaltou a monarquia tradicional, defendendo o catolicismo (WINOCK, 2006, p. 266). Balzac via na Reforma Protestante o início de todos os males franceses (WINOCK, 2006, p. 268).

A Igreja remetia ao governo deposto, e por isso muitos se questionavam se seria possível conciliar a religião com as ideias de liberdade que surgiam. Por fim, o liberalismo se tornou quase sinônimo de anticlericalismo (WINOCK, 2006, pp. 174-175). E como Zola lida com a relação entre "revolução" e "igreja"? Em *Germinal* há um trecho em que, durante a greve, a miséria havia chegado ao extremo na casa dos Maheu. As crianças saíam para pedir esmolas, os pais vendiam tudo que podiam e Alzire estava gravemente doente. Neste contexto chegou à vila um novo padre, que tentou levar os operários para a missa e defendia que a Igreja estava do lado dos pobres e faria a justiça triunfar. A mulher de Maheu questionou se os padres não estariam do lado dos burgueses, porque todos os outros padres jantavam com eles. Maheu disse que a Igreja deveria começar trazendo pão. O padre encerrou o diálogo dizendo que eles deviam ir à missa e Deus cuidaria do resto (ZOLA, 1885, p. 433-447). Não se trata propriamente de

ZOLA E AS PERCEPÇÕES DO TEMPO 131

uma crítica de Zola à Igreja, mas este trecho mostra como os trabalhadores questionavam o papel da Igreja entre eles. "Jantar com os burgueses" representaria a aliança entre a Igreja e o poder, e "trazer pão" seria uma forma de mostrar que a ajuda espiritual não serviria de nada sem a ajuda material.

Na literatura do século XIX a divisão entre católicos e ateus era a base da divisão entre favoráveis e críticos ao cientificismo (BOURDIEU, 1996, p. 147). Sendo assim, é natural que Zola estivesse entre os "ateus", o que podemos demonstrar com os diversos livros em que critica valores cristãos. Mas ao que tudo indica, Zola não critica propriamente a religiosidade, e sim a Igreja. No quinto capítulo da sexta parte de *Germinal* Zola representa o mesmo padre que tentara convencer os trabalhadores a irem à missa a bradar "pela cólera de Deus contra os assassinos" (ZOLA, 1885, pp. 474-489). Este padre falava no "extermínio da burguesia pelo fogo do céu, já que ela massacrava os trabalhadores e os miseráveis deste mundo" (ZOLA, 1885, p. 474-489). Através deste padre Zola mostrou que havia setores na Igreja que também se colocavam ao lado dos trabalhadores e contra a burguesia e o capitalismo.

Personagens da história francesa como o abade Lamennais tentaram conciliar o catolicismo ao liberalismo (WINOCK, 2006, p. 177). Por outro lado, Taine via a Inglaterra e Renan a Prússia como modelos a serem seguidos pela França, pois nestes lugares se abandonou o catolicismo como alicerce do poder (WINOCK, 2006, p. 684); e, logo após a queda de Napoleão III, entre os católicos a conciliação com a república parecia impossível (WINOCK, 2006, p. 670). A oposição entre republicanos e a Igreja chegou a tal ponto que a república só poderia ser concebida como anticlerical (WINOCK, 2006, p. 462).

Renan se tornou um sacrílego, em 1863, ao negar a divindade de Jesus (WINOCK, 2006, p. 533). Ex-seminarista, afastou-se da fé gradativamente, sem rupturas, mas após anos de estudo e erudição. Era leitor da filosofia alemã (WINOCK, 2006, p. 535), o que nos leva a crer que tenha sido influenciado pelo materialismo.

O renanismo, que leva em conta o "sentimento divino", não é um manifesto ateísmo – que Renan abomina – mas uma concepção filosófica da divindade. Taine considera Renan antes "um céptico que, quando seu cepticismo abre um buraco, ele o tapa com seu misticismo" (WINOCK, 2006, p. 549).

A não adesão ao catolicismo, contudo, não representa uma adesão à esquerda. Taine e Renan, por exemplo, ajudaram a formar um novo conservadorismo que partia da ciência e do positivismo, não do cristianismo (WINOCK, 2006, p. 671). "Renan e Taine pertencem à esquerda intelectual, mas não à esquerda política" (WINOCK, 2006, p. 673).

Apesar de ser influenciado diretamente pelas ideias científicas de Taine, Zola não compartilhou de sua posição política. É muito difícil determinar a posição de Zola no espectro político francês, mas podemos afirmar que Zola, a partir de *Germinal*, foi acolhido pela esquerda e se sentiu à vontade com este acolhimento. Assim como Hugo afirmou que Balzac pertenceu aos escritores revolucionários, "tenha ele querido ou não", Winock nomeia seu capítulo sobre Zola como "socialista à revelia".

Proudhon, por sua vez, criticou Renan em termos religiosos, mas colecionava afirmações contraditórias sobre a divindade (WINOCK, 2006, p. 550).

> O pensamento de Proudhon é complexo como a vida. (...) Ele é contra a propriedade – a que permite a exploração do homem – e, ao mesmo tempo, é favorável à propriedade – a que permite a liberdade, a autonomia do homem. Da mesma forma ele é ateu, pois Deus (em suas representações) é princípio de autoridade e alienação; mas condena o ateísmo, fonte de imoralidade (WINOCK, 2006, p. 553).

Jesus estava no âmago do socialismo francês de 1848 (WINOCK, 2006, p. 551). A principal discordância de Proudhon com Renan é que para o primeiro Jesus era um reformador social e para o último um idealista (WINOCK, 2006, p. 553). Para Heinrich Heine a religião era um problema porque dividia os alemães; mas como este se sentia mais "europeu" do

ZOLA E AS PERCEPÇÕES DO TEMPO 133

que "alemão" (WINOCK, 2006, p. 326), podemos considerar que a religião, segundo este pensador, era um fator de divisão para a humanidade, e esta noção provavelmente também estava presente entre os pensadores franceses. Já Marx, influenciado por Feuerbach, compreendia que a crítica da sociedade e da política passava pela crítica da alienação religiosa do homem (WINOCK, 2006, p. 333). Os *Annales Franco-Allemanes*, periódico que teria a colaboração de pensadores franceses e alemães influenciados pelo materialismo, foram concebidos com o intuito de libertar a França da opressão religiosa e a Alemanha da opressão política. Mas a colaboração francesa não se deu porque os socialistas franceses ainda não haviam rompido totalmente com a religião; alguns participavam de certo misticismo, oposto ao ateísmo de Marx e dos jovens hegelianos de Paris (WINOCK, 2006, p. 334). É bastante provável que Zola tenha presentes em sua reflexão a respeito do papel da religião na sociedade todas estas noções.

Além do imaginário francês sobre a religiosidade e a Revolução, é importante compreendermos como os franceses vivenciaram mudanças causadas pela industrialização. Em *Germinal* Zola comenta sobre a crise que estava levando à diminuição dos pagamentos, motivo da eclosão da greve. Deneulin, primo de Grégoire que também era dono de mina e fora convidado para almoçar, diz:

> — Um dia isso tinha de acontecer. A enorme prosperidade dos últimos anos tinha que desembocar em uma crise... pensem nos grandes capitais imobilizados, nas estradas de ferro, nos portos, em todo o dinheiro aplicado nas mais loucas especulações. Foram criadas tantas refinarias de açúcar como se dessem beterrabas três vezes por ano... Então o dinheiro escasseou e os negócios pararam; agora é preciso esperar o juro dos milhões empregados.
> — E pensar que os mineiros já ganharam até seis francos por dia, o dobro do que ganham hoje... – lembrou Hennebeau – Ficaram mal acostumados, e agora tiveram que voltar à antiga frugalidade. Mas nós não temos culpa. Com a crise industrial, não conseguimos vender nosso estoque, e com a diminuição pela procura do carvão somos obrigados a

134   RILTON FERREIRA BORGES

baixar o preço. É isso que os operários não querem compreender (ZOLA, 2000, pp. 78-79).

Sabemos que em suas pesquisas para a composição de *Germinal* Zola leu textos de economistas, se informou sobre a economia industrial francesa e conversou com pessoas ligadas às minas de carvão. Mas os escritores franceses também vivenciaram este fenômeno aproximadamente na mesma época em que Zola ambienta a greve de *Germinal*. Não caberia neste momento fazer uma investigação sobre a indústria francesa em geral, mas escolher um setor no qual o autor de *Germinal* estivesse devidamente inserido e ambientado: o mercado editorial. A formação de mais leitores ampliou o mercado literário.

> De maneira mais geral, embora lhe sejam mais amplamente independentes em seu princípio, as lutas internas dependem sempre, em seu desfecho, da correspondência que podem manter com as lutas externas – trata-se das lutas no seio do campo do poder ou no seio do campo social em seu conjunto. Foi assim que Zola e seus amigos puderam introduzir no campo de produção e, do outro, as possibilidades objetivas que asseguram as condições dessas posições (BOURDIEU, 1996, p. 148).

Segundo Mollier, "Uma revolução cultural silenciosa nacionalizou os franceses por volta de 1880-1900" (MOLLIER, 2008, p. 189). Com o jornal que introduziu o romance-folhetim entre 1836 e 1839, depois o jornal popular de 1 centavo (como o *Le Petit Journal* de 1863) e as revistas dos anos 1850-1860, estabeleceram-se as bases materiais de uma leitura de massa (MOLLIER, 2008, p. 8). Novas tecnologias baixaram os custos de impressão e distribuição dos jornais [Segunda Revolução Industrial]. A apresentação do jornal também melhorou e as vendas aumentaram (WINOCK, 2006, p. 704-705).

Os editores da terceira república, por sua vez, se beneficiaram de um contexto excepcional para divulgar suas grandes coleções especializadas: mudança no clima político e ideológico, abandono do regime de licença, desenvolvimento da imprensa francesa, novos periódicos, gosto pela vulgarização científica e cada vez mais leitores, etc. (MOLLIER, 2008, p. 151). As reformas no ensino também aumentam o número de leitores, o que ajudou a propagar os debates políticos e as novas ideias através dos jornais: *Le Figaro* era de direita; *L'Événement* e *Le Bien Public* eram de extrema esquerda; mas o maior sucesso de vendas era *Le petit journal*, com mais romances em folhetim do que análises políticas (WINOCK, 2006, pp. 704-705). A liberdade de imprensa também favoreceu a especulação e muitos jornais tiveram suas páginas de economia sustentadas por grupos financeiros que as utilizavam para publicidade e também para provocar variações na bolsa com notícias mais ou menos falsas. Os abusos eram combatidos pela própria variedade de jornais, fazendo com que um tentasse desmentir as notícias falsas do outro, de modo que a guerra entre os órgãos de imprensa fosse aberta (WINOCK, 2006, p. 705).

Junto às mudanças nas condições políticas e sociais no mercado editorial, temos mudanças nas condições materiais da produção do impresso e aumento do número de leitores, ocasionado também por mudanças políticas que incentivaram a educação. Sem a mudança técnica, o surgimento da edição moderna teria sido retardado, ou não produziria os mesmos frutos; mas sem a alfabetização em massa, isso também não teria ocorrido (MOLLIER, 2008, p. 191). Desta forma, podemos perceber que a França não estava vivendo mudanças políticas e sociais por um lado e tecnológicas por outro: todas elas estavam imbricadas. As premissas da cultura de massa e da cultura midiática estavam em plena eclosão na década de 1880 (MOLLIER, 2008, p. 13).

Diminuindo os preços dos livros os editores conseguiram fazer entrar mais autores e títulos em suas coleções, mantendo o leitor em constante estado de frustração por não conseguir esgotar a série (MOLLIER, 2008, p. 132). Quanto a este momento, Larousse disse:

> Nunca a sede de aprender, de saber, de julgar se apoderara tão imperiosamente dos espíritos; jamais o pensamento, continuamente agitado pelas novas descobertas, abordara um conjunto tão vas-

136   RILTON FERREIRA BORGES

to de questões e problemas ousados (MOLLIER, 2008, p. 136).

Mesmo não sendo função do jornal oferecer obras de imaginação, recreação e divertimento, estas leituras serviam para fidelizar os leitores. A França tomou a frente do movimento de produção do romance-folhetim (MOLLIER, 2008, p. 83). O romance-folhetim sofria os mesmos ataques, tanto da direita quanto da esquerda, que hoje sofrem o cinema, a televisão, o computador e os jogos de videogame (MOLLIER, 2008, p. 10). A queda do Primeiro Império marcou o início de um movimento de curiosidade dos franceses pelas literaturas estrangeiras (MOLLIER, 2008, p. 84), mas as décadas de 1830 e 1840 trouxeram um movimento mais conservador que voltou a literatura e o público às produções nacionais e freou a renovação da literatura francesa (MOLLIER, 2008, p. 89).

A década de 1870 foi a do otimismo republicano, mas a de 1880 foi a do pessimismo na literatura, ajudado pelos escritos neotradicionalistas de Renan e Taine, para quem "a república era mais bela sob o Império". Zola mesmo se decepcionou com a república, mas continuou com certo otimismo quanto ao futuro da França (WINOCK, 2006, p. 737). A França se recuperou mais rápido que o previsto da derrota para a Alemanha, e a discussão passou a ser o novo regime. A república se mantinha, mas cada vez mais conservadora e abrindo caminho para a restauração. Ao mesmo tempo, manifestações católicas se proliferaram em apoio a Pio IX e contra a perda dos Estados pontifícios (WINOCK, 2006, p. 668-669). A organização da vida econômica contribuiu para a Paz dos Cem Anos e, nesta esteira, também, a classe média se transformou de revolucionária em reacionária (POLANYI, 2012, p. 18).

Raoul Frary questionou se a França estava em decadência, mas ao contrário de Renan e Taine não via na democracia, nem no sufrágio universal, nem na vitória popular de 1848 os motivos do declínio. Observou outros três motivos de preocupação: demográfico, político e moral. Os franceses discutiam os motivos que fizeram diminuir a taxa de fecundidade: alguns culpavam o código Napoleônico que punha fim ao direito de primogenitura, o que levaria os pais a se restringirem ao primogênito para não terem suas propriedades divididas (WINOCK, 2006, pp. 738-739). Frary olhou para os costumes e a religiosidade como motivos para essa queda. Não era a miséria que causava esterilidade, mas o espírito de economia. A instabilidade política também influenciou a ideia de decadência do país (WINOCK, 2006, p. 740). A perda do senso moral, resultante da perda do sentimento religioso teria levado ao egoísmo, outro problema que levaria à decadência. Mas o autor não acreditava na decadência em si, e sim apontava para problemas que deveriam ser combatidos (WINOCK, 2006, p. 741).

La Nouvelle Revue era uma publicação republicana, mas tomada de certa noção de decadência. Aos poucos adotou ideias darwinistas para justificar a noção de raça, como por exemplo a hereditariedade latina contra ingleses e alemães. Era tomada de um novo antissemitismo, sem bases cristãs, mas socialistas, que acusavam os judeus de serem um estado econômico dentro do político, e acabaram por desembocar em um tipo de nacionalismo (WINOCK, 2006, p. 742).

No começo da década de 1880 Zola ainda pensava como Flaubert e declarava-se contra a entrada dos homens de letras na política, pensando na arte pela arte (WINOCK, 2006, p. 710). Romancistas realistas e naturalistas contestaram Zola: será que suas obras, como as de Goncourt e Flaubert, não teriam saído das entranhas da república? Em outras palavras, não seriam obras políticas, mesmo que à revelia? (WINOCK, 2006, p. 711). Neste contexto, o intelectual seria aquele que se distancia do artista, do político e do artista de segunda ordem que abandona a arte e se apropria da política criticando seu campo de origem (BOURDIEU, 1996, p. 151). Neste contexto, *Germinal* seria uma mudança de rumo no pensamento de Zola, que passa a escrever sobre

> Alegrias pobres e grosseiras; corrupção prematura e rápido desgaste do material humano; embrutecimento da vida sexual e, em relação às condições de vida, natalidade demasiado elevada, pois a cópula é o único deleite gratuito; por trás disso, no caso dos mais enérgicos e inteligentes, ódio revolucionário,

138 RILTON FERREIRA BORGES

que se apressa para a eclosão: estes são os motivos do texto (AUERBACH, 2011, p. 459).

Representação da realidade, mas com o objetivo de mudá-la: a arte pela arte estava em declínio. Ao mesmo tempo, a década de 1880 marcou o retorno de deportados da comuna, uma crise econômica e protestos populares (WINOCK, 2006, p. 701), o que fez com que o engajamento político não fosse apenas uma opção, mas uma necessidade. Uma lei sobre a liberdade de imprensa foi promulgada em julho de 1881 (WINOCK, 2006, p. 703), tornando a ação política dos escritores ainda mais forte. Isto ajuda a explicar porque *Germinal*, obra abraçada pela esquerda francesa, foi primeiramente publicada em folhetim no *Gil Blas*, um jornal de contos picantes sem cor política definida (WINOCK, 2006, p. 706); isto também ajuda a explicar porque a ideologia dos editores não correspondia à tradicional divisão entre direita e esquerda, católicos e laicos (MOLLIER, 2008, p. 155), pois era comum que editoras conservadoras publicassem autores revolucionários: se a regra era oferecer ao leitor aquilo que ele procurava, devia-se publicar autores de espectros políticos variados para um público variado. Se para Zola o século era científico e a literatura era obrigada a sê-lo (TROYAT, 1994, p. 69-71), podemos dizer também que a década de 1880 era política, obrigando a imprensa a sê-la.

Ao longo do século XIX consolidaram-se ideias como a de que a espiritualidade cristã e a burguesia haviam tirado proveito da Revolução, que devia ser devolvida ao povo (WINOCK, 2006, p. 372). O último congresso da Primeira Internacional, ocorrido na França, o funeral de Hugo e a crise econômica que atingia a França, todos ocorridos entre 1880 e 1885, ajudaram a reavivar no imaginário francês a sensação de que a Revolução precisava de um desfecho. Foi exatamente neste contexto em que *Germinal* foi escrito e apresentado aos leitores.

No quarto capítulo da terceira parte de *Germinal*, Maheu levou Étienne para receber o pagamento. Ao lado do caixa, em volta de um cartaz, começaram a se aglomerar trabalhadores que não sabiam ler ou liam muito mal. Étienne, com uma leitura pouco fluente, leu o cartaz, que anunciava

ZOLA E AS PERCEPÇÕES DO TEMPO   139

que, como os escoramentos estavam sendo mal feitos, o pagamento do revestimento seria feito a parte e o preço do vagonete diminuiria. Os mineiros seriam claramente prejudicados com esta nova forma de pagamento. Quando chegou a vez de Maheu receber o pagamento questionou se não havia algum engano, mas descontados os dias sem trabalho e as multas pelos revestimentos mal feitos, o salário era aquele mesmo. Em seguida foi chamado à sala do secretário, mas atordoado com o baixo pagamento pouco compreendeu: o secretário falou sobre a aposentadoria de seu pai e o acusou de fazer política, aconselhando-o a não se envolver em loucuras, pois era um dos melhores funcionários da mina. Zola tentou construir, nesta cena, uma enxurrada de situações que fariam o trabalhador explodir. A indignação de Maheu se espalhou pela aldeia: todos receberam pagamentos inferiores ao que estavam acostumados. A isto somou-se o fato de uma das mulheres da aldeia ter visto a empregada dos burgueses de Montsou indo a Marchiennes provavelmente comprar peixe enquanto eles morriam de fome.

Esta situação ambientada entre 1866 e 1867 estava, na verdade, muito próxima da situação dos trabalhadores franceses na época da publicação de *Germinal*. Neste ponto, o que Zola quer caracterizar é a iminência de uma "explosão" causada pela revolta dos trabalhadores. Fosse na década de 1860, de 1880 ou em qualquer época: quando o capital se opõe ao trabalho, a tendência é que o trabalhador se revolte. E a revolta do trabalhador pode levar ao colapso do país, como Zola descreve a situação da indústria causada pela greve:

> Na verdade, toda a região se achava dominada pelas ruínas. De madrugada, quando Étienne caminhava, só via fábricas paradas, prédios apodrecendo. As usinas de açúcar tinham sido as mais atingidas: duas haviam fechado. A cordoaria Bleuze, que fabricava cabos para minas, deixara de funcionar por falta de trabalho em razão da greve dos mineiros. Na área de Marchiennes, a situação piorava dia a dia: a fábrica de vidros fora desativada, as demissões eram contínuas nas firmas de construção, apenas um dos altos-fornos das Forjas permanecia operando.

A greve dos operários de Montsou, motivada pela crise industrial que vinha se acentuando havia dois anos, agravara-a, precipitando a catástrofe. Entre as causas da crise estavam a suspensão das encomendas dos Estados Unidos, a perda de capitais investidos no excesso de produção e, agora, a falta de carvão para alimentar as poucas caldeiras que ainda se mantinham acesas. Esta era a agonia suprema: a falta de pão para alimentar as máquinas, que as minas não forneciam mais (ZOLA, 2000, pp. 149-150).

A greve dos mineiros ajudava a levar ao colapso todo um sistema industrial, na visão de Zola. Sem o carvão, tudo parava. Portanto, a greve dos mineiros demonstrava que o trabalho era mais importante do que o capital, ou em outras palavras, que o trabalhador é o centro de toda a produção. Por este motivo, o trabalhador em seu ambiente de trabalho será a figura central do próximo capítulo.

O "PASSADO PRESENTE" E O "FUTURO PRESENTE"

Solução elegante: confiando à memória o destino das coisas passadas e à expectativa o das coisas futuras, pode-se incluir memória e expectativa num presente ampliado e dialetizado, que não é nenhum dos termos anteriormente rejeitados: nem o passado, nem o futuro, nem o presente pontual, nem mesmo a passagem do presente

Paul Ricoeur

O PRESENTE DA MINA E O PASSADO DA FRANÇA

Raramente uma terra em que se trabalha é uma paisagem

Raymond Williams

A mina de carvão pode ser encarada de várias formas, que podemos reunir em dois grupos: como um espaço *entre* o campo e a cidade ou como um espaço *misto* de campo e cidade. Para analisar este espaço adotaremos como procedimento entender estas visões como complementares, e não como excludentes.

Em geral o campo é associado a uma forma natural de vida, paz, inocência e virtudes simples. A cidade, por sua vez, é associada a realizações, mas também a conotações negativas, geralmente opostas às virtudes representadas pelo campo. Esta divisão entre campo e cidade como formas de vida fundamentais remonta à Antiguidade Clássica, mas a realidade histórica é bem mais variada (WILLIAMS, 2011, p. 11). Williams afirma que

142 RILTON FERREIRA BORGES

entre o campo e a cidade existem várias outras formas de concentração humanas e cita vários exemplos (WILLIAMS, 2011, p. 12), mas curiosamente não se refere à mina de carvão. Onde ela pode ser situada? Ao longo do século XIX a mineração era uma das atividades que precisava de trabalhadores do tipo artesão tradicional (ELEY, 2005, p. 43). Em vários locais, incluindo a França, a mineração empregou populações rurais em migração (ELEY, 2005, p. 78). O sedentarismo, por sua vez, trouxe consigo toda uma estrutura de valores. É quase inquestionável a ligação entre o indivíduo e seu local de origem, o que nos coloca a questão: como permanecer no lugar onde se está? (WILLIAMS, 2011, p. 144). A possibilidade de salários maiores atraía populações do campo em direção à cidade (e, provavelmente, em direção à mina também), contudo havia também um movimento de retorno. A população rural, em termos absolutos, não diminuiu em muitos lugares. É possível pensar tanto na possibilidade de retorno dos trabalhadores por não terem se adaptado às novas condições de trabalho, quanto na possibilidade de migrações sazonais, em que se empregavam nas cidades por períodos determinados e retornavam a suas atividades habituais no campo no restante do ano (POLANYI, 2012, p. 99). Em *Germinal* há uma identificação muito grande dos trabalhadores com a mina, mas também aparece o "migrante", Étienne, que já no elevador, saindo de seu primeiro dia de trabalho na mina, resolveu que voltaria à estrada: era preferível morrer de fome do que descer àquele inferno e nem mesmo ganhar o pão (ZOLA, 1885, p. 67-78).

A primeira parte da obra tem como objetivo dar um breve histórico da mina e contextualizá-la no período em que a narrativa se passa. Trata-se de um breve olhar para o passado, no qual um velho relata a história da mina atrelada à de sua família (ou seria o contrário?) a um jovem que acaba de chegar ao local. Ambos compartilham a fome, o frio e os tempos difíceis no presente: o velho tem um trabalho muito duro, mas resiste para chegar aos sessenta anos e conseguir uma pensão mais alta; o jovem, desempregado, em parte pela situação econômica, em parte por seu ímpeto (foi expulso de um trabalho por agredir o chefe e acumulou diversas demissões,

ZOLA E AS PERCEPÇÕES DO TEMPO   143

vagando pelo país a procura de trabalho), procura uma nova colocação
(ZOLA, 1885, p. 1-12).

O início de *Germinal* já nos traz um problema: Eley e Williams colocam a questão das populações em trânsito e de sua falta de identidade
com o local de trabalho. Zola, por sua vez, afirma a identidade dos mineiros a partir de sua relação com a mina. Não há, em *Germinal*, qualquer
referência à origem das famílias de mineiros presentes ali, de modo que
se tem a impressão de que tanto eles, quanto a mina, sempre existiram e
sempre estiveram atrelados.

Esta visão do trabalhador que conta a história da mina e de sua
família como se fossem a mesma história contrasta fortemente com a
visão burguesa representada por Zola. No primeiro capítulo da segunda
parte, ao descrever os burgueses relacionados à trama, Zola traça um
histórico da Companhia:

> A Companhia das Minas de Montsou fora criada
> em 1760, reunindo os três grupos de concessioná-
> rios em um só. Os anos seguintes não foram bons;
> houve o desenrolar da Revolução Francesa e a se-
> guir a ascensão e queda de Napoleão. Quem lucrou
> com a empresa foi Léon Grégoire: o pequeno in-
> vestimento de seu bisavô multiplicou-se espantosa-
> mente. O capital inicial passara a render cem por
> cento em 1820: dez mil francos; em 1844, vinte mil;
> em 1850, quarenta mil, e havia dois anos os divi-
> dendos atingiam a cifra extraordinária de cinquenta
> mil francos. Em um século, o capital inicial havia
> centuplicado (ZOLA, 2000, p. 38).

Percebemos aí uma tensão temporal: sabemos quando a Companhia
das Minas de Montsou foi criada e temos um breve histórico dela; sabemos
quem foi o primeiro a investir (o bisavô de León Grégoire) e quem foi o
primeiro a lucrar com ela (Léon Grégoire). Conhecemos as etapas de ascensão e crise da Companhia, desde 1760 até a década de 1860. Porém, do
ponto de vista do trabalhador, desde o início da Companhia até o momento da narrativa, nada muda. As gerações se sucedem e tudo parece per-

manecer igual, de modo que todas as atividades ainda existentes na mina podem ser descritas pelo velho Boa-Morte a partir de sua experiência pessoal, da infância à velhice: todos os trabalhos que o velho executou ainda estão ali e podem ser observados. Sendo assim, o trabalhador não percebe mudanças significativas, sendo compreensível que estes contem a história da Companhia centenária como uma "sucessão de repetições".

Pensando ainda na temporalidade, Williams apresenta a interessante noção de "escada rolante", e usa o exemplo da "nostalgia do campo" em obras inglesas dos séculos XIX e XVIII: um autor do século XIX se refere a um "valor perdido", provavelmente se referindo a um evento de décadas anteriores; retornando à época mencionada, outro autor já se referia à perda dos mesmos valores, mas tendo como referência eventos ainda mais antigos. Retornando ao momento em que a suposta perda de valores ocorreu, encontrava-se outros autores reclamando os mesmos valores em um passado ainda mais remoto, e assim por diante. Nestes casos a veracidade histórica certamente é comprometida (houve realmente uma perda de valores associada a um período específico?), mas o que realmente nos importa passa a ser a perspectiva histórica (WILLIAMS, 2011, p. 25), ou seja, quando nos perguntamos "o que este autor está chamando de perda de valores?". Nestes casos não há retrospecção histórica, mas idealização de valores antigos (WILLIAMS, 2011, p. 65). Certamente não é este o caso de Zola, mas Michelet, que foi muito lido por Zola, exaltou o camponês em termos semelhantes à "escada rolante" e que agradariam a direita política. Na visão de Michelet, o camponês deixou de ser servo graças à pequena propriedade, e a França seria uma nação de pequenos proprietários (WINOCK, 2006, p. 368). Sendo assim, o que podemos interpretar em Zola quando este se refere a um passado relativamente recente para compreender o presente?

Antes de mais nada, é necessário ter cuidado com a prática acadêmica de procurar influências em tudo, como se tudo estivesse necessariamente ligado a algo anterior, ou como se nada fosse realmente novo, mas derivação de algo já existente (WILLIAMS, 2011, p. 38). Como já vimos anteriormente, a preocupação de Zola em compreender o presente a partir de fatos passados não é algo totalmente novo, mas a forma com que o autor de *Germinal* realiza este procedimento guarda características próprias. Zola não busca no passado valores essenciais: olha para o passado apenas para explicar o momento descrito. Podemos dizer que sua busca está na criação de valores "naturalistas", e de modo algum se percebe a tentativa de "restaurar" valores precedentes. Em *Germinal* o campo e a cidade estão inseridos no mesmo contexto capitalista, assim como a mina de carvão. Portanto, não estamos lidando com uma oposição entre campo e cidade, ou entre passado e presente, mas sim com a compreensão de algo maior que engloba tudo isso: a economia capitalista. Dentro desta concepção, percebemos que a obra de Zola demonstra que todos os conflitos aparentes entre patrões e empregados, antigo e novo, campo e cidade são, na verdade, fruto do conflito concreto entre o trabalho e o capital. Este conflito está presente em praticamente todas as relações estabelecidas entre as personagens da obra. A mina, por sua vez, por ser um espaço *entre* a cidade e o campo e *misto* de cidade e de campo, mostra estes conflitos de forma mais intensa.

Segundo Williams, a história da paisagem deve remontar à história comum de uma terra e da população ali existente, apesar do conceito de paisagem implicar separação e observação (WILLIAMS, 2011, p. 201). A história da mina de carvão proposta por Zola opera dentro de uma concepção semelhante. Pensando em Londres no século XVIII, Williams observa que esta vai crescendo e sendo observada como um novo tipo de paisagem e de sociedade, mas de início era difícil separar o que era novo das imagens tradicionais da cidade (WILLIAMS, 2011, p. 242). Nós, contudo, podemos nos perguntar: fazer a distinção entre o que é novo e o que é reprodução de uma ideia já existente da paisagem observada é um procedimento imprescindível? Não bastaria entender essa nova combinação de fatores como um fenômeno específico? Pensando no exemplo da mina de carvão, nosso foco neste tópico, caberia questionar: é necessário identificar o que ela tem de características da cidade e do campo ou simplesmente compreendê-la como um fenômeno particular? Zola, ao que nos parece, procede desta última forma. Não aparecem em *Germinal* comparações explícitas da mina com o campo ou com a cidade. Inclusive, Zola dedica livros da série *Os Rougon-Macquart* para cada um destes ambientes, o que nos faz pensar que o autor não está preocupado com estas comparações, e sim com o fenômeno em si, considerando-o um caso particular, e não uma variação do campo ou da cidade.

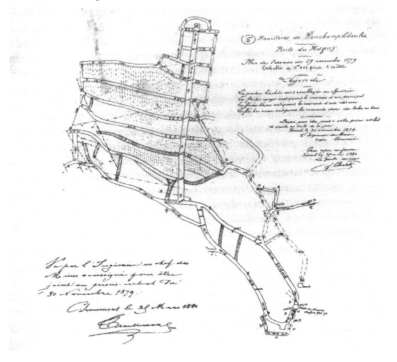

Figura 1: Mapa da mina de Magny feito por Poincaré (GALISON, 2005, p. 60)

Retomando a discussão a respeito dos conflitos que se dão na sociedade em geral e na mina em particular, vejamos como Zola representa a relação conflituosa entre o trabalhador e seus patrões. No quinto capítulo da primeira parte aparece o engenheiro de minas Paul Négrel, sobrinho do diretor, acompanhado do capataz Dansaert, que reclama das escoras feitas pelo grupo de Maheu, tido como um dos melhores mineiros. Négrel expõe, então, a visão que tem dos operários em sua relação com a Companhia:

— Vamos! Quando estiverem com a cabeça esmagada, não serão vocês que vão sofrer as consequências.

Será a companhia, que terá de pagar a aposentadoria. Eu conheço vocês: para terem dois vagonetes a mais no fim do dia são capazes de deixar a pele! (ZOLA, 2000, p. 31).

Na visão do engenheiro, a precariedade da segurança dos trabalhadores era fruto da ganância dos mesmos, que preferiam dedicar menos tempo à segurança para conseguir extrair mais carvão. Na descrição feita por Zola, Négrel ignora que os mineiros trabalham no limite de sua segurança não para ganhar mais, mas pelo contrário, para garantir o mínimo necessário para sobreviver. Como em nenhum outro momento o autor apresenta outra visão do engenheiro ou dos diretores da mina, podemos acreditar que Zola imaginava ser realmente esta a visão dos burgueses, e não um discurso construído apenas para justificar a forma com que tratavam os mineiros.

Entre os conflitos mais intensos mostrados por Zola em *Germinal*, está o da transformação de "coisas" que não são mercadorias em mercadorias. A este respeito, Polanyi traz uma importante reflexão que, neste ponto, nos parece imprescindível:

> As mercadorias são aqui definidas, empiricamente, como objetos produzidos para a venda no mercado; por outro lado, os mercados são definidos empiricamente como contatos reais entre compradores e vendedores. Assim, cada componente da indústria aparece como algo produzido para a venda, pois só então pode estar sujeito ao mecanismo da oferta e procura, com a intermediação do preço. Na prática, isto significa que deve haver mercado para cada um dos elementos da indústria; que nesses mercados cada um desses elementos é organizado num grupo de oferta e procura. Esses mercados – e eles são numerosos – são interligados e constituem Um Grande Mercado (POLANYI, 2012, p. 77).

Zola não se refere aos trabalhadores como mercadorias, mas ao demonstrar as relações presentes na mina de carvão, apresenta uma perspectiva bastante próxima da de Polanyi. Na mina de carvão, a terra, o trabalho

148   RILTON FERREIRA BORGES

e o que é produzido (no caso, o carvão) são produtos cujos valores são regulados por mercados próprios, mas que estão interligados. O preço do vagonete pago aos trabalhadores influencia e é influenciado pela produção, pelo valor da mina, pela economia francesa, e assim por diante. Mas apesar do trabalho e da terra serem descritos como mercadorias, Zola tem consciência de que eles não o são. Polanyi, a este respeito, destaca o seguinte:

> O ponto crucial é o seguinte: trabalho, terra e dinheiro são elementos essenciais da indústria. Eles também têm de ser organizados em mercados e, de fato, esses mercados formam uma parte absolutamente vital do sistema econômico. Todavia, o trabalho, a terra e o dinheiro obviamente *não* são mercadorias [...]. A descrição do trabalho, da terra e do dinheiro como mercadorias é inteiramente fictícia [...] Não obstante, é com ajuda dessa ficção que são organizados os mercados reais do trabalho, da terra e do dinheiro (POLANYI, 2012, p. 78).

As relações econômicas e sociais, assim como todo o sistema capitalista descrito por Zola, se utilizam de ficções para estabelecer o papel de cada agente envolvido. E neste caso o termo "agente" pode ser aplicado à própria terra, visto que em diversos romances de Zola a natureza é também personagem.

A contradição entre patrões e operários extrapolava o ambiente de trabalho e se colocava também no campo das instituições políticas. A 3ª República era vista como aliada natural dos trabalhadores contra os patrões católicos; com a legalização dos sindicatos em 1884 as reformas trabalhistas começaram (ELEY, 2005, p. 96-97). Zola escreveu *Germinal* exatamente neste momento, o que ajuda a explicar sua preocupação em mostrar estas contradições no ambiente da mina.

Segundo Eley, os movimentos operários atraíam trabalhadores qualificados e identificados com seu ofício (ELEY, 2005, p. 78), entretanto, o movimento operário nem sempre era mais forte onde a indústria era "realmente moderna" (ELEY, 2005, p. 77). Onde se enquadram, então, os trabalhadores da mina descritos por Zola? Por um lado são certamente trabalhadores muito identificados com seu ofício, pois passaram toda sua vida ligados à mina. Por outro lado, precisamos nos questionar até que ponto trata-se de um ambiente de "indústria realmente moderna". Como já vimos, a mineração precisava de trabalhadores do tipo artesão tradicional, tipo de trabalhador que costumamos compreender como o oposto do operário típico da indústria moderna. Mas isto não quer dizer de forma alguma que o trabalhador da mina, mesmo guardando características do trabalho pré-industrial , não esteja totalmente inserido na mais moderna atividade industrial. Isto porque a mina de carvão, mesmo estando espacialmente fora da cidade industrial, é um dos elos mais importantes da rede formada pela sociedade industrial, pois sem o carvão a indústria para. É por esta aparente contradição entre um trabalho ao mesmo tempo "artesanal" e "industrial" que podemos entender, como Eley, que havia simultaneamente uma ação coletiva "formal" e "informal" forte entre os mineiros (ELEY, 2005, p. 110-111).

Podemos observar, também, uma relação estreita entre *Germinal* e a geologia. Esta ciência, através da datação das formações geológicas, ajudou a modificar as noções de tempo no século XIX, aumentando as escalas de milhares para milhões de anos e influenciou diversas outras ciências. Zola também adquiriu uma espécie de panteísmo, no qual a terra constantemente se torna personagem de seus romances; no caso de Germinal, a mina de carvão não é apenas cenário, mas também atua na narrativa (MITTERAND, 1986, p. 69). *Germinal* pode ser compreendido como um grande romance geológico, um romance da rocha e da terra (MITTERAND, 1986, p. 70). Por este motivo, não nos parece estranho que Zola tenha usado a comparação entre o interior e o exterior da mina para fazer a distinção entre o tempo interno e o tempo externo das personagens.

A preocupação de Zola com o solo, no caso específico de *Germinal*, e com a natureza, em sua obra de um modo geral, pode parecer em primeira instância uma tentativa de criticar a sociedade industrial em oposição a valores "naturais". Como já vimos anteriormente, esta não é de forma alguma uma preocupação de Zola. Qual seria, então, o papel da natureza na crítica de Zola ao capitalismo industrial? Um trecho de Polanyi pode nos indicar um caminho para a resposta:

> Natural é tudo que está de acordo com os princípios incorporados à mentalidade do homem, e a ordem natural é aquela que está de acordo com esses princípios. A natureza, no seu sentido físico, foi conscientemente excluída por [Adam] Smith do problema da riqueza. "Qualquer que seja o solo, o clima, ou a extensão de território de qualquer nação particular, a abundância ou escassez de seu abastecimento anual, *nessa situação particular*, deve depender de duas circunstâncias", a saber, a capacidade do trabalho e a proporção entre os membros úteis e ociosos da sociedade. Não é o fator natural que conta, mas apenas o fator humano. Esta exclusão do fator biológico e geográfico, logo no começo do seu livro, foi deliberada. As falácias dos fisiocratas serviram-lhe de aviso; a predileção deles pela agricultura levou-os a confundir a natureza física com a natureza humana, induzindo-lhes a argumentar que apenas o solo era realmente criativo. Nada estava mais afastado da mentalidade de Smith do que uma tal glorificação do Physis. A economia política deveria ser uma ciência humana, deveria lidar com o que é natural ao homem, e não à natureza (POLANYI, 2012, p. 124).

Aqui podemos dar ao Naturalismo de Zola mais uma interpretação: reunir o homem à natureza faz com que o homem seja "completamente" humano. Unindo o que já vimos sobre a obra de Zola com este parágrafo de Polanyi, podemos concluir que a crítica de Zola ao capitalismo industrial parte de sua origem teórica: ao separar o homem da natureza, Adam Smith estaria "desumanizando" o homem, ao passo que o Naturalismo, ao reuni-lo à natureza, devolveria ao homem sua humanidade.

> A produção é a interação do homem e da natureza. Se este processo se organizar através de um mecanismo autorregulador de permuta e troca, então o homem e a natureza têm de ingressar na sua órbita, têm de se sujeitar à oferta e à procura, i.e., eles passam a ser manuseados como

mercadorias, como bens produzidos para venda (POLANYI, 2012, p. 146).

É muito significativo que Zola, conscientemente ou não, tenha escolhido as entranhas da terra para mostrar que o homem estava perdendo sua humanidade ao separar-se dela e, ao mesmo tempo, fez o "germinar de uma nova sociedade" partir exatamente do interior da terra. Mas diferentemente de um fisiocrata, que faria o homem ser verdadeiramente produtivo na agricultura, Zola se coloca como um entusiasta do desenvolvimento tecnológico, fazendo o homem voltar a ser humano em contato com o combustível da sociedade industrial. Temos aqui, portanto, um Zola que critica não a industrialização, mas a perda de humanidade.

> Aquilo a que chamamos terra é um elemento da natureza inexplicavelmente entrelaçado com as instituições do homem. Isolá-las e com ela formar um mercado foi talvez o empreendimento mais fantástico dos nossos ancestrais (POLANYI, 2012, p. 199).

Tradicionalmente a terra e o trabalho não são separados, o trabalho como parte da vida, a terra como parte da natureza, e vida e natureza formando parte de um todo. A terra dá estabilidade ao homem: local de habitação, condição de segurança física, paisagem, etc. É impossível separar a terra do homem, mas fazer isso era essencial para formar a economia de mercado. "Foi este, precisamente, o ajuste que ocorreu sob o sistema de mercado. O homem, sob o nome de mão de obra, e a natureza, sob o nome de terra, foram colocados à venda" (POLANYI, 2012, p. 146). Contudo, deixar o destino das pessoas e do solo por conta do mercado seria o mesmo que aniquilá-los; é daí que surge o intervencionismo (POLANYI, 2012, p. 146).

Além da indústria e da ciência, questões nacionais, guerra e conquista vinham junto com as questões de marcação do tempo e simultaneidade (GALISON, 2005, p. 38). A convenção do metro, de 1875, determinou a unificação e racionalização do espaço (GALISON, 2005, p. 85), e pensava-se em fazer o mesmo com o tempo. Neste campo a diplomacia se cruzava com a ciência, de modo que a unificação de sistemas de medida agradaria aos cientistas e também regularia diversas áreas, como o comércio e a indústria (GALISON, 2005, p. 86). Substituir os sistemas de medida significava derrubar barreiras entre os povos (GALISON, 2005, p. 87); metro e quilograma representaram também a vitória de um determinado modelo proposto pela Terceira República (GALISON, 2005, p. 91). A derrubada de barreiras representada pela universalização do metro significaria a derrubada de barreiras nacionais e sociais. Mas com a medição do tempo não ocorreu o mesmo:

> A Revolução Francesa tentou subverter a fronteira entre o público e o privado, construir um homem novo, remodelar o cotidiano através de uma nova organização do espaço, do tempo e da memória. Mas esse projeto grandioso fracassou diante da resistência das pessoas. Os costumes se mostraram mais fortes do que a lei (PERROT, 2009, p. 79).

O tempo era uma convenção, e dependendo do que fosse adotado, poderia unificar cidades, linhas, zonas, países ou o mundo. Astrônomos e ferroviários concordavam que as novas tecnologias de transporte e comunicação disciplinavam o tempo melhor do que escolas doutrinárias (GALISON, 2005, p. 127). Entre 1860 e 1890 se deu uma corrida entre França, Inglaterra e EUA pelo estabelecimento da simultaneidade e, por consequência, da unificação do tempo. Neste contexto estava colocado o ideal iluminista de racionalização do tempo, que desde a Revolução tentava adotar uma escala decimal para o tempo (GALISON, 2005, p. 131). A escolha de um meridiano inicial para estas medições era necessariamente arbitrária, portanto era totalmente convencional, de modo que os debates para esta escolha misturavam política, filosofia, astronomia e levantamentos topográficos (GALISON, 2005, p. 148-149), além do crescente nacionalismo presente no período. Por fim, o número de "clientes" foi o fator determinante na escolha do meridiano inicial, o que colocou os princípios "industriais" (ingleses) sobre os princípios "filosóficos" (franceses) (GALISON, 2005, p. 151). A proposta das zonas horárias saiu vitoriosa, mesmo com a oposição, sobretudo de franceses, que não queriam abrir mão de seu meridiano inicial e argumentavam que teriam que jogar fora todos os seus mapas. Na prática, os franceses teriam apenas que atrasar seus relógios em nove minutos e vinte e um segundos (GALISON, 2005, pp. 164-165).

O debate político-científico também se relacionava com o debate político-comercial. O comércio passou de municipal a nacional com uma intervenção do Estado. As "nações" da época no Renascimento Comercial eram unidades políticas bastante frouxas. O comércio era organizado localmente ou em comércio de grande distância, sendo estritamente separados um do outro (POLANYI, 2012, p. 67).

E qual a relação deste debate político-científico-comercial com o interior da mina de carvão descrita por Zola? Se pensarmos na época em que *Germinal* se passa, é difícil determinar alguma relação, pois se trata de um momento anterior a estes debates; mas levando em conta a época em que o romance foi escrito, podemos perceber que Zola já observava a preponderância dos valores econômico-industriais sobre os ideais revolucionários. Os franceses se sentiram humilhados por não terem conseguido sincronizar o tempo após unificar os pesos e as medidas (GALISON, 2005, p. 99). Cada país encontrou uma solução para as horas locais em contraste com as viagens de trem: alguns unificaram, outros estabeleceram horas regionais. Nas estações de Paris podia-se ver três horas: a local, a de Paris e a do comboio (GALISON, 2005, p. 100-101). As Companhias de trens tendiam a se incomodar com as intromissões do Estado, e isso valia para as leis que obrigavam a sincronizar seus relógios (GALISON, 2005, p. 113). Também se estabeleceu o debate entre adotar uma hora nacional ou a hora local: colocaram-se os prós e contras na vida cotidiana e nas relações comerciais (GALISON, 2005, p. 117).

Por outro lado, Zola dificilmente enxergaria a industrialização como um problema em si, pois esta também proporcionava progresso. O caráter progressista do capitalismo era reconhecido mesmo entre seus críticos, criando--se uma situação, em certos socialistas, de criticar e elogiar ao mesmo tempo (WILLIAMS, 2011, p. 67-68). Apesar de Zola ainda não aceitar o "rótulo" de escritor socialista, ao mesmo tempo em que definia *Germinal* como um "romance socialista", podemos colocá-lo como um exemplo de opositor ao capitalismo, mas não da modernidade, por criticar abertamente o capitalismo, mas ser otimista quanto aos avanços técnicos por ele proporcionados. O problema, portanto, não estava na industrialização, mas na forma com que o capitalismo tratava o trabalho. Em uma das passagens de *Germinal* sobre a greve, Deneulin lembra da caixa de previdência, mas Hennebeau diz que o valor dela é baixo e não duraria muito tempo. Suspeita que o líder seja Étienne, e lamenta ter que demiti-lo, como havia feito com Rasseneur, "que continua a envenenar os mineiros com suas ideias e a cerveja que vende..." (ZOLA, 1885, p. 368-381), pois ele era um bom operário. Deneulin, com a interrupção no trabalho de sua mina, forçada pela onda de operários que passou por ali, estaria falido em alguns dias. Zola conclui o trecho desta forma:

> E, na certeza do seu desastre, não sentia mais raiva dos grevistas de Montsou; a culpa era geral, secular. Eram brutos, sim, mas brutos que não sabiam ler e que morriam de fome. (ZOLA, 2000, p. 131)

Voltaire via a atividade industrial e a busca de prazeres refinados como as marcas características da cidade e, portanto, da própria civilização. A cidade em geral, Londres em particular, era o símbolo do progresso e das luzes (WILLIAMS, 2011, p. 244). Adam Smith, por sua vez, entendia que a cidade protegia e estendia a indústria do país, mas por sua própria condição gerava pessoas volúveis e inseguras (WILLIAMS, 2011, p. 245). No pensamento de Dickens há uma aparente contradição: a cidade tem movimento, mas nela os anos parecem iguais, o que demonstra uma concepção de tempo preponderantemente cíclica, apesar das transformações (WILLIAMS, 2011, p. 260). Apesar de serem frequentemente associadas, há importantes diferenças entre as ideias de cidade e indústria: a cidade é composta por heterogeneidade, enquanto a indústria tende à padronização (WILLIAMS, 2011, p. 261); portanto, não são a mesma coisa, mas realidades que convivem.

A cidade é tida como lugar do sentimento coletivo e, ao mesmo tempo, da ausência de sentimento comum e excesso de subjetividade

ZOLA E AS PERCEPÇÕES DO TEMPO 155

(WILLIAMS, 2011, p. 354). Já o campo não ignora a intimidade e o segredo, mas estes não são a ele inerentes (PERROT, 2009, p. 290). O espaço da mina de carvão, por sua vez, é dividido entre o espaço burguês e o espaço operário. Coletividade e subjetividade, segredo e publicidade, intimidade e exterioridade são separados pela distância entre a vila de mineiros e a casa do diretor da mina. "Toda mudança no 'espaço' é uma mudança no 'tempo', e toda mudança no 'tempo' é uma mudança no 'espaço'" (ELIAS, 1998, p. 81). *Germinal* se apresenta também como uma disputa pelo espaço e coloca perguntas como: quem é o invasor? Há limites entre o espaço do mineiro e do burguês? A quem cada espaço pertence? (MITTERAND, 1986, p. 44).

Sobretudo ao estourar a greve, entre os mineiros descritos por Zola há um sentimento de que a mina deve pertencer aos trabalhadores. Este sentimento, facilmente identificável a diferentes ideias coletivistas do século XIX, pode representar também a ideia que já discutimos alguns parágrafos atrás a respeito da intrínseca relação entre trabalho e terra, que segundo Polanyi é a relação entre homem e natureza. Quando o mineiro reivindica para si a propriedade da mina, ele está reivindicando também sua humanidade de volta. Esta separação (ou alienação, caso o leitor esteja mais inclinado a este termo) entre o trabalho e a terra (a atividade humana e a natureza) é, na obra de Zola, o ponto de partida das contradições do capitalismo industrial. Por extensão, a propriedade é um problema para Zola, mas não como em Rousseau, que estava presente em suas leituras da juventude, para quem a propriedade é, em si, um problema; mas ao passo em que a propriedade só faz sentido se permitir a união entre o homem e a natureza. Em outras palavras, a propriedade faz sentido se ela pertencer ao trabalhador. É neste ponto, provavelmente, que o pensamento de Zola mais se aproxima dos movimentos de esquerda influenciados pelo marxismo, mas cabe ressaltar que esta aproximação se dá por um caminho diferente do marxismo clássico.

A diferenciação dos espaços da mina de carvão também delimitam diferentes formas de viver em *Germinal*. O povo em Zola é sensualidade, alegria de viver e generosidade. Os Maheu ocupam um espaço confinado e insalubre, porém vívido; os Grégoire vivem num lugar amplo e confortável,

156 RILTON FERREIRA BORGES

mas assexuado e puritano (MITTERAND, 1986, p. 78). Esta contradição entre a intimidade operária e burguesa aparece na observação que Perrot faz das classes populares urbanas, que eram vistas pelas camadas dominantes como o sinal de uma sexualidade primitiva e de uma selvageria que, por seu crescente desejo de dignidade, os próprios militantes aceitavam cada vez menos (PERROT, 2009, p. 291). Neste ponto podemos perceber por que Zola foi duramente criticado pela esquerda até a publicação de *Germinal*: o autor descrevia um modo de vida que não era aceito por lideranças que queriam mostrar que os trabalhadores viviam uma vida regrada segundo os modelos burgueses. *Germinal* teve aceitação da esquerda ao demonstrar que a aparente "falta de regras" era consequência da separação entre o homem e a natureza, ou seja, da exploração capitalista, do conflito entre o trabalho e o capital.

No século XIX as prioridades orçamentárias dos operários dirigiam-se antes às vestimentas do que à moradia. A mobilidade na cidade poderia simbolizar mobilidade social (PERROT, 2009, p. 292), ao passo que o sedentarismo poderia transformar-se em prisão, um longo processo de desânimo e desespero (WILLIAMS, 2011, p. 145). Entre os trabalhadores havia diferentes relações com o espaço, com o corpo e com as coisas mas de um modo geral se entendia que "ser livre é, para começar, poder escolher seu domicílio". Isso explica a resistência de muitos às vilas operárias (PERROT, 2009, p. 293), mas não é condizente com a representação que Zola faz de seus mineiros fixados em Montsou. Se na cidade, segundo Perrot, cresce o desejo por espaço e por intimidade, assim como aumenta o horror à padronização (PERROT, 2009, p. 295), na mina de carvão, segundo Zola, a intimidade é compartilhada com toda a família (Maheu era a exceção ao não ficar nu na frente dos filhos) e a padronização das moradias e dos comportamentos era a norma. O desejo de individualidade e de privacidade nas cidades (PERROT, 2009, p. 296) não aparece na mina descrita por Zola.

Segundo Williams, "o campo e a cidade são realidades históricas em transformação tanto em si próprias quanto em suas inter-relações" (WILLIAMS, 2011, p. 471). Esta afirmação certamente vale para a mina, assim como para outras paisagens humanas. Até agora vimos a mina de carvão representando a natureza que deve ser reintegrada ao homem. Contudo, Zola também representa, até de maneira mais forte, a mina como um monstro que devora os homens. Como conciliar estas visões tão diferentes? Mais uma vez, a chave para a aparente contradição está na compreensão de um sistema maior. A mina de carvão é devoradora de homens na medida em que esta é transformada em uma mercadoria, como diria Polanyi. É interessante percebermos que a "monstruosidade" da mina se dá pela "monstruosidade" da separação entre homem e natureza.

Ao observar a mina de Anzin, a qual foi usada como referência para a composição de *Germinal*, Zola deixou uma densa documentação, na qual podemos observar todos os riscos que os trabalhadores corriam durante suas atividades. Em *Germinal*, Zola descreve mais de um acidente, e além destes, o perigo de desabamentos e soterramentos é quase tão constante quanto o sentimento de dor e claustrofobia da atividade da mineração. Aparentemente, para que a indústria tenha seu combustível, o homem deve se submeter a condições precárias de trabalho. Estaria o desenvolvimento da sociedade necessariamente ligado à exploração e degradação do ser humano? Para Zola a resposta seria negativa. As condições de trabalho precárias e a falta de segurança são consequência da subordinação do trabalho ao capital; se o capital se subordinasse ao trabalho, os mineiros teriam mais tempo e condições para trabalhar com mais segurança, fazer apoios mais resistentes, trabalhar em um ritmo menos degradante.

Para compreender a percepção que Zola tinha a respeito da segurança dos trabalhadores em minas de carvão, vamos compará-la à narrativa que Peter Galison faz a partir dos relatos de Poincaré (GALISON, 2005, p. 59-60), que antes de ser reconhecido como grande matemático, teve como formação e ocupação inicial a de engenheiro de minas, mesmo cargo da personagem Paul Négrel de *Germinal*. Poincaré, em 1879, atuou como engenheiro em um acidente de grandes proporções na mina de Magny, que foi amplamente noticiado pela imprensa francesa. Não há nenhum vestígio de que Zola tenha usado informações sobre este acidente específico em *Germinal*, mas não é descabido imaginar que Zola tenha recebido notícias

158 RILTON FERREIRA BORGES

dele. Curiosamente, há muitos recortes de jornal sobre a greve em Anzin, mas não há absolutamente nenhum recorte sobre acidentes em minas nos rascunhos de Zola.

A narrativa de Galison é a que se segue:

> Na tarde de 31 de agosto de 1879, às 18.00 horas, vinte e dois homens desceram aos poços de carvão, para o seu turno de trabalho. Cerca das 3h45 da manhã uma explosão abalou a mina, apagando instantaneamente, com a violência do sopro, as lâmpadas dos mineiros. Dois deles, no vão do elevador, foram violentamente sacudidos, outros dois foram atirados para dentro da fossa (a qual, felizmente, estava tapada com uma tábua cerca de metro e meio mais abaixo). Estes quatro sobreviventes subiram, cambaleando até a superfície. O mineiro-mestre Juif que, estando de folga, ficara por perto dos poços, levou imediatamente os homens de volta ao interior da mina, onde descobriram uma pilha de peças de roupa a arder sem chamas, com um pedaço de madeira podre fumegante. Juif foi direto a elas, apagando a combustão dos tecidos antes que estes pudessem pegar fogo à madeira das estruturas de suporte, ou ao carvão, ou, pior que tudo, desencadear outra catastrófica explosão de gás. Seguindo o som de gritos, descobriram Eugène Jeanroy, um rapaz de dezasseis anos, que morreu no dia seguinte devido aos ferimentos. Todos os outros mineiros, que o grupo encontrou durante a sua busca, já estavam mortos, tendo alguns deles morrido de queimaduras horríveis.
>
> Poincaré entrou na mina quase imediatamente a seguir a explosão, no meio da operação de salvamento, apesar do risco de uma detonação secundária. Na sua qualidade de engenheiro de minas delegado, a sua tarefa era determinar o que tinha causado o desastre. Em busca dessa primeira chispa responsável, virou-se, em primeiro lugar, para as lâmpadas [...]. A sua atenção, escreveu Poincaré no seu relatório de investigação, foi atraída especialmente pela lâmpada 476: não tinha vidro e tinha duas roturas. O primeiro rasgão, comprido e largo, parecia ter sido originado por uma pressão interior. O se-

> gundo, pelo contrário, era retangular e viera nitidamente do exterior. De facto, de acordo com todos os trabalhadores, a perfuração era o vivo retrato de um golpe desferido por uma picareta de mineiro do tipo normal (GALISON, 2005, p. 59-60).

Ao longo da sétima parte de *Germinal* Zola descreve um grave acidente na mina, que não reproduziremos aqui por ser um trecho bastante longo, mas do qual podemos destacar alguns pontos: a entrada do engenheiro Négrel logo após o acidente mesmo com risco de novas explosões e desabamento, que Zola descreve como sinal de coragem era, na verdade, um procedimento padrão, como percebemos no relato de Galison sobre o trabalho de Poincaré. Isto porque era necessário, antes de tudo, determinar as causas do acidente para que se pudesse atribuir responsabilidades, se fosse o caso. Outro ponto que chama a atenção é a presença, tanto na narrativa de Galison, quanto na narrativa de Zola, do paradigma indiciário que regia o procedimento de busca das causas. Zola utiliza essa metodologia em sua narrativa, para que o leitor acompanhe a investigação e descubra junto com o engenheiro e os mineiros o que causou o acidente. De modo semelhante, Galison tenta reproduzir o procedimento de Poincaré baseado em seu relato de engenheiro. A idade do jovem Eugène Jeanroy, de dezesseis anos, se aproxima da idade de Catherine, de quinze anos. Os gritos que conduzem Poincaré e os mineiros ao acidente também lembram os gritos que aproximam os mineiros de Étienne. Há também, na narrativa de Galison, o risco de uma segunda explosão, que na narrativa de Zola se concretiza na tentativa desesperada de Zacharie em salvar sua irmã.

Um último ponto de comparação muito interessante diz respeito às lâmpadas usadas pelos mineiros. Cada uma, numerada, era ao mesmo tempo uma proteção, uma identificação em caso de acidente, e um risco à segurança dos mineiros. No quarto capítulo da primeira parte, Zola descreve a entrada dos mineiros na mina, na qual cada trabalhador que entrava recebia um lampião com suas iniciais e um funcionário registrava o horário de entrada de cada um. Este controle, como podemos inferir do cruzamento com outras leituras, ajudava na identificação em caso de acidentes, visto que o pagamento era realizado pela quantidade de carvão extraído, e não pela quantidade de horas trabalhadas. No caso da mina de Magny, cada lâmpada tinha uma numeração, e essa numeração era atribuída a cada trabalhador. Com base nessa identificação, Poincaré pode "rastrear" os passos de cada trabalhador, ao passo que Zola utiliza este artifício para dar dramaticidade à busca por sobreviventes em Montsou.

Além das descrições realizadas por Galison, a partir do relato de Poincaré, e de Zola, podemos comparar diretamente um mapa desenhado por Poincaré para ilustrar a circulação de ar pelas galerias de Magny (Figura 1) e o mapa desenhado por Zola para representar os níveis da mina de Anzin (Figura 2).

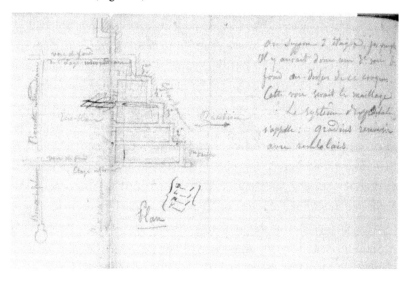

Figura 2: Mapa da mina de Anzin feito por Zola (ZOLA, 1884, p. 337)

Talvez a diferença que mais chame a atenção entre os dois mapas está na proporção e regularidade do mapa de Zola e na maior complexidade do mapa de Poincaré. A primeira hipótese que se pode levantar das duas imagens é a de que Magny era muito mais complexa e irregular do que Anzin; a segunda hipótese é a de que o esquema de Zola é mais simples por se tratar de uma tentativa de compreensão, uma aproximação de como seria a mina, ao passo que o mapa de Poincaré é uma representação que tem a obrigação de ser fiel à mina real, pois se trata de uma análise do engenheiro que a estuda. Partindo-se do pressuposto de que a segunda hipótese é a mais válida (nada nos leva a crer que a mina de Anzin tinha veios perfeitamente simétricos), podemos constatar a observação feita nos capítulos anteriores de que Zola, por mais que tivesse uma preocupação "científica", não deixava de ser um literato, dominando apenas parcialmente as ciências com as quais lidava para além de sua arte. Mesmo assim, é notável o quanto Zola busca, dentro de suas limitações, reproduzir o mais fielmente aquilo que observou. Excetuando-se a complexidade de um desenho, e a exagerada simetria do outro, ambos guardam semelhanças fundamentais no que diz respeito aos níveis das minas e ao acesso a estes níveis. Em ambos é possível reconhecer os caminhos feitos pelos mineiros e descritos pelos autores.

Para uma aproximação ainda maior de nosso objeto neste tópico, o ambiente na mina de carvão, faz-se necessária uma discussão sobre os trabalhadores nela inseridos. Contudo, deixaremos a discussão a respeito do trabalho na mina para um tópico específico, no qual discutiremos o trabalho não apenas do ponto de vista concreto da relação do homem com a natureza (trabalho e terra), mas em uma discussão que insira este trabalhador na economia de mercado e nas relações políticas decorrentes desta situação.

O PRESENTE DO TRABALHO E O FUTURO DOS TRABALHADORES

Da vivência das cidades nasceu a vivência do futuro

Raymond Williams

A epígrafe deste tópico nada mais é do que uma grande provocação. Como já propusemos nos tópicos anteriores, o que está em questão em nossa análise não é a suposta oposição entre campo e cidade industrial, mas a compreensão do processo da Segunda Revolução Industrial e construção do capitalismo industrial em termos que englobam, e não separam, o campo e a cidade. Neste contexto, a mina de carvão, ao se configurar ao mesmo tempo como espaço *misto* e espaço *entre* a cidade e o campo, acaba sendo mais um elo entre vários pontos de uma rede complexa da sociedade que se forma a partir do século XIX na Europa. Sendo assim, podemos afirmar que a "vivência do futuro", que não podemos separar da "vivência do tempo", não é fruto exclusivo da cidade industrial, mas sim de uma rede complexa de relações da sociedade industrial, dentro da qual estão as relações de trabalho.

Segundo Auerbach, na literatura do século XIX o povo acabou se impondo como tema (AUERBACH, 2011, p. 447). Esta constatação se dá pelo volume de obras que tratam sobretudo da classe operária em praticamente toda a Europa neste período. O povo em geral, e a classe operária de modo particular, acabam expressando de forma mais dramática as mudanças pelas quais a sociedade está passando, com a construção de uma sociedade capitalista, uma economia de mercado e um mercado de trabalho regulado. Segundo Polanyi,

> A sociedade de mercados nasceu na Inglaterra, porém, foi no continente que a sua fraqueza engendrou as mais trágicas complicações. Para podermos compreender o fascismo alemão, temos que reverter à Inglaterra ricardiana. Nunca é demais enfatizar que o século XIX foi o século da Inglaterra: a Revolução

Industrial foi um acontecimento inglês. A economia de mercado, o livre-comércio e o padrão-ouro foram inventos ingleses […]; qualquer que seja o cenário e a temperatura dos episódios finais, os fatores que, em última análise, destruíram essa civilização devem ser estudados no berço da Revolução Industrial, a Inglaterra (POLANYI, 2012, p. 32).

Sendo assim, mesmo nosso objeto estudo estando localizado espacialmente na França e temporalmente na segunda metade do século XIX, em alguns momentos precisaremos nos deslocar para a Inglaterra de algumas décadas ou até um século antes. Ainda segundo Polanyi, o processo de transformação social que observamos no século XIX se iniciou com o progresso técnico do século XVIII: "No coração da Revolução Industrial do século XVIII ocorreu um progresso miraculoso nos instrumentos de produção, o qual se fez acompanhar de uma catastrófica desarticulação nas vidas das pessoas comuns" (POLANYI, 2012, p. 35).

Até aqui, constatamos o que tradicionalmente se estuda e se ensina sobre a Revolução Industrial: um progresso técnico que causou transformações sociais. A partir deste ponto, tentaremos demonstrar como este progresso técnico, que gerou uma transformação social, também desencadeou transformações políticas e, todas estas transformações juntas, levaram a transformações na percepção do tempo na sociedade industrial.

A partir da reflexão de Karl Polanyi, percebemos que "O liberalismo econômico interpretou mal a história da Revolução Industrial porque insistiu em julgar os acontecimentos sociais a partir de um ponto de vista econômico" (POLANYI, 2012, p. 36). Para compreender este ponto, Polanyi remonta aos cercamentos: seriam um progresso óbvio se não fosse a conversão das terras em pastagens. As terras cercadas valiam mais, e onde se continuou a cultivar a terra não diminuiu o emprego e a produção de alimentos aumentou de forma marcante. Sendo assim, o início da desarticulação das relações sociais não se deu por uma medida específica (como os cercamentos, no caso), e sim por uma mudança de mentalidade quanto aos componentes da economia. Mesmo assim, "Os cercamentos foram chamados, de uma forma adequada, de revolução dos ricos contra os pobres" (POLANYI, 2012, p. 37). É interessante notar também que

> Os historiadores do século XIX são unânimes em condenar a política dos Tudors e dos primeiros Stuarts como demagógica, se não inteiramente reacionária. Suas simpatias se inclinam naturalmente para o Parlamento, e esse organismo era a favor dos cercamentos (POLANYI, 2012, p. 38).

Uma única decisão política, uma única mudança na economia, por mais impactante que seja, não é capaz de transformar quase completamente uma sociedade. Contudo, as relações sociais que levam a estas mudanças podem nos indicar quais transformações estão ocorrendo nas formas de percepção da sociedade a respeito de si e de suas atividades.

> O ritmo da mudança muitas vezes não é menos importante do que a direção da própria mudança; mas enquanto essa última frequentemente não depende da nossa vontade, é justamente o ritmo, no qual permitimos que a mudança ocorra, que pode depender de nós [...] A crença no progresso espontâneo pode cegar-nos quanto ao papel do governo na vida econômica (POLANYI, 2012, p. 39).

Polanyi, ainda que entenda que a "grande transformação" (título de sua obra a respeito da formação da sociedade industrial) fosse praticamente inevitável, entende que a sociedade como um todo e os indivíduos em particular poderiam, ao menos, diminuir ou aumentar a velocidade destas transformações. Coloca-se, aqui, um ponto crucial em nossa reflexão: a participação da política na condução destas transformações. Segundo Polanyi, na Inglaterra

> O governo da Coroa cedeu lugar ao governo de uma classe – a classe que levava avante o desenvolvimento industrial e comercial [...] Nessa ocasião o acontecimento foi também peculiar à Inglaterra, e nessa época, o comércio marítimo foi também a fonte de um movimento que afetou o país como um todo (POLANYI, 2012, p. 41).

Zola e as Percepções do tempo   165

A "classe" a que Polanyi se refere é a que os livros didáticos atuais chamam genericamente de "burguesia", a qual didaticamente explicamos para nossos alunos de ensino fundamental ser o grupo de comerciantes que, acumulando riquezas (o capital) conseguiu iniciar o empreendimento que deu origem à indústria moderna. Esta transformação do mercador em industrial é explicada de forma belíssima no seguinte trecho:

> A produção com a ajuda de ferramentas e fábricas especializadas, complicadas, dispendiosas, só pode se ajustar a uma tal sociedade tornando isto incidental ao ato de comprar e vender. *O mercador é a única pessoa disponível para assumir isto, e ele estará disposto a desempenhar essa atividade desde que ela não importe em prejuízo.*[1] Ele venderá as mercadorias da mesma forma como já vinha vendendo outras àqueles que delas precisavam. Entretanto, *ele vai procurá-las de modo diferente, i.e., não mais adquiri-las já prontas, mas comprando o trabalho necessário e a matéria-prima.*[2] Esses dois elementos combinados, sob as instruções do mercador, mais o tempo de espera em que ele poderá incorrer, resultam em um novo produto (POLANYI, 2012, p. 43).

O empreendimento industrial, portanto, só é possível quando amplamente rentável, por ser altamente custoso. Neste ponto, seria interessante notar que quando usamos atualmente o termo "custoso", pensamos quase automaticamente em termos monetários (ou em termos de capital empregado). Mas se nos permitirmos usar um pouco de imaginação em nossa reflexão científica de historiadores e nos colocarmos no lugar destes mercadores que estão dando origem ao grupo dos capitalistas, podemos perceber que o empreendimento é altamente custoso em termos mentais, físicos, políticos, morais, enfim, precisa de um esforço total do indivíduo envolvido. O que chama a atenção de Polanyi, e também precisa ser notado por todos nós, é que todo esse esforço passa a agregar valor à mercadoria, ou seja, não se paga pelo valor do produto, e sim por todo o esforço envol-

---

1 Grifo nosso.
2 Grifo nosso.

166 RILTON FERREIRA BORGES

vido para que este produto exista e chegue ao consumidor. A mercadoria, no final, é a soma do produto e de tudo que está envolvido em sua produção e distribuição[3], como fica claro no trecho a seguir:

> Uma vez que as máquinas complicadas são dispendiosas, elas só são rentáveis quando produzem grande quantidade de mercadorias. Elas só podem trabalhar sem prejuízo se a saída de mercadorias é razoavelmente garantida, e se a produção não precisar ser interrompida por falta de matérias-primas necessárias para alimentar as máquinas. Para o mercador isto significa que todos os fatores envolvidos precisam estar à venda, i.e., eles precisam estar disponíveis, nas quantidades necessárias, para quem quer que esteja em condições de pagar por eles (POLANYI, 2012, p. 43).

Transpondo esta realidade à representação de Zola em *Germinal*, temos a descrição dos Grégoire, que estavam perdendo dinheiro desde a explosão da crise industrial, mas não se preocupavam porque havia um século sua família vivia de renda. Zola descreve os Grégoire como tendo uma "fé inabalável na mina" e um "medo supersticioso" de perder toda a fortuna se as ações fossem vendidas. No fundo, a confiança dos Grégoire estava depositada não apenas na terra, mas no trabalho dos mineiros, ou seja: podiam garantir sua sobrevivência a partir do trabalho que compravam através de rendas que receberam por herança, e não por seu próprio trabalho (ZOLA, 1885, p. 79-91).

Entre os fatores envolvidos na produção está o trabalho, ou seja, a atividade humana. Como já vimos na seção anterior deste capítulo, entender o trabalho como uma mercadoria não passa de uma ficção, porém uma ficção necessária para que a sociedade de mercado seja possível. "Numa sociedade agrícola tais condições não surgiriam naturalmente – elas teriam de ser criadas" (POLANYI, 2012, p. 44). A transformação implica uma mudança de motivação: a motivação do lucro substitui a motivação

---

3   A reflexão de Hannah Arendt a respeito do *homo faber* e do *animal laborans*, que aparecerá no capítulo 4, envolve esta questão.

ZOLA E AS PERCEPÇÕES DO TEMPO 167

pela subsistência. Todas as transações se transformam em transações monetárias, e todas as rendas se tornam derivadas de uma venda: esse é o *sistema de mercado*. Esse sistema desarticula as relações humanas na medida em que a substância natural (terra) e humana (trabalho) da sociedade se transformam em mercadorias. A partir daí, o sistema de mercado deve funcionar sem interferência externa: os lucros não são mais garantidos e os preços devem ter a liberdade de se autorregularem, dando origem à *economia de mercado*:

> A economia de mercado é um sistema controlado, regulado e dirigido apenas por mercados; a ordem na produção e distribuição dos bens é confiada a esse mecanismo autorregulável. Uma economia desse tipo se origina da expectativa de que os seres humanos se comportem de maneira tal a atingir o máximo de ganhos monetários (POLANYI, 2012, p. 73).

Transformando-se o trabalho em mercadoria, transforma-se a sociedade humana em acessório do sistema econômico, pois o "trabalho" é o nome que se dá para as formas de vida do povo comum (POLANYI, 2012, p. 81). Segundo Polanyi, a sociedade do século XVIII resistiu inconscientemente às tentativas de transformá-la em mero apêndice do mercado. Para formar a sociedade de mercado era necessário estabelecer um mercado de trabalho, que foi o último a ser organizado. Esta resistência seria quase "natural", visto que

> A economia do homem, como regra, está submersa em suas relações sociais [...] Em termos de sobrevivência, a explicação é simples. Tomemos o caso de uma sociedade tribal. O interesse econômico individual só raramente é predominante, pois a comunidade vela para que nenhum de seus membros esteja faminto, a não ser que ela própria seja avassalada por uma catástrofe, em cujo caso os interesses são ameaçados coletiva, não individualmente. Por outro lado, a manutenção dos laços sociais é crucial. Primeiro porque, infringindo o código estabelecido de honra ou generosidade, o indivíduo se afasta da

comunidade e se torna um marginal; segundo porque, a longo prazo, todas as obrigações sociais são recíprocas, e seu cumprimento serve melhor aos interesses individuais de dar-e-receber (POLANYI, 2012, p. 48-49).

O liberalismo econômico foi o princípio organizador de uma sociedade engajada na criação de um sistema de mercado. De apenas propensão a métodos não burocráticos, evoluiu para uma fé na salvação do homem pelo mercado autorregulável. Não se pode antecipar a política do *laissez--faire* para a época em que a palavra foi usada pela primeira vez, na França em meados do século XVIII; apenas na década de 1820 que ela passou a representar três dogmas: mercado de trabalho, padrão-ouro e livre comércio (POLANYI, 2012, p. 151). Assim, podemos perceber que o liberalismo também tinha uma concepção positiva de futuro, na qual a humanidade poderia chegar a um estágio melhor do que o atual se permitisse que o mercado fosse livre. "A chave para o sistema institucional do século XIX está nas leis que governam a economia de mercado" (POLANYI, 2012, p. 4). Para Polanyi, o mercado autorregulável era uma utopia, pois não poderia existir sem aniquilar a substância humana e natural da sociedade. Em contrapartida, a sociedade teria que tomar medidas para se proteger. "Nenhuma explicação poderá satisfazer se não levar em conta a rapidez do cataclisma" (POLANYI, 2012, p. 4).

Ao longo do século XIX podemos perceber que esta resistência à sociedade de mercado se torna cada vez mais consciente e atuante. Se cruzarmos a reflexão de Polanyi com a de Eley, podemos notar que esta resistência ganha corpo com o surgimento do socialismo, que por sua vez só é possível graças à ascensão da democracia. Para Eley, a democracia exige justiça social e soberania do povo (ELEY, 2005, p. 41), assim como análise econômica do capitalismo e programa político de reorganização da sociedade (ELEY, 2005, p. 44). É neste contexto que surge o socialismo. Após 1850, "social" contrastava com o modo de vida capitalista, propondo cooperação mútua contra a competição. Progressivamente estas ideias se difundiram e passaram a ser viáveis em um contexto em que as igualdades

ZOLA E AS PERCEPÇÕES DO TEMPO 169

formais contrastavam com as desigualdades materiais (ELEY, 2005, p. 45).

Já segundo Polanyi

> O socialismo é, na sua essência, a tendência inerente a uma civilização industrial de transcender o mercado autorregulável, subordinando-o, conscientemente, a uma sociedade democrática. Ele é a solução natural para os trabalhadores industriais que não veem qualquer motivo para que a produção não seja diretamente regulada e que os mercados sejam mais do que uma característica útil, mas subordinada, numa sociedade livre. Do ponto de vista da comunidade como um todo, o socialismo é apenas a continuidade do esforço de fazer da sociedade uma relação de pessoas nitidamente humana e que, na Europa Ocidental, sempre esteve associada às tradições cristãs. Do ponto de vista do sistema econômico, ele é, ao contrário, uma ruptura radical com o passado imediato, na medida em que ele rompe com a tentativa de fazer dos ganhos monetários privados o incentivo geral para as atividades produtivas, e não reconhece aos indivíduos particulares direito de disporem dos principais instrumentos de produção. Em última instância, é isto que torna difícil a reforma da economia capitalista pelos partidos socialistas, mesmo quando estes estão dispostos de forma a não interferir com o sistema de propriedade. A mera possibilidade de que eles decidam fazê-lo corrói aquele tipo de confiança que é vital na economia liberal, i.e., a confiança absoluta na continuidade dos títulos de propriedade. Embora o teor real dos direitos de propriedade possam sofrer uma redefinição por parte da legislação, a segurança da continuidade formal é essencial para o funcionamento do sistema de mercado (POLANYI, 2012, p. 256).

Eley define a esquerda como atitude democrática com legislativo em câmara única, judiciário eleito, supremacia do legislativo e direito de um voto para cada homem. A democracia social passou a ser a defesa de que os preceitos democráticos se estendessem à economia, mas junto a esta proposta se formava um problema: como instaurar a democracia social sem limitar as liberdades? (ELEY, 2005, p. 46). Com o triunfo da burguesia, a reivindicação passa de política a social e a liberdade esbarra mais uma vez no princípio de autoridade, agora do socialismo que se apresenta e nega o liberalismo (WINOCK, 2006, p. 207-208). No mesmo momento os operários franceses começaram a se reconhecer como uma *classe* especial (esse já era o termo utilizado) que precisava de representação (WINOCK, 2006, p. 562).

O socialismo sempre foi o núcleo da esquerda, mas como já vimos a esquerda é maior do que o socialismo e os socialistas sempre precisaram de aliados (ELEY, 2005, p. 28-29). Partidos de massas surgiram entre os socialistas, mas também atitudes não-democráticas, como o Blanquismo, surgiram em meio à esquerda (ELEY, 2005, p. 49). A derrota da Comuna de Paris, contudo, mostrou a necessidade de métodos democráticos e o modelo puramente insurrecional passou a ser dos anarquistas (ELEY, 2005, p. 50). Em *A união operária* Flora Tristan propôs a criação de um partido proletário que configuraria a classe operária então dispersa (WINOCK, 2006, p. 290). Flora Tristan não separava a causa das mulheres da causa proletária e entendia que a união dos trabalhadores podia superar a miséria em que viviam. Defendia que os trabalhadores precisavam se unir enquanto classe compacta, adquirir um imenso capital por meio de cotas voluntárias, adquirir com esse capital um poder real, e com esse poder prevenir a miséria e dar educação sólida para formar homens e mulheres instruídos intelectualmente e hábeis em suas profissões, e recompensar o trabalho tal como é devido (WINOCK, 2006, p. 300). Essa proposta, de 1843, impressiona pela semelhança com a estrutura da Internacional, que surgiu duas décadas depois.

Com o surgimento da Primeira Internacional, Marx conseguiu participação e garantiu a preponderância de suas ideias entre os meios de esquerda (WINOCK, 2006, p. 563). Para sabermos a influência de Marx e Engels em sua época, devemos focar em sua ação entre 1860 e 1880 (ELEY, 2005, p. 59), e é justamente neste contexto que se passa *Germinal*; contudo, a obra foi escrita após este período, ou seja, com a influência de Marx e Engels mais próxima de estar consolidada sobre a esquerda.

Zola apresenta a Internacional da seguinte forma: fundada em 1864, tendo Karl Marx como redator de sua carta de princípios; o sur-

ZOLA E AS PERCEPÇÕES DO TEMPO 171

gimento das primeiras seções francesas se deu em 1865. Étienne via na Internacional um esforço dos trabalhadores na luta do trabalho contra o capital, um primeiro passo em direção à justiça. Zola mostra uma visão utópica da organização da Internacional: primeiro a seção; em seguida, a federação; depois, o país; e, finalmente, a humanidade inteira, representada pelo conselho-geral (ZOLA, 1885, p. 149-163). Suvarin, por sua vez, discordava de Marx, que acreditava que os acontecimentos deviam seguir seu curso natural: "Incendeiem as cidades, arrasem tudo, aí, sim, quando não tiver sobrado nada deste mundo podre, talvez nasça um mundo melhor" (ZOLA, 1885, p. 149-163). Rasseneur e Étienne passaram a debater sobre a possibilidade de se montar uma seção em Montsou, que era a vontade de Pluchart, que presidia a Federação do Norte. Rasseneur questionou se os trabalhadores poderiam pagar as contribuições; Étienne defendia que era necessário criar uma caixa de previdência, pois para ele a greve era iminente (ZOLA, 1885, p. 149-163).

Marx e Engels eram contra o blanquismo e o vanguardismo; defendiam a tomada de poder por uma classe de forma democrática, mas o Estado precisava ser destruído, e para isso era necessária a "ditadura do proletariado"; isso era possível porque Marx entendia a democracia como participação, não como instituição parlamentar (ELEY, 2005, p. 64). Em 1875, todo país europeu já tinha um movimento alinhado às ideias de Marx. O Capital foi traduzido para o francês em 1875 (o original é de 1867) e o Manifesto Comunista foi traduzido para seis línguas entre 1871 e 1873. Eram lidos sobretudo pelos teóricos e lideranças, ou seja, uma minoria. Étienne, assim como a maioria das personagens de Germinal, portanto, não poderia ter tido acesso a estas obras de Marx, visto que, no período em que a obra se passa o Manifesto Comunista ainda não havia sido traduzido para o francês e O Capital ainda não havia sido publicado. Portanto, o único acesso que trabalhadores precariamente alfabetizados (assim como Étienne) poderiam ter ao pensamento de Marx seria através de seus comentadores de língua francesa. Logo, impõe-se um filtro, visto que a maioria dos socialistas franceses não era propriamente marxista, ainda que recebesse alguma influência de seu pensamento e vice-versa (ELEY, 2005,

p. 67). A isto, podemos somar uma pesquisa que demonstra que antes de 1914, apenas 4,3% dos empréstimos em bibliotecas operárias se relacionavam a ciências sociais e 4,4% estavam relacionados a filosofia, direito, religião, etc. 63,1% eram obras de ficção. Apesar de relativamente pouco lido, como percebemos através dos dados acima citados, Marx tinha muitos comentadores em várias línguas:

> Não surpreende que os primeiros intelectuais socialistas tivessem versões distorcidas de Marx. Eles só conheciam algumas ideias básicas: a primazia da economia na história; as leis naturais do desenvolvimento social; a base científica do socialismo; a luta de classes como motor da mudança; o proletariado como agente de progresso; a organização política independente da classe trabalhadora; a emancipação do trabalho como emancipação da sociedade. (…) o conhecimento do "marxismo" precedeu o conhecimento do próprio Marx e ofereceu os rudimentos da consciência popular socialista (ELEY, 2005, p. 68).

"Muitos textos maiores se confundem e desaparecem, e, por vezes, comentários vêm tomar o primeiro lugar" (FOUCAULT, 2013, p. 22). Estes princípios básicos das ideias de Marx, mais do que suas ideias propriamente ditas, ajudaram a formar a base do pensamento operário ao longo do século XIX. "Classe" virou o termo para "divisões sociais" entre 1780 e 1840. Os termos "socialismo", "classe trabalhadora" e "proletariado" surgiram na França e na Inglaterra no começo dos anos 1830, e na Alemanha uma década depois. Houve uma polarização da terminologia entre "operário" e "burguês" no terceiro quartel do século XIX, após as revoluções fracassadas de 1848 (ELEY, 2005, p. 73). Na França se defendia o socialismo das federações de trabalhadores (ELEY, 2005, p. 79). A década de 1860 (época em que se passa *Germinal*), contudo, foi um divisor de águas: a influência do modelo da Internacional era muito forte, apesar de seu número de afiliados não ser tão grande quanto sua força simbólica (ELEY, 2005, p. 89).

A social-democracia era a principal força de esquerda entre 1870 e 1914. Na França os socialistas sempre estiveram divididos, apelando para le-

ZOLA E AS PERCEPÇÕES DO TEMPO 173

gados não marxistas e tirando lições contraditórias da Comuna (ELEY, 2005, p.115). Desde os anos 1860 os social-democratas viam os parlamentos como elementos vitais para sua eficácia. Porém, para alguns críticos o Estado não era neutro, e outros o viam como um embuste (ELEY, 2005, p.118).

Após 1860, o anarquismo era a mais forte filosofia de esquerda contrária ao socialismo (ELEY, 2005, p.125). Não é por acaso, então, que Zola dá destaque a Suvarin, usando o termo "niilista" para se referir a ele em suas anotações (ZOLA, 1884a, p. 88). Suvarin era um ex-estudante de medicina russo que decidiu se tornar mecânico para estar mais perto do povo devido a suas inclinações socialistas. Vivendo na pensão de Rasseneur, acabou por tornar-se um importante interlocutor de Étienne, com quem discutia ideias revolucionárias. O russo tinha ideias muito mais radicais do que as do jovem francês. Étienne mantinha correspondência com Pluchart, que estava trabalhando para conseguir adesões à internacional. Nos diálogos entre Étienne, Rasseneur e Suvarin, Zola tenta mostrar as diferentes "esquerdas": Étienne seria o marxista clássico, inclinado a aderir à internacional e a lutar pela revolução; Rasseneur seria o moderado, defensor da transformação social gradual, e não da revolução; Suvarin seria um anarquista extremado, niilista, defensor da destruição da sociedade existente (ZOLA, 1885, p. 149-163). Por algumas entrevistas e declarações, é razoável acreditar que Zola tivesse ideias mais próximas das de Rasseneur. Em uma de suas falas, Suvarin discordava da proposta de se lutar por aumento de salário e lembrando do economista Ricardo, dizia que se os salários caíssem os trabalhadores morreriam, diminuindo a oferta de mão de obra, o que aumentaria os salários; se os salários subissem, a oferta de mão de obra faria o salário baixar: não havia o que fazer, a não ser destruir tudo (ZOLA, 1885, p. 149-163).

Os anarquistas defendiam, ao mesmo tempo, valores fundamentais, como cooperação, participação direta e controle local, e atitudes autoritárias de intervenção direta, mas não tinham grande coesão enquanto grupo até 1914.

> Em vez do processo parlamentar, os sindicalistas revolucionários celebravam a ação direta de sabotagens e greves; em lugar das burocracias centrais, eles

exigiam a iniciativa das bases; contra as eleições, propunham o valor revolucionário da greve geral. Na França, esse ímpeto ativista contrastava com a fraqueza partidária do socialismo eleitoral e seus sindicatos fracos (ELEY, 2005, p.126).

O anarquismo acabou sendo identificado com o terrorismo (ELEY, 2005, p.127), como é possível perceber no próprio *Germinal*. "Socialismo, comunismo, anarquismo e niilismo tornam-se as assombrações do fim do século XIX" (WINOCK, 2006, p. 733). O anarquismo também ganhou adeptos entre os boêmios dos anos 1880-1890 (ELEY, 2005, p.129), grupo que era fervorosamente combatido por Zola no meio literário por terem o perfil oposto ao do escritor profissional que Zola idealizava.

Com o socialismo surgiu uma presença "nova e perigosa". A indústria trouxe o "problema social" e as classes cultas passaram a distinguir os trabalhadores "respeitáveis" de outros. Começou-se então a se debater se o ambiente podia desmoralizar o trabalhador e aproximá-lo de socialistas e outros agitadores (ELEY, 2005, p. 73). A democracia era tão relevante para a proliferação e sucesso dos socialistas quanto a indústria (ELEY, 2005, p. 91); por outro lado, a desigualdade era essencial para a industrialização antes de 1914. Raramente a paisagem era completamente modificada e o ritmo de avanço era variado, gerando combinações complexas entre novas e velhas formas de produção. Isso trouxe um novo problema para a esquerda, visto que a população ainda era mista e estava majoritariamente fora da indústria. Isso dificultava a aplicação das ideias de Marx e a definição de classe trabalhadora (ELEY, 2005, p. 74).

O movimento operário costumava ser mais forte onde a industrialização se deu de forma paulatina (ELEY, 2005, p. 83). Isto porque ajudavam a formar, também paulatinamente, uma identificação do trabalhador com seu ofício, e consequentemente, uma identificação entre trabalhadores de ofícios semelhantes. É por este motivo, também, que os bairros ajudaram a formar classes (ELEY, 2005, p. 85), sendo possível traçar um paralelo entre os bairros operários e a vila de mineiros representada por Zola. O fato de

ZOLA E AS PERCEPÇÕES DO TEMPO 175

conviverem no trabalho, no bairro e nos momentos de lazer, ajudava também a fortalecer laços entre os trabalhadores.(ELEY, 2005, p. 86).

As transformações na forma de se perceber o trabalho, a política e a economia ajudaram a formar, entre os trabalhadores, uma nova percepção sobre o tempo, especialmente sobre o presente e o futuro. Apesar de a ascensão daquilo que podemos chamar de uma "consciência de classes", ainda há formas conflitantes de se perceber a "classe" e suas possibilidades de ação. Por isso, passaremos por alguns pensadores que ajudaram a formar algumas das ideias presentes entre os trabalhadores franceses.

Saint-Simon defendia que a economia era toda a política, e que uma espécie de "burguesia esclarecida" deveria assumir o poder. É visto como precursor do socialismo pela ideia de organização do trabalho, e também acreditava ser necessário suplantar a religião do Papa (WINOCK, 2006, p. 198).

Um dos debates que se apresentavam era: defender a liberdade incondicional ou o princípio de autoridade para organizar o trabalho e a classe? Para Flora Tristan, por exemplo, a emancipação devia ser feita pelos próprios trabalhadores (WINOCK, 2006, p. 304). George Sand, escritora contemporânea de Zola que teve uma trajetória que em muito lembra a de Flora Tristan, chegando a adotar um nome masculino e se vestir como homem para ganhar espaço em círculos políticos e literários preponderantemente masculinos, escreveu sobre a submissão da mulher a normas sociais que a aprisionavam (WINOCK, 2006, p. 306-308), dando destaque para o que hoje chamamos de "questões de gênero" dentro das discussões a respeito de liberdade. Adepta de uma espécie de socialismo impregnado de religião influenciado por Leroux, acreditava que a propriedade individual não era um problema em si, mas a propriedade que permitia dispor do trabalho de outros devia ser combatida (WINOCK, 2006, p. 314). Para Sand, a libertação da mulher estava subordinada ao estabelecimento de uma sociedade mais humana; defendia o progresso, ideias republicanas e a noção de igualdade (WINOCK, 2006, p. 315), mas acreditava que a república não seria um objetivo, mas um meio. Apesar de religiosa, via no catolicismo falta de liberdade e afastamento do Evangelho (WINOCK, 2006, p. 321).

Marx estava atento às utopias conhecidas na França e estudou a Revolução Francesa; seu "mergulho parisiense" foi primordial na gênese de seu pensamento fundado em três pilares: revolução francesa, filosofia alemã e economia política inglesa (WINOCK, 2006, p. 337). Entretanto, apesar das semelhanças profundas entre as ideias de Flora Tristan, que vimos em parágrafos anteriores, e alguns pontos da Primeira Internacional, Marx e seus companheiros não se referem à escritora francesa. Por que Marx e Engels ignoram Flora? O socialismo humanitário de Flora era alheio à luta de classes e sua visão místico-religiosa era incompatível com o materialismo. Além disso, ela não era revolucionária, se dizia contra a força bruta e seu apego ao princípio de liberdade também pode fazer com que os marxistas a vejam como suspeita. Contudo, segundo Winock, Marx e Engels têm para com ela a dívida de ela ter, antes deles, preconizado os operários como uma classe distinta e pregado sua união em um partido proletário (WINOCK, 2006, p. 303). Pode-se dizer que através de Flora Tristan, Marx adotou o postulado do movimento operário e a luta de classes (WINOCK, 2006, p. 336).

Proudhon, por sua vez, era um pensador saído do povo, isento da religiosidade ambiente dos socialistas franceses (WINOCK, 2006, p. 339), o que, a princípio, fez com que Marx o visse com bons olhos. Questionava a ideia de autoridade e defendia a autonomia dos grupos, o que gerou, mais tarde, sua ideia de federalismo (WINOCK, 2006, p. 343). Sentia-se solidário ao proletário, escrevia sobre a propriedade atacando-a e criticando a Igreja (WINOCK, 2006, p. 344), mas rejeitava a solução comunista (WINOCK, 2006, p. 345).

Proudhon acreditava na força das ideias, talvez não estivesse maduro para o materialismo hegeliano de Marx (WINOCK, 2006, p. 350). Marx passou a acreditar que a luta econômica e política devia preceder a religiosa, pois a alienação religiosa teria origem no estado do mundo material (WINOCK, 2006, p. 351). Do debate que se instaura entre Marx e Proudhon, surge este escrito de Proudhon a Marx:

Devo fazer-lhe também uma observação sobre estas palavras de sua carta: *no momento da ação*. Talvez o senhor ainda sustente a opinião de que, atualmente, nenhuma reforma seja possível sem um empurrão, sem o que antes chamavam de uma revolução, e que nada mais é do que um choque violento. Essa opinião que admito, que desculpo, que discutirei tranquilamente, visto que eu mesmo por muito tempo dela partilhei, confesso-lhe que meus últimos estudos fizeram-me abandoná-la inteiramente. Acredito que não tenhamos necessidade disso para obter sucesso; e, por conseguinte, não devemos situar a ação revolucionária como meio de reforma social, porque esse pretenso meio seria muito simplesmente um apelo à força, à arbitrariedade, em suma, uma contradição (WINOCK, 2006, p. 354).

Segundo Winock, "Proudhon é um *idealista*, preso ao primado da consciência e dos valores morais; Marx orgulha-se de ser *materialista*, adepto do realismo dialético" (WINOCK, 2006, p. 355), e por isso promovem dois tipos de socialismo: o *libertário* e o *político*. Proudhon criticou a ideia de se fazer uma revolução política sem se fazer uma revolução econômica. Além disso, acha que o sufrágio universal era a contrarrevolução, pois fazia com que as pessoas votassem nos que já tinham poder (WINOCK, 2006, p. 434). Mesmo não sendo exatamente um deles, Proudhon acabou sendo acolhido pela extrema-esquerda (WINOCK, 2006, p. 435) e se tornou uma de suas referências.

Proudhon defendia um socialismo "pela base" em oposição ao socialismo de Estado. Os contratos entre todos e cada um deveriam ser livremente consentidos, ideia que deu origem ao "mutualismo" (WINOCK, 2006, p. 557). Era contrário à noção de nacionalidade e acredita que elas devam ir se diluindo (WINOCK, 2006, p. 559), o que acabou se identificando com a ideia de internacionalismo.

O socialismo de Proudhon adquiriu então sua definição: "socialismo vindo de baixo", ele preconiza uma revolução fora do Estado pelo que chamaremos, no século seguinte, de autogestão, o agrupamento autônomo dos operários completado pelo sistema federativo (WINOCK, 2006, p. 560).

Comparando Proudhon e Marx, temos em comum a noção de mais valia, Estado como instrumento de classe, fim do Estado e da burguesia. A diferença entre os dois está nos meios: Marx quer a ditadura do proletariado, Proudhon quer a cisão. Por isso a greve e a participação eleitoral não faziam sentido para este último. Essas ideias começaram a penetrar na classe operária francesa na década de 1860, momento em que surgiram as primeiras candidaturas operárias (WINOCK, 2006, p. 561). A influência de Proudhon foi grande entre os franceses mesmo após sua morte, e quando Bakunin conseguiu uma posição na Internacional, ela voltou a crescer (WINOCK, 2006, p. 564).

Esse debate entre Marx e Proudhon é interessante em nosso estudo das concepções de tempo por demonstrar, ainda que por caminhos diferentes, a possibilidade de a ação no presente ser capaz de construir um futuro melhor. Em outras palavras, tanto Marx quanto Proudhon acreditavam que as ações dos trabalhadores poderiam modificar a sociedade e gerar um futuro em que a exploração de patrões e a miséria fossem superados.

Um outro debate interessante, que na verdade foi travado pelos seguidores e não propriamente pelos autores, se deu entre Marx e Darwin:

> Sob dois aspectos esse legado foi alterado na passagem de Marx para o marxismo. O primeiro foi a bifurcação dos movimentos operários nos ramos político e industrial. Como cada um passou a perseguir seus próprios fins reformistas, a luta unificada pela emancipação dos trabalhadores concebida por Marx se desintegrou. Outros compromissos de Marx com formas participativas de democracia direta também se perderam, tornando quase completamente parlamentares na forma as principais versões de democracia. Em segundo lugar, as interpretações de Engels e Kautsky do pensamento de Marx trouxeram o evolucionismo e o naturalismo para o materialismo histórico. Engels já havia dado o tom no discurso que fez à beira do túmulo de Marx, em que traçou paralelos com Charles Darwin: "Assim como Darwin desco-

briu a lei do desenvolvimento da natureza orgânica, Marx descobriu a lei do desenvolvimento da história humana". Engels elaborou essa afirmação em suas obras da década de 1880, que Kautsky então completou em seus trabalhos posteriores de popularização (ELEY, 2005, p. 69-70).

Havia forte relação entre Marx e Darwin nos meios operários no início do século XX. O século XVIII já havia se libertado da cronologia bíblica para pensar em termos evolutivos e, se recuarmos um pouco mais no tempo, já Descartes pensava em um universo surgido em etapas, ou seja, em um processo evolutivo (WHITROW, 2005, p. 30). Porém, o mesmo darwinismo que permitia pensar em termos de progresso e melhora constante, também permitia pensar em uma chave de acaso e incerteza. Ao acaso no surgimento das espécies, constatado por Darwin, unia-se o caos no universo: Poincaré, por exemplo, se deu conta, em seu trabalho, da falta de estabilidade no movimento dos planetas (GALISON, 2005, p. 73), movimentos tão complexos que não podiam ser representados graficamente[4] (GALISON, 2005, p. 76). Poincaré, contudo, não proclamou o fim da estabilidade, mas um aprimoramento dos cálculos; continuava acreditando em movimentos regulares muito complexos, não em falta total de regularidade (GALISON, 2005, p. 77). Se o universo e a vida não eram regulares e previsíveis, como mostravam os estudos de Darwin e Poincaré, o que garantia que a vida humana podia ser regrada e planejada? Se as ciências humanas buscavam leis semelhantes às leis das ciências naturais (POLANYI, 2012, p. 126), o que pensar quando as ciências naturais descobrem instabilidade onde se tinha certeza de estabilidade? Estas questões também estiveram presentes entre aqueles que pensavam a respeito de qual deveria ser a atitude dos trabalhadores frente a suas condições de vida.

Germinal, por sua vez, mostra que uma greve não é só um ato que reivindica melhores salários e condições de trabalho, mas o sintoma de

---

4   Apenas com o surgimento de uma física pós-moderna e de gráficos computadorizados foi possível representar estes movimentos, cerca de 100 anos após os estudos de Poincaré (GALISON, 2005, p. 76).

180   Rilton Ferreira Borges

uma crise na sociedade contemporânea (MITTERAND, 1986, p 99). Zola não era um socialista, no sentido de um partidário do socialismo, mas sim um reformista. Quando Zola fala em um "verdadeiro socialista", está atribuindo outro significado ao termo, mais próximo da ideia de oposição ao capitalismo, ou ainda aquele que se preocupa com o social, com o povo. Ainda assim, *Germinal* foi acolhido entre os socialistas e se multiplicaram os pedidos de reproduzi-lo, desfazendo-se o mal entendido de *L'Assomoir*, obra acusada pelos próprios socialistas de reproduzir uma imagem caluniosa dos operários (WINOCK, 2006, p. 735).

Podemos dizer que Zola se preocupa em mostrar, em *Germinal*, as diferentes visões de mundo presentes entre os mineiros que retrata. Estas visões incluem concepções políticas e, como insistimos desde o início, concepções de tempo. Estas concepções de tempo influenciadas por novas ideias políticas, sociais, econômicas e científicas, tinham também um evento histórico relativamente recente a influenciá-las: a Revolução Francesa de 1789.

Nas décadas que separaram Napoleão e Napoleão III,

> Um número cada vez maior de pessoas assume essa ideia mestra de que a Revolução não terminou, foi interrompida em pleno ímpeto e deve ser revivida. Sem violência, sem guilhotina, sem guerra. O amor e a fraternidade devem presidir a ressurreição (WINOCK, 2006, p. 388).

O tópico da revolução "interrompida" não está distante da ideia de uma revolução que "germinará": *Germinal* passa a ideia de uma transformação gradual, que ainda está por vir. A Revolução de 1830 começou como uma revolução da liberdade de expressão contra a censura do Estado, na qual a participação popular e o socialismo começaram a se firmar. Mas o socialismo também se utilizava do princípio de autoridade e o liberalismo era visto como suspeito. A contradição entre liberalismo e socialismo se estabeleceu também na sociedade literária e política (WINOCK, 2006, p. 11). Já 1848 se deu como uma grande decepção porque a república não se concretizou e o império se refez com o respaldo do sufrágio universal

(WINOCK, 2006, p. 12), e para a maioria dos literatos a Revolução de 1848 pareceu um grande fracasso, tanto para moderados, quanto para os radicais (WINOCK, 2006, p. 447). 1870-71 trouxe novos conflitos de projetos que resultaram na "República dos duques" (WINOCK, 2006, p. 13).

É interessante notar que a ideia da "revolução interrompida" ou "inacabada" também se aproxima de uma referência importante na juventude de Zola, que normalmente é tida como praticamente abandonada em sua maturidade: Michelet tinha ideologia republicana, patriota e laica. Entendia que a educação devia propagar esses valores e a reconciliação sem luta de classes.

> Por essa exaltação do povo, essa aversão a uma sociedade industrial, esse apelo à fraternidade entre classes, essa religiosidade anticlerical, a obra de Michelet apresenta um dos suportes ideológicos do republicanismo tal como será propagado por ocasião da Revolução de 1848. Seu programa não é socialista; ele preconiza o amor, defende a propriedade. Ao mesmo tempo é contrário ao burguês, que só conhece o povo pela *Gazette des tribunaux*, e preconiza o fim da separação entre o povo e as elites. Populista acima de tudo, pois acredita no *instinto* popular, ele confere ao povo (principalmente ao camponês) total confiança; inimigo dos grandes nomes – salvo... Joana d'Arc, por ser a jovem humilde que encarna, justamente, o povo e a pátria (...). Michelet é, antes do tempo, uma das mais ricas fontes do nacionalismo francês (WINOCK, 2006, p. 370).

A não ser pelo nacionalismo, que Zola combateria em sua participação no famoso Caso Dreyfus, a descrição feita por Winock das ideias de Michelet não está distante daquilo que conhecemos de Zola à época de *Germinal*.

A religiosidade também era um ponto a ser discutido em meio a estas concepções de mundo, economia, trabalho, política e sociedade. Em 1865, o lançamento de *La Révolution*, de Quinet, provocou polêmica ao formular a incompatibilidade entre o catolicismo romano e a herança revolucionária (WINOCK, 2006, p. 579). Quinet não professava o ateísmo, mas também não aderia a nenhum culto, referindo-se ao cristianismo como uma religião renovada e sem igreja. A revolução seria antagônica ao catolicismo, mas não ao cristianismo (WINOCK, 2006, p. 580).

Na década seguinte, Renan criticou o socialismo e a democracia como provocadores do fim da nobreza e causas da derrota para os alemães, por solaparem o espírito militar ao sobrepor o espírito de fruição (WINOCK, 2006, p. 676). Renan elogiou a Prússia por ter as virtudes que faltavam à França, associando-a ao Antigo Regime. Defendia uma "neomonarquia", de inspiração germânica e sem ligação com o clericalismo de direita: um regime aristocrático (WINOCK, 2006, p. 677). Renan defendia o legislativo em duas câmaras e uma espécie de filtragem do sufrágio universal, mas ainda liberal, defendeu também a descentralização administrativa. Queria mudanças na educação, tendo como exemplo as universidades alemãs para formar elites que reinariam pela ciência e não pelos salões. Passou a elogiar a guerra (WINOCK, 2006, p. 678). Taine tinha ideias parecidas com as de Renan: desconfiava da democracia e do sufrágio universal, pensava em distinguir uma aristocracia. Taine criticou a Comuna e a Assembleia: na democracia o governo eleito não pode ser derrubado por um golpe e a maioria deve respeitar os direitos da minoria. Taine acreditava que para compreender a França de então devia recorrer às fontes e remontar à crise do Antigo Regime e à Revolução (WINOCK, 2006, p. 681), ideia que muito se aproxima de Zola com os *Rougon-Macquart*, em que o passado relativamente recente explica o presente. Porém, Taine era crítico de Renan (WINOCK, 2006, p. 680). É interessante perceber como estes autores, "catalogados" à direita do pensamento político francês, tinham ideias muito semelhantes às adotadas por Zola (sobretudo no que diz respeito ao primado da ciência na política), inclusive sendo Taine uma de suas referências mais importantes e amplamente citada em suas anotações. Podemos perceber que Zola, apesar de associado à esquerda, não tinha problemas em beber de fontes da direita.

A controvérsia entre o "nacional" e o "internacional", muito presente nos debates políticos (ELEY, 2005, p. 25), também era um assunto extremamente relevante nos assuntos econômicos. E, como Zola fez em *Germinal*, não podemos separar as duas discussões como se fossem dis-

ZOLA E AS PERCEPÇÕES DO TEMPO — 183

tintas. E economia internacional do século XIX era regida pela crença no padrão-ouro, que se tornou hegemônica, posto que unia grupos opostos: para os socialistas, o valor do ouro inclui trabalho; para os ortodoxos, o ouro tem valor por ser útil e escasso: "Onde Ricardo e Marx tinham a mesma opinião, o século XIX não conheceu a dúvida" (POLANYI, 2012, p. 26). Portanto, não podemos dizer que o pensamento de Zola era "contraditório", visto que a esquerda e a direita também tinham seus pontos de convergência no século XIX. Polanyi entende ser necessário desmistificar o argumento liberal de que o protecionismo foi resultado de interesses agrários e de sindicalistas que arruinaram a maquinária automática do mercado. Numa perspectiva oposta, os marxistas argumentavam em termos igualmente seccionais.

> O próprio Marx seguiu Ricardo ao definir as classes em termos econômicos, e a exploração econômica foi, sem dúvida, um aspecto da era burguesa [...] No marxismo popular, isto levou a uma incipiente teoria de classe do desenvolvimento social [...] O imperialismo foi explicado como uma conspiração capitalista para induzir governos a se lançarem a guerras no interesse dos grandes negócios (POLANYI, 2012, p. 169).

Uma das críticas que Zola faz ao capitalismo diz respeito à obtenção do lucro como meta principal. O lucro, segundo Polanyi, nunca teve um papel importante nas relações humanas; embora o mercado exista desde da Idade da Pedra, seu papel era apenas incidental na vida econômica (POLANYI, 2012, p. 45). Para Zola, contudo, o principal problema estava na condição dos trabalhadores: "Um mercado de trabalho competitivo só foi estabelecido na Inglaterra após 1834; assim, não se pode dizer que o capitalismo industrial, como sistema social tenha existido antes desta data" (POLANYI, 2012, p. 90). Se o mercado de trabalho tem uma data de início, significa que é uma construção histórica; se é uma construção histórica, é fruto da ação humana; se é fruto da ação humana, pode ser organizado de outra forma. Portanto, Zola segue a ideia de que, da mesma forma que a condição de vida do trabalhador é fruto de escolhas e ações humanas, ela pode ser mudada através de escolhas e ações humanas. O pensamento de Zola não é distante da constatação de Polanyi que entende que

> O homem foi forçado a resignar-se à perdição secular: seu destino era se limitar a procriação da sua raça ou condenar-se irremediavelmente à liquidação através da guerra e da peste, da fome e do vício. A pobreza representava a sobrevivência da natureza na sociedade. A limitação dos alimentos e a ilimitação dos homens chegaram a um impasse justamente quando surgia a promessa de um aumento ilimitado de riqueza, o que apenas tornava a ironia mais amarga [...] Foi assim que a descoberta da sociedade integrou-se ao universo espiritual do homem (POLANYI, 2012, p. 91).

Na mina de carvão as relações de trabalho são um pouco diferentes, mas seguem o mesmo princípio da compra e venda de mão de obra. Na narrativa de Zola, após um acidente, a companhia precisou leiloar novos veios, e este leilão expôs o modo como a Companhia jogava os trabalhadores uns contra os outros na disputa pela exploração de cada área. Maheu só conseguiu o direito de explorar um veio porque reduziu muito o preço dos vagonetes e o salário de sua equipe. A situação indignou Étienne, que acabara de ser "promovido" a britador (ZOLA, 1885, p. 149-163).

O progresso, que Zola elogiava, contrastava com a pobreza, que Zola criticava. O capitalismo, visto por Raymond Williams como um processo ambíguo que aumenta a riqueza mas não a distribui (WILLIAMS, 2011, p. 141) se unia ao mito da decadência causada pela passagem da sociedade rural para a industrial, retirando do capitalismo a culpa pelos problemas da sociedade atual (WILLIAMS, 2011, p. 165). Zola, em suas obras, mostrava uma visão semelhante à de Williams, vendo a miséria como fruto não da industrialização em si, mas do tipo de industrialização que estava posto.

> Enquanto isto, foi em relação ao problema da pobreza que as pessoas começaram a explorar o significado da vida numa sociedade complexa. A introdução da economia política no reino do universal aconteceu em duas perspectivas opostas – a do progresso e do

ZOLA E AS PERCEPÇÕES DO TEMPO 185

> aperfeiçoamento, de um lado, e a do determinismo e
> da perdição, do outro. A sua tradução para a prática
> também foi alcançada por dois caminhos opostos;
> através do princípio da harmonia e da autorregula-
> ção, de um lado, e da competição e do conflito, do
> outro. O liberalismo econômico e o conceito de classe
> foram moldados dentro dessas contradições. Foi com
> a finalidade de um acontecimento elementar que um
> novo conjunto de ideias penetrou a nossa consciência
> (POLANYI, 2012, p. 92).

Seria a pobreza inerente ao desenvolvimento? Seria possível evitar a pobreza sem se prejudicar o desenvolvimento da sociedade? Estas perguntas, presentes entre aqueles que pensavam a sociedade no século XIX, também estavam relacionadas ao marxismo, ao darwinismo, ao pensamento da esquerda francesa, enfim, a todas as discussões políticas, científicas e sociais a respeito da possibilidade de ação dos trabalhadores em relação a seu presente e a seu futuro. O pauperismo era um tópico importante para os estadistas. Havia a necessidade de se encontrar o que fazer com os pobres (POLANYI, 2012, p. 117).

Através de Étienne, Zola se questionava: "Havia uma série de perguntas a serem respondidas: por que alguns eram tão pobres e outros tão ricos? Por que os ricos exploravam os pobres, que nunca tinham vez?" (Zola, 2000, p. 57-58).

Se Michelet acreditava que a máquina acorrentava e anulava o homem (WINOCK, 2006, p. 369), Robert Owen pensou o fenômeno da sociedade em uma chave semelhante à de Zola: assim como o autor naturalista, não tinha nada contra a máquina (a reconhecia como neutra); compreendia a diferença entre sociedade e Estado e, se a sociedade é real, o homem deveria submeter-se a ela em última instância (POLANYI, 2012, p. 140-141). O pensamento de Zola guarda algumas semelhanças com este raciocínio mas, em última instância, o autor naturalista confere à individualidade um papel importante, visto que os desejos do indivíduo não podem ser conformados a padrões sociais. Em todo caso, o indivíduo não pode se apartar da sociedade a que está atrelado.

Aqui temos outro problema. Se o indivíduo está inserido na sociedade, o que fazer quando esta sociedade passa a ser regulada pelo mercado?

> Durante um século, a dinâmica da sociedade moderna foi governada por um duplo movimento: o mercado se expandia continuamente, mas esse movimento era enfrentado por um contramovimento que cercava essa expansão em direções definidas. Embora tal contramovimento fosse vital para a proteção da sociedade, ele era, em última análise, incompatível com a autorregulação do mercado e, portanto, com o próprio sistema de mercado (POLANYI, 2012, p. 145).

Polanyi insiste na ideia de que a sociedade do século XIX, ao mesmo tempo em que se transformava em uma sociedade de mercado, se defendia desta transformação para não se autodestruir. "Esse sistema se desenvolveu aos saltos; engolfou espaço e tempo e, criando o dinheiro bancário, produziu uma dinâmica até então desconhecida" (POLANYI, 2012, p. 145).

> Homens urbanos, tomados pelo turbilhão da velocidade que levaria outros a inventar automóveis, telefones, aviões, máquinas de escrever e outros veículos movidos pelo desejo de fazer sempre mais, eles se revelaram incapazes de dominar um dado social simples, a necessidade dos seres humanos de conservar intacta a herança mental recebida de seus pais. À civilização da aceleração do tempo vai se opor, então – e com que resistência! -, a tendência inconsciente do indivíduo que se obstina em conservar as maneiras de viver e de sentir, assim como os esquemas intelectuais de seus ancestrais (MOLLIER, 2008, p. 35).

O trabalho (homem), a terra (natureza) e também o tempo passaram a ser mercadorias quantificáveis e valoráveis. "A perspicácia de Robert Owen provou ser verdadeira: caso se deixasse a economia de mercado se desenvolver de acordo com as suas próprias leis, ela criaria grandes e permanentes males" (POLANYI, 2012, p. 145).

> Separar o trabalho das outras atividades da vida
> e sujeitá-lo às leis do mercado foi o mesmo que
> aniquilar todas as formas orgânicas da existência
> e substituí-las por um tipo diferente de organi-
> zação, uma organização atomista e individualista
> (POLANYI, 2012, p. 183).

Esta destruição foi ainda mais forte com a ampliação do princípio da liberdade de contrato. Assim, todas as relações não contratuais, como parentesco, vizinhança, profissão e credo deveriam ser aniquiladas, pois limitariam a liberdade do indivíduo. Em nome da não intervenção, os defensores da economia liberal acabaram defendendo um outro tipo de intervenção, que impedia a reformulação espontânea das relações entre indivíduos.

Zola escreve *Germinal* observando a concretização de uma sociedade em que tudo, pelo menos teoricamente, pode ser comprado. É isto que destrói a sociedade, corrompe os trabalhadores, impede a formação de uma política e de uma cultura pautadas em valores "naturalistas". Não é possível que o homem seja virtuoso se ele é uma mercadoria; não é possível que a sociedade se desenvolva de forma sadia se ela apenas visa o lucro; não é possível desfrutar dos avanços científicos se estes servem apenas aos capitalistas. E é isso, também, que explica a guerra entre o trabalho e o capital:

> É a partir desses dois ângulos, portanto, que preten-
> demos esboçar o movimento que modelou a histó-
> ria social do século XIX. Um se originou do choque
> entre os princípios organizadores do liberalismo
> econômico e a proteção que levou a uma tensão
> institucional profundamente arraigada. O outro
> surgiu do conflito de classes que, interagindo com
> o primeiro, transformou a crise numa catástrofe
> (POLANYI, 2012, p. 149).

Está claro para nós que Zola denuncia o liberalismo econômico extremo como culpado pela destruição da sociedade. Entretanto, a visão liberal da sociedade culpava os movimentos antiliberais de terem destruído a possibilidade de uma sociedade liberal ideal.

> Os modismos intelectuais não desempenharam qualquer papel nesse processo; de fato, não havia lugar para o preconceito que o liberal vê como força ideológica por trás do desenvolvimento antiliberal. Embora seja verdade que as décadas de 1870 e 1880 viram o fim do liberalismo ortodoxo e que todos os problemas cruciais do presente têm sua raiz nesse período, seria incorreto dizer que a mudança para um protecionismo social e nacional fosse devida a qualquer outra causa além da manifestação das fraquezas e perigos inerentes a um sistema de mercado antirregulável. Isso pode ser demonstrado em mais de uma forma (POLANYI, 2012, p. 162).

Polanyi entende os movimentos coletivistas como tendo natureza puramente prática, pragmática. Seus defensores eram geralmente partidários do *laissez-faire* e não viam contradição entre suas convicções e certos ajustes ao mercado. Mesmo assim eram opositores do socialismo e de qualquer forma de coletivismo (POLANYI, 2012, p. 163).

Aqui faz-se necessária uma distinção. "Intervencionismo" é o oposto de *laissez-faire*. Os liberais, dessa forma, chamavam de "intervencionismo" o que era oposto a suas ideias. Contudo, "liberalismo econômico" e *laissez-faire* não eram a mesma coisa:

> O liberalismo econômico é o princípio organizador de uma sociedade na qual a indústria se baseia na instituição de um mercado autorregulável. É verdade que, uma vez atingido um tal sistema, mesmo aproximadamente, é cada vez menos necessário um certo tipo de intervenção. Todavia, isto não quer dizer que sistema de mercado e intervenção são termos mutuamente exclusivos. Enquanto este sistema não é estabelecido, os liberais econômicos apelarão, sem hesitar, para a intervenção do estado a fim de estabelecê-lo e, uma vez estabelecido, a fim de mantê-lo. O liberal econômico pode, portanto, sem qualquer contradição, pedir que o estado use a força da lei; pode até mesmo apelar para as forças violentas da guerra civil a fim de organizar as precondições de um mercado autorregulável (POLANYI, 2012, p. 166).

Em outras palavras, o que Polanyi tenta deixar claro é que um sistema que prega a não intervenção de Estado, ou de quem quer que seja, só pode ser alcançado após uma grande intervenção que regule os mercados e a sociedade. Portanto, continuamos a falar de ações presentes que ajudam a delimitar o futuro.

> A acusação de intervencionismo por parte de autores liberais é, portanto, um *slogan* vazio, implicando a denúncia de um único e idêntico conjunto de ações conforme eles possam aprová-las ou não. O único princípio que os liberais podem manter sem cair em contradição é o do mercado autorregulável, quer ele os envolva em intervenção ou não (POLANYI, 2012, p. 167).

Apesar de estarem em campos opostos na luta pelo que podemos chamar de "ação no presente que modificará o futuro" (ou política, se o leitor preferir), liberais e marxistas concordavam ao atribuir aos interesses secionais o movimento protecionista, ao responsabilizar as tarifas agrárias pela força política dos latifundiários reacionários; ao fazer da fome de lucro dos magnatas industriais a responsável pelo crescimento das formas monopolísticas de empresas; ao apresentar a guerra como resultado da agressividade dos negócios. "Defendendo a perspectiva das classes em oposição, liberais e marxistas apresentaram proposições idênticas" (POLANYI, 2012, p. 170). Mais uma vez, podemos perceber que a esquerda e a direita guardam semelhanças fundamentais, pois partem de princípios semelhantes. Isso ajuda a explicar porque Zola consegue reunir, sem nenhuma contradição, pensamentos que partem tanto da direita, quanto da esquerda.

Os trabalhadores, então, precisaram reagir. Mas, para Polanyi, esta reação foi mais espontânea e pragmática do que propriamente organizada. Já vimos nas páginas anteriores diversos pensadores e suas propostas de organização e/ou ação para os trabalhadores, que certamente influenciaram estes movimentos; porém, se acreditarmos em Polanyi, esta reação foi muito mais em nome da sobrevivência concreta do que em nome de ideias. Mesmo assim, para que tivessem sucesso, precisavam de organização:

> Ocorre, ainda, que as oportunidades das classes em luta dependerão da sua habilidade em ganhar apoio fora da sua própria coletividade, e isso também dependerá da possibilidade de executarem as tarefas estabelecidas por interesses mais amplos do que o seu próprio (POLANYI, 2012, p. 170).

Esta noção tem uma incrível semelhança com a ideia de campo proposta por Bourdieu e que discutimos no capítulo 2 a respeito do campo literário. O que Polanyi chama de "própria coletividade" poderíamos chamar de "campo de ação dos trabalhadores" e o "apoio de fora" é muito semelhante à relação com o campo de poder. Os "interesses mais amplos do que o seu próprio" são as relações entre os campos de ação dos trabalhadores e o campo de poder. Em suma, o artista, o trabalhador, o político, etc., formaram campos de atuação que se relacionam, seja em forma de cooperação, seja em forma de conflito, entre si e com o poder. O sucesso e força de cada um destes campos pode ser medido com base nas articulações estabelecidas com outros campos. Assim sendo, o campo literário, à época de Zola, fortaleceu e foi fortalecido pelo campo correspondente à ação política dos trabalhadores. O campo literário se constitui na e pela oposição ao mundo burguês (BOURDIEU, 1996, p. 75), e isto acaba valendo também para a formação dos movimentos de trabalhadores.

Por causa da diferença de cerca de meio século entre a industrialização da Inglaterra e a do continente (ao passo que a organização da unidade nacional teve uma diferença ainda maior), precisaremos recuar algumas décadas para comparar a situação da Inglaterra com a descrita por Zola. As classes trabalhadoras participaram do processo de construção do Estado, o que fortaleceu sua experiência política.

> Numa era industrial, um processo como esse não podia deixar de compreender também uma política social [...]. Assim, através da sua influência na legislação, os partidos socialistas e os sindicatos profissionais encontraram muitas aberturas para atender aos interesses do trabalhador industrial também nessa esfera mais ampla (POLANYI, 2012, p. 196).

ZOLA E AS PERCEPÇÕES DO TEMPO   191

A partir de 1832, e depois com a *Poor Law Amendment* de 1834, alterou-se a forma de se pensar a sociedade: o grupo genérico dos "pobres" foi dividido em indigentes e trabalhadores independentes. Isso criou uma nova categoria de pobre, o desempregado. O desempregado, em favor da indústria, não podia ser assistido. A questão não era a possibilidade ou não de encontrar trabalho, mas a possibilidade de desestruturar o sistema salarial, jogando toda a sociedade na miséria. O trabalhador era emancipado, mas, ao mesmo tempo, jogado à própria sorte (POLANYI, 2012, p. 246). Podemos reconhecer este "desempregado" em Étienne, mesmo se tratando de outra localidade e outra época.

Organizados e em uma luta contra a desarticulação da sociedade, os trabalhadores começaram a ganhar espaço na política e nas artes. Desde 1831 a França enfrentava greves e revoltas todos os anos e os pensadores estimulavam uma corrente socialista (a palavra é de uso corrente desde a década de 1830). Um movimento operário ganha forma, ora autônomo, ora baseado na oposição republicana (WINOCK, 2006, p. 268). Em *Germinal*, Zola se volta para esta luta em seu momento mais dramático: a greve.

O desfecho da greve, com tiros contra os trabalhadores, tem o seguinte comentário de Zola: "O sangue do Império de Napoleão III também corria por aquela ferida aberta" (ZOLA, 2000, p. 236). Apesar de praticamente não ser citado no romance, Napoleão III era também responsável, na visão de Zola, por toda a miséria daqueles trabalhadores, por ter um governo que protegia o capital ao invés do trabalho. É interessante notar o paralelo entre a crítica de Zola a Napoleão III e a crítica de Balzac a Luís Filipe I, cujo governo acusava de se proibir de se colocar entre os trabalhadores e patrões, mas que se permitia "atirar contra as massas que se reúnem nas ruas e cometem atos criminosos" (WINOCK, 2006, p. 269). Zola e Balzac concordavam que o erro estava no governo que usa a força contra o povo, nunca no povo que se manifesta.

Antes da greve, porém, havia a possibilidade de insubordinação pura e simples. Em um dos diálogos entre Étienne e Catherine, surge o assunto:

— Você é mecânico. Por que foi despedido da ferrovia?

— Porque dei um soco no chefe (Zola, 2000, p. 27-28).

Catherine se espantou com esta resposta, pois estava acostumada à subordinação. Em outra cena, Maheu se referia ao trabalho com as escoras de madeira em uma parte do teto que estava cedendo. A passagem segue com os trabalhadores reclamando das más condições do terreno que não foram levadas em conta ao se negociar o pagamento pelo trabalho naquele veio. Os trabalhadores, além de extrair o carvão, eram também responsáveis pela manutenção e pela segurança de seus locais de trabalho. O medo de espiões e de possíveis conflitos com os patrões fez com que Maheu pedisse aos companheiros que parassem de falar mal da Companhia. Mais uma vez, Zola mostra como Maheu era um empregado altamente subordinado (ZOLA, 1885, p. 54-66). A cena segue com Maheu questionando o engenheiro Paul Négrel, dizendo que se recebessem o suficiente poderiam escorar melhor o teto, ao que o engenheiro não respondeu, apenas ameaçando-os de multá-los caso não melhorassem as escoras.

> Um leve murmúrio de descontentamento foi a resposta a estas palavras. A força da hierarquia continha os mineiros, aquela hierarquia militar que do aprendiz ao capataz curvava os operários uns sobre os outros (ZOLA, 2000, p. 32).

Para Zola o princípio de autoridade aí presente era maléfico. A cena prossegue: o engenheiro continuou a inspecionar a mina e a reclamar dos escoramentos. Ao que Chaval, um dos mineiros, tentasse retrucar, Négrel não o deixou falar e disse que se quisessem ser pagos pelo revestimento do teto, o preço do vagonete diminuiria, o que prejudicaria os mineiros. Quando o engenheiro se afastou, foi a vez do capataz fazer ameaças. Maheu explodiu:

> — Não é justo! Gosto de conversar com calma, porque é a única maneira de se entender. Mas, como eles só fazem ameaças, dá raiva. Vocês ouviram? Vão diminuir o preço do vagonete e pagar o revestimento à parte. Mais um jeito que arrumaram de diminuir o pagamento. Droga! (Zola, 2000, p. 33)

Esta situação era o início de uma revolta: a notícia se espalhou entre os mineiros, que "acusavam a Companhia de matar metade dos operários dentro da mina enquanto a outra metade morria de fome" (ZOLA, 1885, p. 54-66). Étienne se alegrava com a situação, pois para ele era o começo de uma rebelião. Étienne, por ser mais instruído, não tinha a mesma resignação dos mineiros e achava que estrangularia algum chefe. Zola justapõe, sempre que possível, a subordinação dos mineiros à insubordinação de Étienne (ZOLA, 1885, p. 67-78).

As articulações políticas começam quando o jovem decide ficar e Maheu, incentivado por Catherine, se oferece para conseguir crédito para Étienne. Saindo da mina, ao passarem pela taverna Avantage, Maheu chamou o jovem e tentou conseguir para ele um quarto e crédito para uma quinzena. Rasseneur, o taverneiro, inicialmente negou, mas mudou de ideia quando Étienne disse que conhecia Pluchart, um líder político revolucionário, que mantinha contato com Rasseneur e sua esposa. Com crédito, um lugar para dormir, a presença de Catherine e o "cheiro de revolta que brotava da mina", Étienne decidiu permanecer. "Queria descer de novo na mina para sofrer e lutar" (ZOLA, 1885, p. 67-78).

Étienne questiona a visão de mundo dos operários: agora os trabalhadores se organizam em associações, aprenderam a lutar por seus direitos; não precisam de um deus para serem felizes; um dia os burgueses trabalharão como os empregados; o trabalhador também tem o direito de gozar a vida. Maheu começa a se exaltar com estas ideias. Para Étienne, "a velha sociedade estava podre, podia durar só mais alguns meses" (ZOLA, 1885, p. 181-193).

Zola também mostra o ponto de vista burguês da greve. Para Hennebeau, diretor da mina, a greve se dava pela falta de compreensão dos operários, que não entendiam que a Companhia era obrigada a baixar os preços para conseguir vender os estoques, ou seja, a Companhia apenas seguiu aquilo que a livre concorrência determinava. Deneulin, dono de outra mina, mais adiante, discorda, dizendo que o preço deve baixar com o aumento da produção (oferta e procura), caso contrário só os mineiros arcariam com os prejuízos. Após breve discussão, o assunto voltou a ser a greve. Hennebeau acha que a greve durará pouco, pois "quando eles tiverem fome, voltarão ao trabalho" (ZOLA, 1885, p. 221-238).

A própria possibilidade de ação dos trabalhadores é limitada pelo mercado: só vão lutar enquanto não tiverem fome; tendo fome, voltarão ao trabalho e se submeterão às regras postas.

A Internacional ainda poderia ser uma alternativa, na perspectiva de que os trabalhadores de todo o mundo se apoiariam. Étienne tentou levar Pluchart para uma reunião para que este convencesse os mineiros de Montsou a aderirem à Internacional e receberem dela ajuda. Rasseneur tentou impedir a reunião com a seguinte justificativa:

> Ergueu a voz e continuou discorrendo, com clareza, sobre a estupidez de acreditar que se poderia mudar o mundo de repente, substituir os patrões pelos empregados, dividir o dinheiro como se divide uma maçã. Seriam necessários milhares de anos para que isso talvez se realizasse. A melhor maneira de não quebrar a cara era agir corretamente, exigir da Companhia as reformas possíveis para melhorar a situação dos trabalhadores em vez de radicalizar, pois isso seria a desgraça para todos (ZOLA, 2000, p. 94).

Rasseneur volta a se colocar contra qualquer tipo de revolução, acreditando sempre nas reformas que trazem mudanças graduais e melhorias pontuais aos trabalhadores. Étienne, por sua vez, tinha ideias "amadurecidas, mas pouco claras". Havia estudado, mas ainda misturava frases e conceitos de diferentes autores. Tinha Marx e Proudhon destacados em seu pensamento, e aqui Zola nos dá algumas pistas de como ele próprio compreendia estes pensadores (ZOLA, 2000, p. 95). Cita Lassalle e compõe o pensamento de Étienne como uma mistura das diferentes ideias de esquerda que circulavam em sua época. Em seguida, Suvarin toma parte no diálogo e se entusiasma com Bakunin (ZOLA, 2000, p. 97). Zola caracteriza Bakunin apenas como um radical, sem mais detalhes, diferente da forma como fala dos autores antes citados, dos quais faz questão de mostrar uma síntese das ideias principais. Bakunin é citado por Suvarin apenas como alguém capaz de destruir tudo, "o mestre; o exterminador". Étienne quer

ZOLA E AS PERCEPÇÕES DO TEMPO 195

compreender por que Suvarin quer "destruir o mundo", e questiona aonde se chegaria com isso; o russo conclui da seguinte forma:

> Qualquer raciocínio sobre o futuro é criminoso, pois impede a destruição pura e atrapalha a marcha da revolução (ZOLA, 2000, p. 98).

No programa "radical" de Suvarin o futuro não pode ser planejado, pois isso seria antirrevolucionário; no programa reformista de Rasseneur, a revolução está em um futuro distante, por isso é necessário conquistar mudanças práticas e de curto prazo para se ter um presente em constante melhora; no pensamento revolucionário de Étienne, a mudança pode se dar a qualquer momento, de forma total e rápida, mas para isso é necessário planejamento das ações e se vislumbrar um futuro determinado. Esta passagem sintetiza as visões de futuro com as quais Zola se depara em sua obra: o "caos", um "futuro presente" (preocupar-se apenas como o que pode ser mudado agora) e um futuro "utópico".

Sutilmente, Zola mostra que, em sua visão, tanto o sentimento revolucionário como o sentimento religioso esperam por soluções futuras e utópicas para os problemas do presente. O presente, nestas duas perspectivas, portanto, é apenas uma preparação para um futuro glorioso que certamente virá, mas não se sabe ao certo quando. Zola usa uma passagem, que retomaremos no capítulo 4, em que um padre visita a aldeia para chamar os mineiros à missa, para mostrar o anticlericalismo da esquerda francesa como um sentimento quase natural dos mineiros contra os padres que sempre estiveram do lado dos burgueses.

Depois do padre, a família recebeu a visita de um médico para cuidar de Alzire, mas ela faleceu durante a visita. O médico reclamou que em toda a vila havia crianças morrendo por falta de alimento. A mãe se desesperou, pedindo para que ela também morresse. O "desespero", com o sentido literal de falta de esperança, é exatamente o que Zola quer contrapor à esperança de mudança, que não mais está entre os mineiros. Maheu e outros trabalhadores tiveram suas carteiras de trabalho devolvidas, o que significava que seriam demitidos da mina. A greve já não trazia nenhuma perspectiva, mas a simples volta ao trabalho também não traria. Mais uma vez, o futuro não se mostrava melhor do que o presente (ZOLA, 1885, p. 433-447).

A Companhia começou a empregar trabalhadores belgas para retomar o trabalho, mais uma derrota dos grevistas. A Internacional, por sua vez, também ia mal:

> Depois de ter conquistado os operários do mundo todo, provocando medo à burguesia, a Internacional estava sendo destruída por uma guerra interna, devorada pelas vaidades e ambições. Desde que os anarquistas (que pregavam a mudança violenta da sociedade) venceram, afastando da associação os evolucionistas (que acreditavam na evolução social sem confronto), a coisa ia mal; o principal objetivo, a reforma salarial, não era definido por causa da rivalidade entre as facções. E já se podia prever a derrota daquele levante de massas, que havia ameaçado por um momento acabar com a sociedade podre (ZOLA, 2000, p. 158).

Tanto a greve, como a Internacional, estavam fadadas ao fracasso. Não eram mais do que lampejos que assustavam a burguesia, mas que não tinham forças para derrotá-la (ZOLA, 1885, p. 448-459). Isto não quer dizer que Zola veja como impossível a emancipação dos trabalhadores; o que ele critica são as formas abruptas de se transformar a sociedade. Zola defende o processo gradual e ininterrupto, igual ao da ciência e da natureza. E é por isso que Zola identifica na greve o germinar de uma nova sociedade, não como uma explosão, mas como um desabrochar. Portanto, a sociedade desejada começa a ser construída no presente, mas só é possível que ela se torne real no futuro. Em *Germinal* o mito revolucionário se dá em torno da dialética entre a dominação e a revolta (MITTERAND, 1986, p. 90).

O TEMPO DA AÇÃO E O TEMPO DA NARRAÇÃO

> *O tempo torna-se tempo humano na medida em que está articulado de modo narrativo, e a narrativa alcança sua significação plenária quando se torna uma condição da existência temporal*
>
> Paul Ricoeur

TEMPO, CORPO E TRABALHO EM *GERMINAL*

> *Aqueles que são contratados experienciam uma distinção entre o tempo do empregador e o seu "próprio" tempo. E o empregador deve usar o tempo de sua mão de obra e cuidar para que não seja desperdiçado: o que predomina não é a tarefa, mas o valor do tempo quando reduzido a dinheiro. O tempo é agora moeda: ninguém passa o tempo, e sim o gasta*
>
> E.P. Thompson

De Descartes a Kant, acreditava-se que o homem seria dotado naturalmente de formas de ligação dos acontecimentos, detre elas o tempo; ou seja, seria uma característica inata. Para Elias, estas relações são aprendidas e experimentadas (ELIAS, 1998, p. 34). Para Kant o tempo não era uma característica dos objetos externos, mas da mente subjetiva que deles tem consciência. Portanto, a ideia de tempo linear partiria do fato de sermos criaturas racionais, o que não pode ser comprovado historicamente, posto que outras civilizações tinham outras concepções de tempo (WHITROW, 2005, p. 33). Nossos ancestrais utilizariam conceitos mais "concretos" para se referir ao tempo (provavelmente "sono" para se referir a "noite", "colheita" para se referir a ano", etc.) (ELIAS, 1998, p. 35). A percepção de continuidade do tempo, por sua vez, só é perceptível com os instrumentos de "medição" (ELIAS, 1998, p. 36).

Hannah Arendt (2004) delineou uma série de distinções entre o *"homo faber"* e o *"animal laborans"*, identificando estes tipos de homens a partir de sua relação com o trabalho. A principal distinção, da qual decorrem as demais, é que o *homo faber* exerce seu trabalho sobre a natureza, ao passo que na atividade do *animal laborans* o trabalho se confunde com os ritmos naturais. Thompson (1998), por sua vez, estabelece uma distinção entre o trabalho "pré-industrial" e o trabalho "industrial", tendo como referencial a relação do trabalho com as noções de tempo. Em comum, estas duas categorizações (*homo faber/animal laborans*; trabalho pré-industrial/ trabalho industrial) têm o fato de adotarem a atividade humana como centro e, por consequência, relacionam-se com o modo como o corpo se adapta a cada atividade. Ao relacionarmos estas duas categorizações, podemos nos aproximar da compreensão dos processos que resultaram em uma nova concepção de tempo após a Segunda Revolução Industrial e, assim, propor uma perspectiva de análise para as relações entre tempo, corpo e trabalho em *Germinal*.

Para se compreender esta mudança, faz-se necessário abordar o estudo que Thompson faz sobre o mundo que chama de "pré-industrial". Em seu trabalho *"Tempo, capitalismo industrial e a disciplina do trabalho"* (THOMPSON, 1998), enumera uma série de exemplos para demonstrar que, antes do trabalho ser regulado pelo tempo do relógio, ele era regulado por um ritmo natural. O que Thompson chama de "ritmo natural de trabalho" diz respeito a necessidades ligadas às condições que a natureza proporciona: o ritmo do trabalho na época da colheita é um; na época do parto dos animais, é outro; há um tempo para se plantar, outro para se colher, segundo os ciclos naturais; há um tipo de trabalho a ser feito no verão, outro no inverno, e assim por diante. "Naturalmente" os trabalhadores usam mais ou menos horas do dia segundo a tarefa que se desenvolve naquele momento. O ritmo do trabalho é ditado, portanto, pela necessidade de momento (THOMPSON, 1998, p. 271). Esta noção apresentada por Thompson não é muito diferente daquela que Hannah Arendt descreve ao apresentar o *animal laborans*, para o qual o ritmo do trabalho se confunde com os ritmos naturais (ARENDT, 2004, p. 153), ainda que as duas concepções não sejam totalmente coincidentes, como discutiremos a seguir. Segundo Elias, as relações sociais fazem adaptar o relógio biológico em função do relógio social. Em sociedades simples a regulação se dá pelas possibilidades oferecidas ou negadas pela natureza externa.

> Assim, existem etapas na evolução das sociedades em que os homens não encontram problemas que exijam uma sincronização ativa das ocupações de seu grupo com outras mudanças em andamento no universo. Essa situação se modifica sensivelmente a partir do momento em que os próprios homens passam a produzir seu alimento (agricultura) (ELIAS, 1998, p. 42).

Há três questões a respeito da orientação das tarefas segundo a necessidade (THOMPSON, 1998, p. 271):

1º: esta organização do trabalho parece ser mais humana do que o trabalho com horário marcado;

2º: a separação entre "o trabalho" e "a vida" parece ser menor nestas sociedades do que onde o trabalho tem hora marcada e, portanto, segue um ritmo diferente do restante da vida. Além disso, as relações sociais no trabalho e fora dele tendem a se construir separadamente;

3º: quando o trabalho tem hora marcada, ele parece ser menos urgente e pode ser protelado para o momento seguinte.

A passagem do trabalho do camponês ou artesão independente para o emprego de mão de obra é o que leva, segundo Thompson, à necessidade do trabalho de hora marcada, pois o tempo passa a ser dinheiro do empregador. Ainda que a regulação do tempo de trabalho possa ser feita sem relógios, a partir do século XVII a expectativa da produção era calculada em "dias de trabalho". Para o empregador era mais fácil calcular o tempo de trabalho efetivo do que aquilo que era produzido pelo empregado:

Essa relação incorpora uma relação bem simples. Aqueles que são contratados experienciam uma distinção entre o tempo do empregador e o seu "próprio" tempo. E o empregador deve usar o tempo de sua mão de obra e cuidar para que não seja desperdiçado: o que predomina não é a tarefa, mas o valor do tempo quando reduzido a dinheiro. O tempo é agora moeda: ninguém passa o tempo, e sim o gasta (THOMPSON, 1998, p. 272).

Segundo o raciocínio de Thompson o processo que leva do trabalho do camponês ou artesão individual ao trabalho da mão de obra nas fábricas se completa com a adoção do pagamento por hora de trabalho e não por atividade realizada.[1] Esta não era a situação dos mineiros descritos por Zola, que tinham uma forma de pagamento híbrida entre o pagamento por tarefa e o pagamento por dia de trabalho: a empresa de mineração pagava um determinado valor por vagonete de carvão extraído ao líder de cada grupo de mineradores, que por sua vez pagava a seus companheiros segundo a atividade realizada. A família de Maheu, por exemplo, tinha a seguinte remuneração: o pai e o filho mais velho ganhavam três francos cada; a filha e o avô ganhavam dois francos cada; o filho menor, um franco. Esta remuneração era fixa, mas para ser garantida o grupo devia extrair um número mínimo de vagonetes, caso contrário, o grupo não receberia o suficiente para que todos fossem pagos conforme o acerto estipulado e, muitas vezes, para se receber o mínimo necessário para sobreviver era necessário trabalhar no limite da capacidade do corpo. Esta situação se situa entre o trabalho não industrial, sem hora marcada, no qual o trabalhador pode protelar uma atividade ou trabalhar em um ritmo próprio, e o trabalho tipicamente industrial, no qual o trabalhador tem horários estabelecidos e um ritmo determinado de trabalho, ainda que estas "imposições" pudessem ser dribladas em diferentes circunstâncias. Na mina o trabalhador cria os próprios ritmos, mas a ele não é dada opção de protelar o trabalho ou diminuir o ritmo, visto que a necessidade de produção e a relação entre

---

1 Kern (2003, p. 15) acrescenta que a noção de que "tempo é dinheiro" tornou-se bastante difundida, sendo inclusive representada na literatura.

produção e pagamento o forçam a manter um ritmo determinado. Com isso há proximidade entre a descrição de Zola para o trabalho dos mineiros e o entendimento que Thompson tem do trabalho nas manufaturas, onde o grau de sincronização necessário era pequeno e cada trabalhador exercia tarefas múltiplas. Além disso, o trabalho ainda estava muito vulnerável a imprevistos naturais (o mau tempo podia atrapalhar o transporte de materiais, por exemplo). Assim, o trabalho nas manufaturas ainda era regulado pelas tarefas, um tipo de organização que não aceita cronogramas precisos (THOMPSON, 1998, p. 280-281). Por este ângulo, o trabalho dos mineiros era bastante próximo do trabalho das manufaturas. No mesmo sentido, Eley (2005, p. 43) afirma que a mineração era uma das atividades na segunda metade do século XIX que necessitava de trabalhadores do tipo artesão profissional. A percepção do tempo necessária a estes trabalhadores pressupõe seres dotados de um poder de síntese acionado e estruturado pela experiência. O tempo, portanto, passou a ser um meio de orientação (ELIAS, 1998, p. 33).

> O que caracteriza o conceito de "tempo" não é somente sua função de símbolo de uma síntese prodigiosamente vasta, de uma "abstração" realizada em nível altíssimo, mas também o fato de que as relações que ele representa simbolicamente nunca se estabelecem entre pessoas ou situações objetivas determinadas [...] É um símbolo puramente relacional (ELIAS, 1998, p. 107).

A coordenação do tempo era uma questão para a escola, que precisava regular os relógios das salas de aula, mas também para cidades, linhas de trem e nações. A sincronização dos relógios se tornou uma questão também para as linguagens da ciência e da tecnologia (GALISON, 2005, p. 41). A sociedade tornou-se mais sensível ao tempo e pequenos atrasos eram perceptíveis. Antes do século XIX, a maioria dos relógios só indicava horas, não minutos (GALISON, 2005, p. 95).

Por outro lado, segundo Thompson, quando os homens detinham o controle de sua vida produtiva e, por consequência, de seu próprio tempo, esta alternava entre picos de produção e ociosidade (assim como o trabalho no campo e entre trabalhadores autônomos nos dias atuais). A Santa Segunda-Feira é uma tradição que parece remeter a este tipo de trabalho, sendo observada onde havia indústrias de pequena escala, domésticas ou fora da fábrica, mas que também atingiu algumas indústrias de maior porte, mas com uma funcionalidade: era o dia para os reparos nas máquinas, ou para os trabalhadores resolverem seus negócios pessoais. Mas com a necessidade do aumento de produção, este dia de folga se tornou privilégio de alguns grupos mais bem pagos, que podiam se dar ao luxo de parar um dia a mais sem comprometer seu orçamento (THOMPSON, 1998, p. 283). Em *Germinal*, Zola mostra que os mineiros trabalhavam todos os dias da semana, exceto no domingo, dia reservado ao lazer, e não podiam parar um dia a mais, pois correriam o risco de ter o pagamento diminuído.

Seguindo o pensamento de Thompson podemos concluir que o tempo torna-se não apenas regulador das atividades, mas também o que atribui valor a elas. Em uma lavoura seria quase impossível determinar o que cada trabalhador produziu, visto que trabalham em conjunto, mas é perfeitamente cabível determinar quanto tempo cada um trabalhou e pagar por isto. Eis a nova relação com o tempo que será parte do trabalho industrial. Esta relação na mina de carvão, entretanto, não se dava: como o controle do pagamento era feito sobre a quantidade de carvão extraída por um determinado grupo e o pagamento era feito para o grupo, e não diretamente a cada trabalhador, o controle sobre o ritmo do trabalho se dava não pelo tempo dedicado, mas pelo que se produzia de fato. O tempo, em um estágio relativamente tardio, tornou-se símbolo de uma coerção universal e inelutável (ELIAS, 1998, p. 21). Assim, o tempo nas sociedades industrializadas exerce uma coerção de fora para dentro, sem violência, a qual é impossível escapar (ELIAS, 1998, p. 22). Para Elias, a diferença entre as fases antigas e recentes do processo civilizador não está na falta ou presença de autodisciplina, mas na relação entre coerções externas e internas (ELIAS, 1998, p. 25). Esta relação entre disciplina, coerção interna e coerção externa, é a chave para se compreender o ritmo de trabalho na mina de carvão descrita por Zola.

Se através de Thompson percebemos algumas diferenças entre o trabalho na mina de carvão e o trabalho de tipo industrial, por meio de Arendt podemos pensar em algumas semelhanças. Tanto o mineiro quanto o trabalhador de tipo industrial tendem ao labor, ou seja, ao trabalho repetitivo no qual a separação entre fins e meios não existe. Estes trabalhadores muitas vezes desconhecem a origem e a destinação daquilo que produzem e, mesmo que conheçam, estes não fazem parte de sua vivência cotidiana.[2] Seu trabalho é apenas um meio para sobreviver, e sua sobrevivência é um meio para continuar a trabalhar, fechando-se assim um ciclo que tende à imobilidade.

Chegamos, aqui, a um impasse: o mineiro tem características de trabalho "pré-industrial" descrito por Thompson e, ao mesmo tempo, de *animal laborans*, que segundo Arendt é característico do mundo industrializado (ARENDT, 2004, p. 154). Esta "dualidade" na categorização do mineiro como *animal laborans* ou *homo faber* se dá, provavelmente, pelo fato de, segundo Arendt (2004, p. 161) o trabalho nas minas de carvão remeter ao primeiro estágio de desenvolvimento da tecnologia na era moderna. Para tentar transpor esta aparente contradição, seguiremos o raciocínio da autora:

> O impulso na direção da repetição decorre da necessidade que tem o artífice de ganhar os seus meios de subsistência, caso em que seu trabalho é labor; ou resulta de uma procura de multiplicação no mercado, caso em que o artífice que cuida de satisfazer essa demanda acrescentou ao seu artesanato a arte de ganhar dinheiro, como diria Platão. O importante é que, num caso ou em outro, o processo é repetido por motivos alheios a si mesmo; diferente da repetição compulsória inerente ao labor, no qual o homem deve comer para trabalhar e deve trabalhar para comer(ARENDT, 2004, p. 156).

A separação entre trabalho e processo produtivo leva o trabalhador ao estágio de *animal laborans*; trabalhando com esta afirmação, per-

---

2   Os trabalhadores das minas conheciam a destinação do carvão que extraíam, que era a indústria; contudo, a indústria, mesmo que próxima geograficamente, estava distante dos espaços de vivência destes trabalhadores.

cebemos que o trabalho do artesão é caracteristicamente de *homo faber* e o do operário é característico de *animal laborans.* O trabalho no campo traz em si uma complexidade: por um lado tem características de *animal laborans,* por estar mais próximo de ritmos naturais, mas também tem características de *homo faber,* por geralmente conter a fabricação dos próprios instrumentos, perpassar diferentes etapas do trabalho e lidar com as forças da natureza de modo a transformá-la segundo seu trabalho. O trabalho do mineiro, nosso foco nesta discussão, também guarda características de labor e de "fazer", mas numa relação oposta à do camponês, distanciando-se do *homo-faber* por não dominar inteiramente o processo produtivo[3], mas aproximando-se dele por criar, com o próprio corpo, dinâmicas que tornem seu trabalho mais produtivo e por ter certo grau de decisão sobre o próprio trabalho, visto que ao *animal laborans* não cabe nenhum poder de decisão.

Vejamos um exemplo extraído de *Germinal*: ao descrever o trabalho dos britadores, Zola afirma que estes tinham que estar em espaços muito estreitos, precisando ficar agachados ou deitados, geralmente com os pescoços tortos, com muito calor e pouca ventilação. Ao quebrar o carvão, este rolava em blocos em cima deles. A umidade do local, com água saindo das pedras, dificultava ainda mais o trabalho. Sobre o trabalho de Étienne e Catherine, que eram carregadores, segue a descrição que Zola faz do trabalho da moça após o rapaz descarrilar seguidas vezes seu vagonete e tentar, raivosamente, colocá-lo de volta no lugar:

> — Espere – disse a moça. – Se você fica bravo, não vai conseguir rodar o vagonete.
> Habilmente, se pôs de costas embaixo do carro, ficando com o peito e a cabeça de fora, e com um impulso das costas levantou o vagonete e o colocou nos trilhos: ele pesava setecentos quilos. Surpreso e envergonhado, Étienne se desculpou (ZOLA, 2000, p. 26).

---

3   Ou antes, por não realizar o processo produtivo inteiramente; como apontaremos adiante, era comum que ao longo da vida o mineiro passasse por diferentes funções segundo sua condição física.

Aos poucos Catherine foi ensinando a Étienne a forma correta de se posicionar para empurrar o vagonete. Porém, a posição sempre curvada e as dores que eram intoleráveis para Étienne pareciam não mais incomodar Catherine. Este trecho é importantíssimo para percebermos como se dava a adequação dos trabalhadores às condições de trabalho na mina, fazendo algo que podemos chamar de transformação do corpo em ferramenta, pois a eficiência do trabalho dependia mais do trabalhador do que da máquina (ELEY, 2005, p. 76). Mais adiante na narrativa, Étienne adapta-se ao trabalho e torna-se um hábil carregador, elogiado por todos. Esta adequação ao trabalho se deu, em parte, pela repetição da atividade (a atividade do *animal laborans* é sempre repetitiva), mas sobretudo pela capacidade de adaptação e transformação do corpo em ferramenta (o *homo faber* cria ferramentas). O corpo como ferramenta, porém, também pode ser uma característica do *animal laborans*, que em suas atividades vê a ferramenta confundir-se com o próprio corpo, não havendo separação clara entre ambos (ARENDT, 2004, p. 157).

Tanto os britadores quanto Catherine desenvolveram, com o tempo, seus próprios mecanismos para tornar seu trabalho eficiente, aumentando sua produtividade. Apesar de não haver qualquer tipo de controle "formal" do trabalho, como máquinas e capatazes acompanhando o trabalho de perto[4], a pressão por uma produção que gere pagamento suficiente à sobrevivência faz com que cada trabalhador busque formas de ser mais eficiente. Nestas condições o corpo não se torna servo do ritmo da máquina (Arendt, 2004, p. 160), ausente no trabalho dentro da mina, mas a consciência de que não se pode perder tempo para que não se diminua a produção, e consequentemente o pagamento, é que faz com que cada trabalhador encontre os meios para alcançar maior eficiência em seu trabalho. Portanto, neste ambiente que se situa entre o mundo "pré-industrial" e

---

4   Os contramestres anotavam os horários de entrada e saída da mina, mas muito mais para identificar vítimas em caso de acidentes do que para controlar o tempo de trabalho. Mesmo as visitas ao interior da mina eram pontuais e visavam a supervisão das condições de segurança, posto que um acidente causaria prejuízo à Companhia tanto pela interrupção do trabalho, quanto pelo pagamento de indenizações às vítimas.

o mundo "industrializado", o ritmo de trabalho não é introjetado por intermediários, como o apito da fábrica ou o capataz com seu relógio de bolso, mas diretamente pela necessidade de produção imposta aos trabalhadores. Outro trecho de *Germinal* reforça esta ideia:

> Sem olhar no relógio, Maheu disse:
> — É quase uma hora... você acabou, Zacharie?
> (ZOLA, 2000, p. 29)

O ritmo do trabalho na mina, apesar de irregular e sem contato com a luz do dia, faz com que os trabalhadores adquiram uma noção de tempo necessária para que controlem seu trabalho e os momentos de pausa, importantes para a manutenção da capacidade produtiva. A responsabilidade por controlar o próprio cansaço pertence ao trabalhador, que se torna consciente da capacidade que o próprio corpo tem para o trabalho. Mais uma vez, não há intermediários entre a necessidade de produção e o trabalhador: a relação entre ambos é direta. Neste sentido, o trabalhador precisa se ajustar porque, segundo Arendt (2004, p. 160), mesmo aquilo que é construído pelo homem (como a necessidade de produção) torna-se condição para sua existência posterior. Contudo, o trabalho não se dá até a completa exaustão, como seria no caso do *animal laborans*, ou segundo ritmos "naturais" (descansar toda vez que se sente cansado), mas em um meio termo no qual o trabalhador faz pausas em momentos pré estabelecidos que permitem que ele trabalhe além do momento em que sinta cansaço, mas antes de chegar à completa exaustão, de modo que uma breve pausa seja suficiente para que continue a trabalhar.

Segundo Elias, o indivíduo é sempre obrigado a pautar seu comportamento no tempo instituído pelo grupo a que pertence e quanto mais se alonga e se diferenciam as cadeias de interdependência funcional que ligam os homens entre si, mais severa torna-se a ditadura dos relógios (ELIAS, 1998, p. 97). Mas o que os relógios indicam? Os relógios e os instrumentos de medição do tempo em geral reduzem-se a movimentos mecânicos de um tipo particular, que os homens colocam a serviço de seus próprios fins

ZOLA E AS PERCEPÇÕES DO TEMPO 207

(ELIAS, 1998, p. 95). O relógio mecânico traz uma marcação contínua e homogênea do tempo (WHITROW, 2005, p. 29).

Ainda que não estivesse presente no ambiente de trabalho, o relógio fazia parte da vida dos mineiros, segundo a representação construída por Zola. Nas artes plásticas do século XIX o relógio, apesar de sua representatividade do tempo, é pouco pintado mas aparece, coincidentemente, em 1870 em um quadro de Cézane, amigo de Zola, mas sem ponteiros e com o objetivo de transmitir atemporalidade. Da mesma forma, o relógio quase não aparece em *Germinal*, mas é citado em uma passagem de extrema importância, na qual o interior da casa dos mineiros é apresentado:

> O cuco da sala, no andar de baixo, deu quatro horas, mas ninguém se mexeu. Bruscamente, Catherine levantou-se. No seu cansaço, ela havia, como de hábito, contado as quatro batidas do relógio, sem encontrar forças para se levantar (ZOLA, 2000, p. 17).

No século XIX os relógios domésticos eram cada vez mais comuns, mas não há clareza sobre quem os possuía. É fato que sobretudo classes mais abastadas possuíam relógios, especialmente os feitos em metais preciosos, ao final do século XVIII, mas já neste período há indícios de que outras classes os possuíam (THOMPSON, 1998, p. 277-278). A princípio vistos como luxo, os relógios foram aos poucos se tornando necessários, conforme a Revolução Industrial exigia maior sincronicidade do trabalho. Entretanto, esta não era a função do relógio dos Maheu, que servia fundamentalmente como despertador pela manhã e para se ver a hora de ir dormir. Deste modo, o relógio descrito nesta cena se aproxima muito dos relógios públicos, cujos marcos sonoros eram mais importantes do que os marcos visuais do tempo (THOMPSON, 1998, p. 275). Mais do que o tempo do trabalho, o relógio dos mineiros controlava o tempo do descanso e, além disso, estes relógios não eram tão precisos na época em que se passam os acontecimentos de *Germinal* quanto viriam a ser algumas décadas depois, de modo que estes relógios particulares dificilmente constituiriam um meio para sincronizar atividades (GALISON, 2003, p. 100). Os relógios em geral eram caros, mas havia alguns tipos muito baratos, feitos de madeira, adquiridos por camadas mais pobres. Ainda assim, os relógios conferiam certo prestígio a seus donos, sendo comum que se fizesse algum esforço para se ter um. Além do *status* social, o relógio também poderia ser uma poupança para os pobres e ser vendido ou penhorado em momentos de dificuldade financeira (THOMPSON, 1998, p. 279). Percebemos, então, que o esforço para se ter um relógio era alto, mas tinha grande importância para os mineiros.

O relógio também relaciona-se com uma das principais mudanças que a Segunda Revolução Industrial trouxe no cotidiano das pessoas, que diz respeito à forma como elas adequavam seus corpos a novos ritmos de trabalho. Estes novos ritmos eram ditados por dois fatores complementares que passaram a ter outra significação ao longo do século XIX: o relógio mecânico e a necessidade de produção. A indústria, a partir do século XIX, fez com que estes dois elementos se combinassem de maneira nunca antes vista, e o principal inimigo desta adequação ao trabalho industrial, pontual e sincronizado, era a fadiga (RABINBACH, 1990). No trecho de *Germinal* citado acima, e nas frases seguintes, Zola descreve uma situação que mescla a necessidade de acordar muito cedo, todos os dias, e o extremo cansaço que dificulta esta ação. Podemos perceber um embate entre o que o trabalho pede ao corpo e o que o corpo pede ao trabalhador. Este embate tornou-se um problema grave e amplamente discutido no século XIX (RABINBACH, 1990). Thompson (1998, p 292-293) identifica, por exemplo, que os protestantes buscavam, através da educação, disciplinar os corpos desde a infância, dando ênfase ao caráter econômico do tempo e fazendo com que se acostumassem, desde cedo, ao trabalho e à fadiga. Como em *Germinal* não se fala em escolas, o contato dos mineiros descritos com o universo do trabalho e da fadiga dava-se diretamente na mina.

Mais adiante há um diálogo:

> — Droga! Já está na hora... Foi você que acendeu a vela, Catherine?
>
> — Fui eu, pai... O relógio acaba de dar quatro horas.

ZOLA E AS PERCEPÇÕES DO TEMPO

> — Então se apresse, sua preguiçosa! Se você tives-
> se dançado menos ontem, teria nos acordado mais
> cedo... (ZOLA, 2000, p. 18).

Os poucos instantes de diversão, que serão descritos com mais detalhes em outro momento da narrativa, são ao mesmo tempo o que torna
a vida dos mineiros mais suportável e uma atividade que dificulta a disciplina dos corpos. Dançar até tarde distrai a mente, libera o corpo dos movimentos repetitivos do trabalho, mas também diminui o tempo de sono.
A cena prossegue com Catherine se esforçando para acordar os irmãos que
também têm dificuldade para se levantar. Como veremos mais adiante, é
bastante provável que não apenas Catherine tenha se divertido até tarde,
mas neste momento, é impossível distinguir até que ponto o sono é fruto
da diversão "exagerada" ou do trabalho extremamente cansativo. Porém,
como neste ponto as cenas de diversão ainda não foram descritas pelo autor, é razoável pensar que Zola esteja, aqui, querendo mostrar o cansaço
como consequência do trabalho árduo.

Em outra passagem, porém, Zola mostra que boa parte da sociedade atribuía aos trabalhadores em geral, incluindo os mineiros, certa indo-
lência, o que pode ser confirmado no trecho em que mostra Cécile, a filha
dos Grégoire, sendo encarregada das esmolas, que sempre eram dadas em
forma de roupas porque

> A família tinha pavor de ser enganada, por isso
> nunca dava dinheiro. Para eles, assim que um po-
> bre recebia dois tostões ia logo gastá-los em bebida
> (ZOLA, 2000, p. 39).

Esta passagem é uma das muitas que mostra a visão da burguesia
sobre os trabalhadores. Todos eram potenciais alcoólatras, por isso não deviam receber mais dinheiro do que o suficiente para sobreviver. Dinheiro
a mais seria usado para vícios, como o alcoolismo. Thompson chega a associar o uso das máquinas a vapor à necessidade de controle do ritmo de
trabalho para combater, entre outras coisas, a bebedeira (THOMPSON,
1998, p. 284). De fato, a bebida era muito comum entre os trabalhadores e a

taverna era um ponto comum de reunião, mas pelo fato de ser um dos poucos locais de diversão ao qual os trabalhadores tinham acesso, e não por uma predisposição natural e necessária ao alcoolismo.[5] É difícil delimitar se Zola tinha consciência de que enquanto estava escrevendo *Germinal* estavam sendo publicados diversos trabalhos sobre a fadiga, que acabara de entrar nos dicionários médicos como uma patologia (RABINBACH, 1990, p. 20), enquanto na época em que se passa o *Germinal*, e que portanto é a época em que as personagens pensam e agem, a fadiga era vista predominantemente como negligência (RABINBACH, 1990, p. 25).[6] Mas ainda que tenha feito de forma não intencional, Zola acabou pontuando um dos debates centrais de sua época; podemos com convicção dizer que era um debate central pois o combate ao ócio, tanto do ponto de vista da "fadiga" quanto do ponto de vista da "negligência" era um ideal tanto da indústria, que visava lucrar com os corpos em atividade plena, quanto dos movimentos trabalhistas, que viam no fim da fadiga a possibilidade de máxima produtividade com o mínimo de exaustão (RABINBACH, 1990, p. 23).

Para diminuir o cansaço, havia possibilidades de lazer:

> Aos domingos, os mineiros jogavam bocha, tomavam cerveja, jogavam conversa fora (ZOLA, 2000, p. 54).

Na taverna, Étienne aproveitava para falar da associação de trabalhadores e do fundo de previdência que pretendia criar, o que mostra que os espaços de lazer eram também espaços de discussão política. Ao saírem

---

5   Zola acreditava que o alcoolismo era uma característica transmissível por hereditariedade, mas ela não era necessária e também era condicionada pelas interações com o meio.

6   Rabinbach trabalha com os termos "fatigue" e "idleness"; aqui pensaremos em "idleness" como ócio, visto que outra possível tradução, como "preguiça", pode dar um sentido exclusivamente negativo, descaracterizando o trabalho que Rabinbach faz com as diferentes acepções da palavra. Neste caso específico, Rabinbach busca a associação entre a palavra "idleness" e o termo latino "acedia", cujos significados variam entre "negligência", "abatimento" e "tristeza". Como tratamos aqui da conotação negativa do ócio, "negligência" nos pareceu mais apropriado.

da taverna, Étienne, Maheu e Levaque foram procurar outro companheiro, Pierron. Ao encontrá-lo bebendo, acompanharam-no. Levaque sugeriu que fossem ao Volcan, um cabaré, onde havia cinco cantoras,

> a escória das prostitutas de Lille; os fregueses pagavam dois francos para ter uma delas, ali mesmo, atrás do biombo, no chão (ZOLA, 2000, p. 54).

Entre os clientes havia inclusive garotos de catorze anos de idade. Étienne, mesmo neste ambiente, continuava a falar sobre a caixa de previdência, mas Levaque estava distraído com uma "loira enorme". Maheu e Pierron preferiram ir embora, recurso que mais uma vez Zola utiliza para mostrar a integridade moral de Maheu: mesmo em um prostíbulo, ele não se corrompe, foi lá apenas para "tomar sua cerveja e ouvir sua música". Saindo do Volcan, foram procurar Chaval no Café Piquette, onde Zacharie acabara de se envolver em uma briga porque alguém havia passado a mão nas pernas de Catherine. Depois de acalmados os ânimos, às cinco da tarde, começou o baile:

> Os músicos tocavam ininterruptamente e os mineiros não paravam de dançar. Às oito horas chegou a mulher de Maheu com as crianças. Outras mulheres chegavam. E todas dançavam com os maridos, os filhos, em roda (ZOLA, 1885, p. 56).

Após passar o dia de folga longe de casa, alguns inclusive no cabaré, os mineiros reservavam a noite para se divertir em família. É provável que parecesse inapropriado ao público leitor de Zola que mulheres e crianças saíssem para dançar à noite, mas pela descrição do autor, este devia ser o principal momento de lazer, reunindo praticamente toda a aldeia. A dança, como já descrevemos antes, ajuda a tornar o trabalho mais suportável e libera o corpo da pesada disciplina a que está submetido. Além disso, é um momento de interação social e reunião familiar. Em suma, é um momento de desligamento total com o trabalho e, ao mesmo tempo, um momento de repouso mental e relaxamento do corpo, algo fundamental para a continuidade do trabalho.

Retornando à emblemática cena do despertar dos Maheu, vemos Catherine preparar a marmita da família dividindo um pedaço de pão, queijo fresco e manteiga, proporcionalmente do pai ao irmão menor. Para se alimentarem antes de sair, não havia café, então Catherine passou água quente pelo coador. Segue-se o diálogo:

> — Puxa! – exclamou Zacharie [o irmão mais velho]
> — Esse é um café que não vai dar dor de cabeça!
> — Está quente... está bom do mesmo jeito – disse Maheu, com ar resignado. (ZOLA, 2000, p. 21).

O café ajuda a despertar e é estimulante para o trabalho. Certamente é importante para os trabalhadores da mina, que precisam estar atentos para evitar acidentes e trabalhar em ritmo acelerado para garantir um pagamento que garanta, ao menos, a sobrevivência. Porém, em momentos de falta de dinheiro, era provavelmente o primeiro "bem" a ser dispensado, por não ser "imprescindível". Em seguida os trabalhadores saem, em todas as casas, e as mulheres e crianças menores voltam a dormir, de modo que a aldeia retorna ao silêncio anterior.

Esta passagem também nos traz informações sobre a dupla jornada que algumas mulheres, sobretudo as mais jovens, viviam na mina. Segundo Thompson, o trabalho das mulheres tinha uma dupla orientação: o trabalho doméstico era essencialmente orientado pelas tarefas, enquanto o trabalho fora de casa era marcado pelo ritmo controlado. Essa dupla jornada, segundo Thompson, era suportável justamente porque o trabalho doméstico é o trabalho por necessidade e associado à vida da sociedade "pré-industrial", sem a regulação do relógio e obedecendo a ritmos mais naturais, e isto valeria também para as mulheres dos dias de hoje (THOMPSON, 1998, p. 287 e 288).

Em outro momento, Zola descreve a divisão do trabalho no grupo de Maheu:

> Eles trabalhavam por empreitada; eram quatro britadores para o corte do carvão: ele, Zacharie, Levaque e Chaval. Para empurrar o vagonete havia Catherine e Fleurance... (ZOLA, 1885, p. 23).

Dentro da mina, portanto, havia uma divisão clara entre o trabalho masculino e o trabalho feminino, cada um com uma remuneração específica. O que chama a atenção é que, aparentemente, o trabalho masculino exigiria mais força do que o trabalho feminino, mas esta suposição não é confirmada ao se descrever cada trabalho mais adiante. Quando Étienne começa a trabalhar com Maheu é hostilizado por Chaval por ocupar uma função feminina. Étienne percebeu que estava sendo ofendido, mas não compreendia o motivo, o que se deu apenas ao perceber que Catherine, usando roupas masculinas e trabalhando a seu lado, era uma moça. É interessante notar que para um elemento externo, a divisão do trabalho em masculino e feminino não é tão clara quanto para quem já está habituado àquele ambiente. Esta distinção aproxima-se do que Arendt descreve como sendo uma escala de valores do *animal laborans*, o qual julga as pessoas pelo lugar que ocupam dentro do processo produtivo; o *homo faber*, por sua vez, julga as pessoas pela qualidade dos produtos. Poderíamos dizer, então, que Chaval opera dentro de uma escala de valores típica do *animal laborans*, ao passo que Étienne estaria mais próximo de valores referentes ao *homo faber*. Segundo Perrot, a divisão sexual dos papéis se baseava em seus caracteres naturais, segundo uma oposição entre passivo e ativo, interior e exterior, que governou todo o século XIX (PERROT, 2009, p. 81).

O trabalho na mina muda a relação entre o tempo e o corpo também no que diz respeito à aparência, o que Zola mostra ao nos apresentar uma cena em que Étienne sentia-se atraído por Catherine, mas não sabia como agir com uma moça tão jovem e que ainda vivia com os pais, originando o seguinte diálogo:

> — Você tem catorze anos? – Perguntou.
> — Catorze? Não! Eu já tenho quinze!… As moças por aqui não se desenvolvem muito depressa (ZOLA, 2000, p. 28).

Aqui mais uma contradição é descrita por Zola: apesar dos trabalhadores nas minas "envelhecerem depressa", seus corpos não se desenvolviam plenamente, sobretudo o das moças. Catherine tinha o rosto cinzento

214 RILTON FERREIRA BORGES

pelo carvão, mas seu corpo não se desenvolvera conforme sua idade. A isso se acrescenta que a morte precoce era parte do cotidiano:

> Ao entrar no vestiário, onde os mineiros se aqueciam junto ao fogo antes de descer, disseram a Maheu que Fleurance tinha sido encontrada morta na cama, na véspera. Maheu ficou desesperado: ela era uma das melhores carregadoras! (ZOLA, 2000, p. 23)

Maheu se desespera não com a morte de uma jovem, mas com a perda de uma excelente carregadora. Não há comoção com a morte de outrem, mas há extrema preocupação com a garantia do pagamento através do trabalho eficiente.[7]

O trabalho que exigia o máximo de preparo do corpo e limitava o desenvolvimento e o tempo de vida também limitava a atividade intelectual. Uma discussão entre Étienne e Suvarin terminou com o jovem francês "desesperado por sua ignorância" (era mais estudado do que a maioria dos mineiros, mas não tinha a mesma formação refinada de Suvarin), dizendo:

> — Vamos nos deitar. Nada disso impede que amanhã eu tenha que acordar às três horas. (ZOLA, 2000, p. 52)

Mais uma vez o trabalho limita o horário, seja da diversão ou das discussões políticas, não por haver um horário determinado para seu início, mas por haver uma demanda de produção que impedia o trabalho de começar muito tarde. É fato que, neste trecho específico, Étienne não encerraria a discussão desta forma caso tivesse argumentos para continuá-la, mas em outra passagem, quando o jovem já morava com os Maheu, Zola diz que nesta casa passou-se a dormir "meia-hora mais tarde" para se discutir sobre o "futuro dos trabalhadores". Mesmo em um ambiente receptível a suas ideias, Étienne não dispunha de mais do que meia-hora por dia para apresentá-las a seus companheiros.

---

7 A não ser quando Zola pretende dar dramaticidade a uma situação, como quando um mineiro é soterrado enquanto sua mulher está em trabalho de parto, ou quando Alzire, filha de Maheu, morre de fome durante a greve.

ZOLA E AS PERCEPÇÕES DO TEMPO   215

Toda esta dinâmica de trabalho e convivência se modifica com a greve. Vejamos a descrição de Zola após quinze dias de paralisação:

> A Voreux estava imersa em profundo silêncio, a vila também parecia morta. O prefeito de Lille foi chamado, a polícia patrulhou a região, mas, diante da calma que reinava, eles voltaram para a cidade. Para não ir ao bar, os homens dormiam o dia inteiro; as mulheres, para economizar, racionaram o café, o que as deixou mais calmas, e até a meninada parecia mais sossegada. A palavra de ordem, repetida de boca em boca, era: calma acima de tudo (ZOLA, 2000, p. 86).

A falta de atividade na mina faz com que a aldeia também não tenha atividades. Como a principal forma de entretenimento era a bebida, mas esta não era gratuita, os homens preferiam dormir e economizar. O café, que aparece no início do romance para despertar os mineiros para o trabalho, é racionado, mas também não é tão importante, pois não há trabalho. Além disso, o autor ressalta que mulheres e crianças, com menos café, ficaram mais calmas: o café causa agitação mesmo em quem não trabalha, mas o usa como parte da alimentação no cotidiano.

Outra questão envolvendo o ambiente e as relações entre tempo e trabalho diz respeito à sexualidade e relações de gênero. A mãe de Zola pode ter inspirado as mulheres de suas obras, como *Germinal* (MITTERAND, 1986, p. 6). Zola também descreve com riqueza de detalhes a sexualidade dos jovens casais, como as moças perdiam a virgindade e os locais onde isso se dava. O corpo ocupa uma posição alta na hierarquia das representações de Zola, pois é através do corpo que o autor se aprofunda na natureza humana (MITTERAND, 1986, p. 72). Uma dimensão importante da etnografia de Zola é a passagem do tempo, épocas, durações e ritmos da existência. Seu interesse pela história do corpo, do nascimento à morte, acaba sendo de suma importância (MITTERAND, 1986, p. 45). Dentro desta proposta também surge o conceito de "besta humana", no qual retira o homem do "cérebro" e o coloca "em todos os órgãos", naturalizando o corpo em vez de o idealizar (MITTERAND, 1986, p. 73).

216   RILTON FERREIRA BORGES

Para dar maior dramaticidade à descrição da sexualidade, Zola usa Catherine e Chaval, mostrando toda a violência com que o rapaz "convence" Catherine a ter relações sexuais com ele. A relação de violência e submissão da mulher ao homem é sintetizada pelo pensamento de Étienne, que os observa, mas sem reconhecê-los:

> Quando as moças dizem não, é porque gostam de apanhar antes (ZOLA, 2000, p. 45).

Na mesma linha vai a relação entre Zacharie, irmão de Catherine, e Philoméne, com que já tinha um filho. O rapaz é descrito como pouco responsável, frequentando cabarés, saindo para se divertir com os amigos, enquanto a namorada passava o tempo em que não estava trabalhando cuidando do filho. Zacharie, inclusive, chegava a pedir dinheiro emprestado para Philoméne e o gastava com diversão. Assim como na relação entre Catherine e Chaval, há uma desproporção na qual a mulher sai perdendo.

Além da relação desigual entre homens e mulheres, na qual o homem se impõe sobre a mulher, o casamento também poderia significar uma perda considerável de rendimentos para as famílias dos noivos. A mãe de Catherine sentia rancor da filha não por ela ter ido viver com Chaval, mas notadamente por deixar de contribuir com os rendimentos familiares, pois seu salário era, agora, parte da renda do homem com o qual vivia. Do mesmo modo, a esposa de Maheu relutava em aceitar o casamento de seu filho, pois isso significaria perder um dos salários mais altos da família, mas sabia que isso seria inevitável, pois Zacharie acabara de ter o segundo filho com Philoméne. Maheu, ao saber da decisão, convidou Étienne a morar com eles, pois o salário do rapaz compensaria o de seu filho. Este episódio do casamento de Zacharie também nos dá a dimensão de quanto, no romance de Zola, as questões morais são limitadas pelas condições materiais de sobrevivência pois, até certo ponto, era preferível ter um filho com má reputação mas que contribui para o orçamento da família do que ter um filho considerado íntegro e fora de casa.

Mais adiante no romance, já durante a greve, Catherine, que estava trabalhando em outra mina que não havia parado, foi levar café e açúcar

ZOLA E AS PERCEPÇÕES DO TEMPO 217

para a mãe, na primeira visita desde que fora morar com Chaval. Após ser ofendida pela mãe, disse:

> — Como se isso me alegrasse... A culpa não foi minha. Foi ele. Quando ele quer, eu sou obrigada a querer, pois ele é o mais forte, a senhora sabe como é... Enfim, está feito, se não fosse ele seria outro. Agora, é preciso que ele case comigo (ZOLA, 2000, p. 88).

Catherine sintetiza a vida de todas as mulheres da vila: viver e trabalhar com a família até ser subjugada por um homem que a leve para morar consigo e trabalhar para ele. Ela não tem vontade alguma, apenas segue o que o marido propõe. Não há escolha, por isso Catherine se conforma à situação, pois se não fosse com Chaval seria com outro homem. Esta resignação a um destino que se repete nos mostra uma concepção de tempo cíclica, na qual tudo tende a ser como sempre foi, sem perspectiva de mudança, de modo que passado, presente e futuro sejam fundamentalmente iguais.

Zola revelou o corpo e o povo. As pessoas bem-educadas de sua época não falavam nem de um, nem de outro. Se Balzac e Stendhal tinham do povo uma visão distanciada e anônima (MITTERAND, 1986, p. 77), o povo de Zola era sensualidade, alegria de viver e generosidade. Para representá-lo, Zola também se valeu da descrição da família e da intimidade. "A casa é o fundamento da moral e da ordem social" (PERROT, 2009, p. 81). Os Maheu ocupam um espaço confinado e insalubre, porém vívido; os Grégoire vivem num lugar amplo e confortável, mas assexuado e puritano (MITTERAND, 1986, p. 78). As classes populares urbanas desenvolveram de forma diferente sua intimidade. São aos olhos das camadas dominantes o sinal de uma sexualidade primitiva e de uma selvageria que, por seu crescente desejo de dignidade, os próprios militantes aceitam cada vez menos (PERROT, 2009, p. 291). Essa situação é bastante próxima daquela vivida pelos mineiros que Zola descreve.

No âmbito doméstico, a mulher é, ao mesmo tempo, centro e ameaça da casa. O pensamento francês sobre a família é particularmente rico no século XIX, tendo três polos de reflexão: fronteiras entre público e privado, conteúdo da sociedade civil, papéis masculino e feminino. Os liberais estavam fundamentalmente interessados na defesa de uma fronteira que garantisse a liberdade dos interesses privados (PERROT, 2009, p. 82). O poder social era em larga medida doméstico, mas não era feminino; a posição forte era ocupada pelo pai de família. Segundo Guizot, a família era um modelo político de democracia. Tocqueville refletiu sobre a questão de como conciliar felicidade privada e ação pública. "Assim, para os liberais, a família – comunidade de certo modo 'natural' - é a chave da felicidade individual e do bem público" (PERROT, 2009, p. 83). O respeito à hierarquia também estava presente, mas os chefes deviam respeitar e proteger seus subordinados. Assim, a família estava subordinada ao pai, porém era atribuída grande importância às virtudes da dona de casa. Os socialistas foram unânimes em criticar a família de sua época, mas eram raros os que pensam em sua total eliminação, assim como eram raros os que pretendiam uma subversão dos papéis sexuais (PERROT, 2009, p. 86). Proudhon, por exemplo, envolveu-se em uma polêmica por sua visão sobre a mulher, a qual duvidava que um dia seria igual ao homem e cujo inimigo não devia ser o sexo oposto (WINOCK, 2006, p. 554). Entendia que o verdadeiro sujeito humano se dava na união entre homem e mulher, e por isto esta não podia ser pensada sem o marido. Esta completude só poderia se dar com a diferença entre ambos, e por isso a igualdade se daria no foro íntimo (WINOCK, 2006, p. 555). Portanto, mesmo à esquerda do pensamento político, a divisão sexual do trabalho e da sociedade encontrava seus adeptos. Para Fourier a chave do progresso residia na emancipação feminina (PERROT, 2009, p. 87). Já George Sand entendia que "o que se deve combater é a falta de instrução, o abandono, o aviltamento, a miséria que pesam sobre a mulher, em geral, mais que sobre o homem" (WINOCK, 2006, p. 445). Para Sand as mulheres ainda não estavam preparadas para exercer funções políticas; a sociedade precisava ser transformada primeiro. Era necessário, antes de tudo, garantir a igualdade nos direitos civis (WINOCK, 2006, p. 446).

Muitos grupos de esquerda eram favoráveis a uma modernização da instituição familiar, da igualdade entre os sexos e do direito ao divórcio;

mas o casamento monogâmico continuava a ser fundamental. Outros grupos continuavam a defender a desigualdade irredutível dos sexos segundo a natureza (PERROT, 2009, p. 88). Principalmente com o marxismo, as revindicações femininas passaram a ser subordinadas à luta de classes. O feminismo foi condenado a ser burguês, o que Perrot considera o início de um mal entendido (PERROT, 2009, p. 89).

O corpo, o trabalho, a sexualidade e a subordinação ao que é dado como "natural" são elementos que nos dão subsídios para pensar como as personagens de Zola se comportavam em relação ao tempo e, desta forma, nos ajudam a perceber como Zola entendia estas concepções em sua época.

A NATUREZA DO TEMPO EM *GERMINAL*

> *Como categorias filosóficas básicas, tempo e espaço são particularmente adequadas enquanto estruturas para uma história geral da cultura porque são compreensíveis, universais e essenciais*
>
> Stephen Kern

A relação dos indivíduos com o tempo, como concordam diversos autores[8], é uma construção histórica feita a partir das relações entre os seres humanos e suas atividades. A partir destas relações podemos delimitar algumas formas de se compreender o tempo, as quais chamaremos aqui de "natureza do tempo". Esta "natureza" diz respeito às maneiras como o tempo é representado, compreendido e vivido na sociedade. Partiremos, aqui, do pressuposto de que além das diferentes concepções de tempo existentes em diferentes culturas, há também diferentes concepções de tempo dentro de uma mesma cultura, que aqui delimitaremos como a cultura industrial europeia da segunda metade do século XIX. Pensando no caso específico de *Germinal*, lidaremos tanto com os recursos narrativos que expressam temporalidade quanto com as descrições das ações das personagens para compreender algumas das concepções de tempo presentes na obra. Para

---

8   Cf. KERN, ELIAS, THOMPSON, WHITROW e GALISON.

isso, teremos como referência a proposta que Ginzburg apresenta de um método interpretativo centrado sobre os resíduos, sobre os dados marginais, considerados reveladores (GINZBURG, 1989, p. 149). Para Morelli, médico italiano criador de um método de atribuição de autoria de obras, esses dados marginais eram reveladores porque constituíam momentos em que o controle do artista, ligado à tradição cultural, distendia-se para dar lugar a traços puramente individuais. Neste ponto podemos identificar um paralelo com a ideia de consciente e inconsciente e trabalhar a partir de "pistas": mais precisamente, sintomas (se pensarmos como Freud), indícios (se usarmos a terminologia de Sherlock Holmes) e signos pictóricos (para Morelli) (GINZBURG, 1989, p. 150).

Kern (2003, pp. 16 a 19) elenca algumas concepções de tempo presentes na literatura do século XIX: Proust, em *Remembrance of Things Past* usa Marcel para demonstrar um tempo irregular, em que o corpo mantém um tempo próprio, no qual a busca pelo tempo perdido o faz perceber que marcações mecânicas de tempo são inúteis, ao passo que deve recorrer a memórias impressas em seu corpo: o tempo público é superficial. Kafka mostra certa coerção do tempo ao passo que a quebra da rotina é traumática. A este respeito, mais do que um caráter coercitivo inerente ao tempo, Norbert Elias (1998, p. 17) diria que o tempo não é mais do que a representação simbólica de uma vasta rede de representações, sendo estas relações as responsáveis pela coerção. Em *A Metamorfose* a personagem que se transforma em um grande inseto tem sua angústia intensificada ao perceber que perderá o trem. Kafka critica a "enlouquecedora" relação entre o tempo público e o tempo privado: "os relógios não concordam": o tempo público é aterrorizante. Joyce vê o tempo público como arbitrário e inapropriado para organizar as diversas experiências de vida. Em *Ulysses*, o autor se restringe a 16 horas da vida de um homem para detalhar tudo o que ele faz, pensa e sente, além de comentar sua experiência única do tempo em relação ao tempo cósmico.

A relatividade do tempo na literatura de Joyce não está distante do que se discutia na física (GALISON, 2003, p. 227). Ernst Mach já questionava a ideia de tempo e espaço absolutos de Newton em 1893, e podemos pensar que este questionamento, em última instância, foi levado ao extremo por Einstein em 1905, quando concluiu que cada corpo, quando tomado como referência, tem seu tempo particular.

Na sociologia, o trabalho de Durkheim teria sido o primeiro de grande relevância a lidar com o tempo, entendendo que este é diretamente relacionado com a organização social, diferenciando o "tempo privado" do "tempo geral", este último socialmente originado, ou seja, as marcações temporais estão diretamente relacionadas com eventos sociais. Os calendários expressam, portanto, o ritmo das atividades coletivas (KERN, 2003, p. 19 e 20). Nos estudos de psicologia algumas doenças foram caracterizadas como confusões entre temporalidades ou incapacidade de distinguir entre eventos passados, presentes ou futuros (KERN, 2003, p. 20).[9]

Quanto à natureza do tempo, um importante debate se dava entre aqueles que acreditavam numa natureza atomística do tempo, ou seja, o tempo como sucessão de instantes isolados, e aqueles que acreditavam na natureza fluída do tempo. Newton pensava o tempo como uma soma de partes infinitesimalmente pequenas; antes dos relógios atuais, com seu movimento contínuo, não havia qualquer modelo para se pensar o tempo como uma continuidade (KERN, 2003, p. 20). Na década de 1870, os pioneiros do cinema contribuíram para esta visão atomizada do tempo ao reproduzir o movimento a partir de sequências de imagens estáticas (KERN, 2003, p. 21), criando a sensação de que o movimento era divisível e, portanto, o tempo também era. Hannah Arendt (2004, p. 162), por sua vez, entende que com a modernidade o processo de manufatura transformou-se em um processo contínuo, ao contrário da divisão em etapas de períodos anteriores, o que, podemos concluir, leva a uma concepção mais fluida do tempo. Esta noção nos dá elementos para aproximarmos a representação do trabalho em *Germinal* dos debates elencados por Kern. Usando conjuntamente o pensamento de Arendt, podemos identificar a Natureza como contendo processos cíclicos, nos quais produto e processo que a ele levam

---

9   Sobre os problemas psicológicos decorrentes da relação com o tempo e com o ritmo de trabalho na passagem do século XIX para o XX, ler também WHITROW (1993) e RABINBACH (1990).

222   RILTON FERREIRA BORGES

se confundem. No "fazer" humano existe uma separação total entre o processo e o produto final (ARENDT, 2004, p. 163).

Ainda no início do romance há um momento bastante interessante, quando o velho Bonnemort (Boa-Morte) descreve seus 50 anos de trabalho na mina, função por função, do fundo à superfície. Ao descrever cada atividade e como estas atividades são adequadas a certa idade, Boa-Morte nos leva a uma primeira noção de tempo bastante vinculada à mina de carvão, na qual a vida humana é uma linha reta em que o trabalhador passa de função em função, da infância à velhice, sem repeti-las, porém do ponto de vista daquela sociedade, há ciclos que se repetem e estão previamente determinados, de modo que cada função seja ocupada pelo mesmo grupo social ao longo das décadas. Mais adiante no romance, Zola retoma esta questão ao usar o exemplo de Zacharie, que ao se casar ganha da Companhia uma casa, mostrando como as pessoas são fixadas na mina geração após geração. Isso fica mais claro quando Boa-Morte fala sobre a relação de sua família com a Companhia, desde sua fundação, e de seus parentes mortos em minas. Zola, através do narrador, insiste em caracterizar a mina como um monstro que devora sangue e carne humanas (esta expressão aparece mais de uma vez ao longo do romance) e retoma também este assunto em outro momento: um desabamento soterrou um britador conhecido como Chicot e Jeanlin, filho de Maheu. Zola descreve como os próprios mineiros iniciam o trabalho de resgate, vindos de diferentes veios de dentro da mina. Chicot, cuja mulher estava em trabalho de parto, morreu; Jeanlin ficou aleijado e teve que ser realocado para um trabalho na superfície, o que significa que sua "carreira" dentro da mina foi encurtada, pois ainda na infância foi realocado para uma função geralmente dada a pessoas idosas na superfície.

É interessante notar como a relação com a mina é marcante no que diz respeito às noções de vida e morte entre os mineiros: só se chega à superfície morto ou debilitado. Interessante perceber que esta concepção da mina como um monstro é muito semelhante àquela que Thompson identifica como sendo construída desde o século XIV para a noção de tempo, como devorador, sangrento, ceifeiro e tirano (THOMPSON, 1998, p. 268).

ZOLA E AS PERCEPÇÕES DO TEMPO   223

A mina, para os mineiros, em grande parte se confundia com o tempo, pois era anterior a eles e tendia a se perpetuar para além deles. Pensando segundo Arendt (2004, p. 158), os mineiros tomam parte de um processo no qual a distinção entre meios e fins não faz sentido. Podemos concluir que o *animal laborans* vive em um processo cíclico, que seria também o meio em que os trabalhadores da mina estão inseridos. Esta concepção cíclica de tempo é a primeira com a qual tomamos contato em *Germinal*. De modo complementar, podemos compreender que o tempo, dentro desta descrição, é composto por certa fluidez, pois não há rompimentos claros entre o passado e o presente.

Ainda no início do romance, Étienne pergunta sobre a mina, a Companhia e seus donos, colhendo todas as informações possíveis. Como elemento externo, o jovem recém-chegado à região ajuda o leitor, também novo neste ambiente, a compreender este novo mundo que está sendo conhecido. E, por ser originalmente um maquinista e conhecedor de algumas ideias revolucionárias, tem também uma concepção de tempo diferente daquela presente entre os trabalhadores da mina de carvão.

No momento em que Zola apresenta a família de Maheu há um diálogo entre o homem e sua esposa que se dá porque faltam seis dias para o pagamento, o dinheiro e os alimentos estão acabando e a família já tem uma dívida de sessenta francos no armazém. Maheu, um tanto resignado, diz que não devem reclamar, porque ainda está forte e pode trabalhar, enquanto a maioria se aposenta aos quarenta e dois anos. Esta cena revela que a vida útil de um empregado da mina não é tão longa, e empregados como Boa Morte, pai de Maheu, que trabalham até a velhice, não são comuns. Antes dessa passagem, ao descrever Catherine, Zola acentua exaustivamente o quanto seu rosto é deteriorado pelo carvão. Zola sempre que pode reafirma que o trabalho na mina envelhece as pessoas. O envelhecimento, ao longo de *Germinal*, sempre se refere à proximidade da morte. Nesta concepção, o trabalho na mina é responsável por encurtar o tempo de vida dos trabalhadores.

Além da relação entre a idade e a capacidade de produção, esta passagem também começa a delinear um traço da personalidade de Maheu

224 RILTON FERREIRA BORGES

que Zola tenta estender aos demais mineiros: o conformismo. Frente a uma concepção cíclica de tempo, na qual não há possibilidade aparente de mudança, a atitude de Maheu, que representa a da maioria dos mineiros, tende ao conformismo, pois qualquer esforço para mudar a realidade seria um gasto inútil de energia. A tendência à passividade dos mineiros volta a aparecer quando Étienne decide procurar trabalho entre eles e se oferece para trabalhar com o grupo de Maheu, dirigindo-se a Catherine, sem perceber que era uma moça. Ao ver o rapaz procurando trabalho, Maheu diz aos companheiros:

> — Estão vendo? Isso poderia estar acontecendo com a gente... Não devemos nos queixar, está cheio de gente sem trabalho (ZOLA, 2000, p. 23).

Maheu é descrito sempre como bastante resignado a sua situação e grato por não estar em condição pior. Em outro momento, quando Étienne insiste em falar sobre uma caixa de previdência para os trabalhadores, Pierron, um dos mineiros, responde:

> — Nossa melhor caixa de socorro é nosso bom comportamento (ZOLA, 2000, p. 56).

Entre os mineiros, a princípio, a submissão às condições de trabalho impostas eram a fonte de segurança para suas vidas. A ameaça da inanição era um atrativo maior para um mercado de trabalho atuante do que os salários altos (POLANYI, 2012, p. 185). O padrão de mercado, que regula salários e relações de trabalho, leva a sociedade a ser dirigida como um acessório do mercado, ao invés do mercado se incluir nas relações sociais. É isto que se quer dizer quando se afirma que a economia de mercado só pode funcionar em uma sociedade de mercado. "Na verdade, foi crucial o passo que transformou mercados isolados numa economia de mercado, mercados reguláveis num mercado autorregulável" (POLANYI, 2012, p. 60). O século XIX imaginava este fato como uma consequência natural da difusão dos mercados, não se percebendo os "estimulantes altamente artificiais administrados ao corpo social" (POLANYI, 2012, p. 60).

ZOLA E AS PERCEPÇÕES DO TEMPO   225

A instabilidade econômica da França e o risco de perder a única fonte de subsistência eram fatores importantes para explicar este pensamento, mas o peso de uma concepção de tempo, vida e sociedade na qual tudo tende a permanecer como está e não há perspectiva de mudança talvez explique melhor esta tendência à submissão: por que se revoltar se não é possível mudar nada? A conformação, portanto, figura como a alternativa mais prudente e racional. Por outro lado Étienne, o elemento externo, acabou trazendo à vila uma nova concepção de tempo, na qual os trabalhadores eram fundamentalmente os principais agentes de sua própria história e, portanto, capazes de realizar mudanças. O jovem havia chegado àquela vila após ser demitido de seu emprego como maquinista ao agredir seu contramestre. Ao ouvir este relato de Étienne, Catherine, outro claro exemplo de submissão,[10] ficou bastante chocada: em sua visão de mundo, a agressão a um superior era algo absurdo, praticamente contrário à natureza.

Após o casamento de Zacharie, Étienne se mudou para a casa dos Maheu, onde sentia-se melhor instalado e passou a contar com os "serviços" da mãe da família, que costurava, lavava, arrumava, cozinhava, etc. Com isso, Étienne estava mais confortável para trabalhar em suas ideias:

> Havia uma série de perguntas a ser respondidas: por que alguns eram tão pobres e outros tão ricos? Por que os ricos exploravam os pobres, que nunca tinham vez? (ZOLA, 1885, p. 57)

Zola usa Étienne para dar voz a algumas de suas próprias reflexões. Estas perguntas feitas pelo jovem sintetizam algumas das questões que permeiam *Germinal* como um todo. Para esta reflexão Zola mobiliza o repertório político com o qual teve contato em sua época. Para tentar solucionar suas inquietações, Étienne (e, provavelmente, o próprio Zola) passou a estudar com afinco. Encomendou alguns livros, outros tomou emprestado de Suvarin, seu companheiro russo que tinha o anarquismo como modelo. Zola faz a seguinte descrição:

---

10   Na seção anterior vimos como Catherine representa a submissão das mulheres aos homens no ambiente descrito por Zola.

> Étienne vivia indignado, como todo aquele que se inicia na política. Em seu pensamento, misturavam-se as reivindicações práticas de Rasseneur com as ideias destruidoras de Suvarin. Agora, dormia-se meia hora mais tarde na casa dos Maheu. Étienne retomava a conversa de sempre. Eles eram animais para viverem amontoados daquela forma? (ZOLA, 2000, p. 58)

Morte:

As falas de Étienne causavam estranhamento, sobretudo em Boa

> Entre uma frase e outra, o silêncio causava mal-estar. Só o velho Boa Morte arregalava os olhos, surpreso, porque nunca ninguém havia se preocupado com aquilo: eles nasciam no carvão, trabalhavam na mina e pronto. Agora as novas ideias enchiam os mineiros de ambição.
> — Não devemos nos queixar – dizia o velho. – Os chefes são sempre canalhas; mas sempre vai haver chefes, não é verdade? Não vale a pena quebrar a cabeça com essas coisas (ZOLA, 2000, p. 58).

O contexto descrito por Zola é o mesmo estudado por Mollier, em que normalmente viviam três gerações na mesma casa, sendo a primeira analfabeta, a segunda recentemente alfabetizada e a terceira já inserida em um sistema educativo relativamente eficiente e, portanto, a responsável pela transmissão da cultura (MOLLIER, 2008, p. 179). Além disso, Étienne e Boa Morte representam, respectivamente, a ruptura e a conformação. O jovem acreditava na possibilidade de transformação, vinha de fora da vila, lia, se correspondia com outras pessoas, ao passo que o velho não via perspectiva de mudança, já havia passado toda a vida naquela situação, a mesma de seus antepassados, e via seu filho e seus netos continuarem a reproduzi-la. A mudança que Étienne entendia como possível e necessária era, para Boa-Morte, quase antinatural.

Étienne questiona a visão de mundo dos operários: agora os trabalhadores se organizam em associações, aprenderam a lutar por seus direitos; não precisam de um deus para serem felizes; um dia os burgueses trabalharão como os empregados; o trabalhador também tem o direito de gozar a vida. Maheu, até então resignado, começa a se exaltar com estas ideias. Para Étienne, "a velha sociedade estava podre, podia durar só mais alguns meses" (ZOLA, 2000, p. 60). Zola ressalta que Étienne se sentia confiante para falar na presença de pessoas ignorantes sobre coisas que ele também não compreendia bem. Falava em mudanças, mas não sabia explicar como elas aconteceriam. Misturava as diferentes ideias que lia e ouvia, concluindo uma vitória fácil, alcançando a paz, mas que talvez a força fosse necessária. Aos poucos toda a aldeia foi conquistada pelas ideias de Étienne, que acabou se transformando em secretário da associação e até recebia um pequeno salário para cuidar da contabilidade (ZOLA, 1885, p. 181-193). Ainda que tivesse um número relativamente pequeno de associados, a partir da década de 1860 a Internacional influenciava os modelos de associação de trabalhadores (ELEY, 2005, p. 89) e, em alguns casos, ajudava a consolidar uma forma de pensar na qual a mudança e o rompimento com o passado eram possíveis. Podemos dizer que o pensamento político de esquerda, tanto quanto o cristianismo, tem uma concepção linear de tempo, com um fim bem determinado.

Com a crise industrial, segundo a narrativa de *Germinal*, a Companhia não queria aumentar seus estoques, por isso começou a criar situações para que pudesse suspender o trabalho em alguns dias. A respeito de um cartaz afixado ao lado do caixa, no dia do pagamento, Suvarin concluiu que a Companhia arrumaria um pretexto para diminuir os pagamentos e que, para não acumular mais carvão, talvez uma greve, que facilmente seria subjugada, seria uma solução. Rasseneur era contra a greve, especialmente porque a caixa de previdência ainda tinha um valor baixo. Étienne via na greve apenas uma oportunidade de fazer com que os mineiros aderissem à Internacional, pois com poucos recursos na caixa, necessitariam da ajuda dos trabalhadores do mundo todo. Suvarin acreditava que a greve era "uma besteira": seria mais eficaz explodir a mina. Zola era notadamente contrário às ideias de Suvarin, usando-o para mostrar uma forma de pensamento político que pretendia criticar. Os anarquistas defendiam, ao mesmo tempo, valores fundamentais, como cooperação, participação direta e controle local e atitudes autoritárias de intervenção direta:

> Em vez do processo parlamentar, os sindicalistas revolucionários celebravam a ação direta de sabotagens e greves; em lugar das burocracias centrais, eles exigiam a iniciativa das bases; contras as eleições, propunham o valor revolucionário da greve geral. Na França, esse ímpeto ativista contrastava com a fraqueza partidária do socialismo eleitoral e seus sindicatos fracos (ELEY, 2005, p. 126).

Zola, em seu cotidiano, pensava de modo muito semelhante a Rasseneur, sendo mais reformista do que revolucionário. Sua experiência pessoal com a Comuna de Paris, por exemplo, ajudaria a explicar este pensamento. Eley (2003, p. 50) nos lembra que justamente a Comuna de Paris mostrou a necessidade de métodos democráticos, ao passo que, após ela, o modelo puramente insurrecional passou a pertencer exclusivamente aos anarquistas.

Antes de começar a greve, Maheu foi escolhido pelos trabalhadores como seu porta-voz. Ele e a esposa, inicialmente, não aceitaram, temendo que ele perdesse o emprego. Étienne justificou dizendo que ele era o melhor operário da mina, o que daria mais credibilidade à fala e mostraria que a greve não era uma agitação qualquer: o conformismo de Maheu seria utilizado a serviço da ruptura.

> O velho Boa Morte, que ouvia a conversa, murmurou lentamente:
> — Você pode dizer o que quiser, vai ser como se não tivesse dito nada. Ah! Já vivi isso! Há quarenta anos, fomos expulsos pela polícia. Pode ser que vocês sejam recebidos hoje, mas será como falar com a parede... Eles têm dinheiro, querem que os outros se danem! (ZOLA, 2000, p. 81)

Boa-Morte coloca, neste momento, uma experiência pessoal que justifica sua visão de mundo em que a mudança é impossível. Ele, no passado, havia tentado com seus companheiros propor mudanças, mas fora "expulso pela polícia". A concepção de tempo de Boa-Morte, mais uma vez, tende à imobilidade, pois além de ver seus filhos e netos reproduzirem as condições de vida nas quais sempre viveu, via-os reproduzir também sua ação política fracassada. Mais uma vez, o esforço por mudanças aparece como um gasto inútil de energia.

Neste e em outros momentos, Étienne sonha com seu futuro e uma possível carreira política. As projeções do jovem, portanto, não se referem apenas a um possível mundo sem patrões mas, antes disso, a uma carreira de político, como poderia ser uma carreira de médico, engenheiro ou artista. Neste ponto, as aspirações pessoais se misturam com as aspirações da classe trabalhadora, apesar de que, de certa forma, ao entrar para a política Étienne deixaria de pertencer à classe trabalhadora. Estes sonhos contrastam fortemente com a falta de perspectiva dos mineiros: nada além do que a mina reserva a seus trabalhadores é almejado, ninguém deseja sair dali; a possibilidade de um pagamento justo, e depois de um mundo sem patrões passa a ser, então, o único "sonho" de todos os habitantes da vila.

Étienne começa a ver o futuro como incerto quando a caixa de previdência se esgota e os mineiros já não têm mais dinheiro ou crédito. A certeza da vitória começa a se transformar em dúvida e a perspectiva do futuro já não mais se desenha como sendo melhor do que o presente. Temia que a Companhia realmente fosse mais forte e que sua liderança estivesse causando tristeza e miséria. Mas, ao observar a mina, se questiona:

> Enquanto os mineiros passavam fome, a Companhia ganhava milhões. Por que ela deveria vencer, naquela guerra do trabalho contra o capital? De qualquer modo, a vitória custaria muito (ZOLA, 2000, p. 92).

Mas conclui:

> Era melhor todos os moradores da aldeia morrerem juntos do que irem se acabando aos poucos, de fome e injustiça (ZOLA, 2000, p. 92).

No pensamento de Étienne, portanto, o futuro invariavelmente rompe com o passado, mesmo que o futuro seja pior: frente à possibilidade de derrota, a morte é preferível à manutenção das condições vigentes. Após um mês de greve:

Outra quinzena se passou. Estavam nos primeiros dias de janeiro, em pleno inverno. A miséria era cada vez maior, as aldeias mineiras agonizavam a cada hora que passava. Os quatro mil francos enviados de Londres pela Internacional não tinham dado para três dias de pão. Depois disso, não receberam mais nada. A esperança que morria deixava os ânimos abatidos. Com quem poderiam contar agora, se os seus próprios irmãos os abandonavam? Sentiam-se perdidos, isolados do mundo (ZOLA, 2000, p. 101).

O presente, mais uma vez, torna o futuro incerto. A vitória antes assegurada parece cada vez mais longe. E, para piorar, a Internacional que se constituíra em esperança torna-se, também, motivo de desolação. A Companhia seguiu intransigente e Maigrat não mais concedia crédito às mulheres. Corriam boatos de que a Companhia havia convencido alguns mineiros a voltarem ao trabalho e ameaçava demitir quem estivesse comprometido com a greve. Era necessário encontrar os traidores.

Em meio à reunião na floresta, Étienne discursa:

— O trabalho assalariado é outra forma de escravidão. A mina deve ser do mineiro, como o mar é do pescador, como a terra é do camponês... Vocês entenderam? A mina é de vocês todos há um século, ela já foi paga com muito sangue e muita miséria! Nossa vez chegou! É a nossa vez de ter poder e riqueza!
Todos o aclamaram. Uma exaltação religiosa levantava aquela multidão, na mesma esperança dos primeiros cristãos, que aguardavam o reino da justiça (ZOLA, 2000, p. 114-115).

Étienne reivindica o passado de trabalho e sofrimento para legitimar a posse da mina pelos trabalhadores. Mas Zola, através do narrador, equipara o sentimento dos mineiros ao sentimento religioso da espera por um paraíso. Sutilmente, Zola mostra que, em sua visão, tanto o sentimento revolucionário como o sentimento religioso esperam por soluções futuras e utópicas para os problemas do presente. O presente, nestas duas perspectivas, portanto, é apenas uma preparação para um futuro glorioso que certamente virá, mas não se sabe ao certo quando. Rasseneur, por sua vez, tentou tomar a palavra e convencer os trabalhadores de que era impossível que a mina fosse dos mineiros, que era preferível ter participação nos lucros. Contudo, foi vaiado e chamado de traidor.

O darwinismo é outra das preocupações de Zola em *Germinal*. Étienne, por ser descendente dos Rougon-Macquart, é uma das personagens utilizadas para discutir a questão da hereditariedade. O traço que o jovem carrega da família que dá título à série de Zola o predispõe ao alcoolismo, que por sua vez o torna violento. Quando Étienne conta a Catherine de sua agressão ao contramestre explica que fez isso porque havia bebido, e bêbado ficava louco.

Neste sentido, Zola busca trabalhar sobretudo com a questão da degeneração. Ao descrever as crianças, o autor representa Jeanlin, o mais novo dos filhos de Maheu com idade para trabalhar, como o líder de um "pequeno bando" formado por ele e mais duas crianças, uma menina e um menino. Ao longo do romance Jeanlin vai se mostrando um pequeno criminoso, praticamente nato. Zola volta a lidar com a "natureza" criminosa de Jeanlin ao descrever como o garoto atacou e matou uma sentinela que guardava a mina. Étienne presenciou a cena e o garoto não soube explicar o motivo de ter feito aquilo, apenas teve vontade. Zola tenta demonstrar como certas pessoas têm uma predisposição ao crime, e como o meio pode potencializar esta característica inata.

Após uma reunião que decidiu impedir o trabalho nas minas a força, uma onda de operários passou por diferentes minas e vilas, crescendo cada vez mais e interrompendo o trabalho. Uma cantina foi invadida e saqueada, mas pouco alimento foi encontrado além de bebida, que foi distribuída entre os trabalhadores. Étienne, embriagado, passou a incitar a destruição que antes tentava conter. Zola lembra, aqui, o fato de Étienne ser "filho de alcoólatras" e carregar consigo um traço de degenerescência herdado dos Rougon-Macquart. Mas não apenas Étienne é "degenerado" por hereditariedade: a multidão de trabalhadores também está degenerada devido às condições degradantes as quais está submetida.

No final do romance, durante a fuga da mina após um desabamento causado pela sabotagem de Suvarin, Étienne e Catherine se viram presos junto a Chaval, e os dois homens mais uma vez se enfrentaram, desta vez com Étienne desferindo um golpe que matou o oponente:

> Ficou arrepiado com o assassinato, mas no fundo sentiu orgulho, o orgulho do mais forte (ZOLA, 2000, p. 220).

Uma leve alusão ao Darwinismo está presente nesta frase: Étienne, mesmo sendo fisicamente mais fraco, era "mais apto" e, em algum momento, derrotaria Chaval, cuja índole era má.

Zola também tenta incorporar o pensamento de Darwin ao debate político:

> No momento, Étienne estava empolgado com Darwin. Tinha lido textos resumidos, em linguagem popular, e com base nessa leitura formou uma ideia revolucionária da luta pela existência, os pobres comendo os ricos, o povo forte devorando a fraca burguesia. Suvarin era contra os socialistas que aceitavam Darwin, que era bom apenas para os aristocratas (ZOLA, 2000, p. 188).

Étienne teve contato com Darwin através de textos simplificados, como a maioria dos trabalhadores tinha acesso aos textos científicos da época. Com base nessas leituras formulou sua interpretação das ideias de Darwin. Havia forte relação entre Marx e Darwin nos meios operários no início do século XX, mas Suvarin, por sua vez, era crítico dessas ideias por serem o fundamento de uma concepção de sociedade que agradaria às elites, pois justificaria a dominação. Este pensamento seria a base do que posteriormente viria a ser chamado de darwinismo social.

O final do romance dá um desfecho às principais personagens e dedica as últimas páginas às reflexões de Étienne a respeito da experiência vivida na mina. Destacamos o seguinte trecho:

> Será que Darwin tinha razão: o mundo se tornaria um campo de batalha, com os fortes comendo os

ZOLA E AS PERCEPÇÕES DO TEMPO 233

fracos para a melhoria e a continuação da espécie? Essa questão o perturbou, mas uma ideia eliminou suas dúvidas: em seu primeiro discurso retomaria a antiga explicação da teoria. Se fosse preciso que uma classe destruísse outra, não seria o povo, cheio de vida, que devoraria a burguesia, enfraquecida com tanto luxo? O sangue novo renovaria a sociedade. Na espera de uma invasão dos bárbaros para regenerar as antigas nações caducas, sua fé numa revolução próxima ressurgia absoluta, a verdadeira revolução, a dos trabalhadores, cuja explosão detonaria o final do século (ZOLA, 2000, p. 235).

É difícil saber se esta interpretação das ideias de Darwin é a de Zola ou a que Zola criou para Étienne. Contudo, a "fé" em uma revolução persiste em Étienne, projetando para o "fim do século" um novo mundo. "Século", no cristianismo, pode significar o mundo antes da segunda vinda de Cristo; "século", na reflexão de Étienne, pode não ser exatamente o século XIX, mas o mundo "pré-revolucionário". Alguns até poderiam concluir que o "século", neste caso, seria justamente o "longo século XIX" de Hobsbawm, que acabou em 1914, mas que no fundo acabou "mesmo" em 1917.[11] Esta última interpretação, porém, atribuiria poderes premonitórios a Zola, o que certamente não é o caso.

Zola é comumente tido como "revolucionário". Em linhas gerais, suas obras se preocupam com a transformação, o movimento, a passagem de um estado a outro, com uma visão dinâmica da história. Sendo assim, em Zola a história sempre está em transformação e seu tempo é sempre dinâmico (MITTERAND, 1986, p. 88).

---

11 Hobsbawm ressalta que o "Breve século XX" praticamente coincide com a duração da União Soviética.

Conclusão

Esta conclusão tem como objetivo retomar alguns tópicos que possam ter ficado dispersos ao longo dos capítulos e, por uma questão de fluidez do texto, foram trazidos para cá para não se tornarem digressões ao longo dos capítulos.

Primeiramente, vamos destacar duas concepções de tempo, dentre as diversas que apareceram ao longo dos capítulos, para discutirmos o trabalho do historiador relacionado ao tempo. A primeira é a perspectiva de Whitrow, para quem o tempo absoluto existe, mas para o observador o tempo é subjetivo e relativo; a segunda é a de Elias, que entende o tempo como uma relação. Estas duas concepções devem ser vistas, dentro do possível, como complementares.

Ainda que para o historiador a ideia de um tempo absoluto no universo, observável pelos fenômenos físicos nele presentes, possa parecer razoável, ela dificilmente é aplicável na pesquisa histórica. Em outras palavras, dificilmente seria relevante ao historiador comprovar a existência de um tempo absoluto ao se estudar um fenômeno histórico. Ainda assim, o pensamento de Whitrow é bastante útil para o historiador na medida em que reconhece que, para o observador, o tempo ganha subjetividade e relatividade. Esta noção se associa à percepção de Elias: se o tempo é uma relação entre o observador e a natureza, é evidente que, nesta relação, ele é subjetivo e relativo.

Se a percepção do tempo é subjetiva isto significa que o passado também é subjetivo, visto que cada um se relaciona com o passado de forma diferente? Se pensarmos conforme as correntes historiográficas para as quais o passado é inatingível, temos uma concepção de tempo atomizada que impede a produção da história enquanto ciência; mas, se pensamos que é possível nos aproximarmos do passado, tendemos a uma visão mais fluida de tempo, na qual a escrita da história é possível e científica. Ainda que a percepção do tempo seja subjetiva, a experiência do tempo pode ser considerada absoluta, na medida em que todos os seres humanos o experimentam de alguma forma.

A aceleração do tempo, característica atribuída à Segunda Revolução Industrial, gera a impressão de descontinuidade. É a partir deste momento que cabe a pergunta: o tempo se dá por concatenação ou justaposição? Esta pergunta, muito filosófica, é também uma pergunta historiográfica: se entendermos o tempo como justaposição, os fatos separados no tempo não têm nenhuma relação entre si, a não ser o fato de serem agrupados pelo historiador em sua escrita. Por outro lado, se entendermos o tempo como concatenação, é possível encontrar relações entre eventos distintos. Em outros termos, esta pergunta se refere ao tempo ser fluido ou atomizado. Pensando nas discussões da historiografia das últimas décadas, podemos dizer que os historiadores chamados de pós-modernos tendem a uma visão de tempo como justaposição, atomizado, pois entendem que o passado não pode ser acessado de forma alguma. Já os historiadores que conferem alguma ontologia ao passado entendem o tempo como concatenação, com alguma fluidez, na medida em que podemos nos aproximar do passado.

Estas noções não se aplicam apenas ao estudo das ações humanas ao longo do tempo, mas às próprias ações humanas no tempo. A possibilidade de mudança na história aparece de formas diferentes em vários autores: Bourdieu fala do "espaço dos possíveis"; Ginzburg busca a possibilidade de ação no espaço entre o "comum" e o "incomum"; Foucault fala no discurso como aquilo pelo que se luta, poder do qual se apoderar, ou seja, discurso como ação e motivação da ação. Em todos estes casos, o tempo aparece como uma possibilidade de linha reta, pois é possível que a ação transforme o futuro em algo diferente do presente, ainda que haja limitações a estas transformações. Entender o futuro como fruto das ações do presente também confere ao tempo uma noção de fluidez.

Zola e as Percepções do tempo

***

Zola, ao longo de sua vida, se revolta contra o mercado: o mercado de trabalho, em *Germinal*, o de arte, em seus primeiros artigos como crítico de arte. Podemos dizer que Zola se revolta contra a sociedade de mercado? Na medida em que pensa nas relações entre natureza e sociedade, assim como nas relações entre natureza e trabalho, podemos perceber que, assim como Polanyi, Zola está em busca daquilo que faz com que o ser humano perca sua humanidade. Para Polanyi, o ser humano está sendo aniquilado pela sociedade de mercado; para Zola, a destruição do ser humano está no fato de o trabalho servir ao capital: palavras diferentes para expressar a mesma ideia.

Thompson fala na separação entre "trabalho" e "vida"; Polanyi na separação entre "trabalho" e "natureza"; de todo modo, o trabalho, para ser mercadoria, precisa ser separado da vida humana e também da natureza, e Zola percebe isso como um dos fatores de degeneração do ser humano. Sendo assim, o meio, tanto quanto ou até mais do que a hereditariedade, é capaz de transformar o homem para pior. É neste contexto que se dá a diferença entre o que o trabalho pede ao corpo e o que o corpo pede ao trabalhador. A separação entre trabalho e natureza também é maléfica neste sentido.

Finalmente, os salários baixos oferecidos aos trabalhadores têm motivação ao mesmo tempo econômica, segundo Polanyi, e moral, segundo Thompson. Para Polanyi, os salários eram baixos para manter estruturado o mercado de trabalho; para Thompson, o salário era baixo para que o trabalhador não gastasse com "besteiras", como o álcool e a prostituição. As duas visões, presentes no século XIX, acabavam se complementando e se reforçando.

***

O século XIX é o século do aumento da velocidade e da reação contra ela. É também o século do surgimento da sociedade de mercado e da reação contra ela. Temos aqui um aparente paradoxo: a "era das revoluções", nas palavras de Hobsbawm é, de certa forma, a "era das reações". O pensamento sobre a revolução social se deu a partir de lutas para que as transformações sociais causadas pela Revolução Industrial acontecessem de forma mais lenta. Pode-se dizer que a "revolução" tem, em certo grau, algo de retorno a valores primordiais perdidos com a Revolução Industrial, sendo o principal a noção de que trabalho e natureza não podem ser separados. Mesmo assim, o progresso técnico não deixa de ser exaltado. Sendo assim, a revolução não é um rompimento total com o passado e com o presente, mas uma construção do futuro a partir de experiências passadas e presentes. Zola tinha um pouco dessa noção em *Germinal*.

Ainda pensando na relação da "revolução" com o que se denomina tradicionalmente como "tradição", podemos enxergar as noções de expectativa e memória de Santo Agostinho presentes no marxismo adotado pelos movimentos operários. Para Santo Agostinho é a ação que permite a experiência e compreensão do tempo. Para o marxismo e os movimentos operários a ação é fundamental, e também carrega, em si, a expectativa e a memória: a ação revolucionária no presente reivindica a memória da exploração do trabalho e tem a expectativa de um futuro melhor do que o presente. Se reconhecemos que o marxismo e o cristianismo, do ponto de vista temporal, têm visões semelhantes, a comparação entre Santo Agostinho e os movimentos operários não é infundada: ambos pensam no futuro como possivelmente melhor mediante as ações presentes; portanto, um tempo em linha reta capaz de evoluir positivamente.

Em *Germinal* podemos colocar esta questão nos seguintes termos: é possível correr em direção ao futuro ou esperar que o futuro chegue? Rasseneur acredita que o futuro vem ao encontro do ser humano na mesma medida em que o ser humano caminha em direção a ele; Suvarin e Étienne entendem que o futuro deve ser alcançado pelo ser humano; os mineiros em geral esperam com paciência que o futuro chegue, mas como este não será diferente do presente, não é necessário se preparar.

Bibliografia

Fontes

ZOLA, Émile. *Germinal*. Paris: Charpentier, 1885.

_____. *Correspondance: les lettres et les arts*. Paris: Charpentier, 1908.

_____. *Correspondance: lettres de jeunesse*. Paris: Charpentier, 1908.

_____. *Œuvres. Manuscrits et dossiers préparatoires. Les Rougon-Macquart. Notes préparatoires à la série des Rougon-Macquart*.

_____. *Œuvres. Manuscrits et dossiers préparatoires. Les Rougon-Macquart. Germinal. Dossier préparatoire. Premier volume*.

_____. *Œuvres. Manuscrits et dossiers préparatoires. Les Rougon-Macquart. Germinal. Manuscrit autographe. VIe partie-fin*.

Referências

ARENDT, Hannah. *A condição humana*. 10 ed. Rio de Janeiro: Editora Forense Universitária, 2004.

AUERBACH, Erich. *Mimesis: a representação da realidade na literatura ocidental*. São Paulo: Perspectiva, 2011.

BARTHES, Roland. *O Rumor da Língua*. São Paulo: Brasiliense, 1988.

BORNECQUE, Jacques-Henry. *Realisme et Naturalisme: l'histoire, le doctrine, les oeuvres*. Paris: Hachette, 1958.

BOURDIEU, Pierre. A ilusão biográfica. In: FERREIRA, Marieta de Moraes e AMADO, Janaina (orgs.). *Usos e abusos da história oral*. Rio de Janeiro: Editora da FGV, 1996.

240   RILTON FERREIRA BORGES

Bourdieu, Pierre. *As regras da arte: gênese e estrutura do campo literário.* Tradução: Maria Lucia Machado. 2. ed., 1. reimpr. São Paulo: Companhia das Letras, 2010.

BRADFER, Philippe. Structures de sociabilité des intellectuels et normes de conduite politique. In: RACINE, Nicole et TREBITSCH, Michel (dir.). *Les Cahiers de L'IHTP: Sociabilités Intellectuelles. Lieux, milieux, réseaux.* Paris, CNRS, Cahier n. 20, Mars 1992.

CANDIDO, Antonio. De cortiço a cortiço. In: *O discurso e a cidade.* São Paulo: Duas Cidades, 1998.

CHARTIER, Roger & ROCHE, Daniel. "Livro: uma mudança de perspectiva" In: LE GOFF, Jacques. *História: novos objetos.* Rio de Janeiro: Francisco Alves, 1976, PP. 99-115.

_____. *A História Cultural: entre práticas e representações.* Lisboa: Difel, 1990.

_____. *A Ordem dos Livros: leitores, autores e bibliotecas na Europa entre os séculos XIV e XVIII.* Brasília: Editora UnB, 1999.

_____. Debate Literatura e História. *Revista Topoi.* Rio de Janeiro, n°1, 2000.pg.197-215.

_____. O Mundo como representação. *Estudos Avançados*, USP, n.5 v.11, jan-abr. 1991.

_____. A História hoje: dúvidas, desafios, propostas. *Estudos Históricos,* Rio de Janeiro, vol. 7, n. 13, 1994, p. 97-113.

_____. *A história ou a leitura do tempo.* Belo Horizonte: Autêntica editora, 2010.

DARNTON, Robert. *O Beijo de Lamourette: Mídia, cultura e revolução.* São Paulo: Companhia das Letras, 2010

_____. "O que é a História do Livro?: revisitado. In: ArtCultura: Revista de História, Cultura e Arte. V. 10, n. 16. Uberlândia: UFU, jan-jun, 2008, PP. 155-169.

DE CERTEAU, Michel. *A escrita da história*. Tradução de Maria de Lourdes Menezes. 2 ed. Rio de Janeiro: Forense Universitária, 2008.

_____. *História e psicanálise: entre ciência e ficção*. Belo Horizonte: Autêntica editora, 2011.

ELEY, Geoff. *: A história da esquerda na Europa, 1850-2000*. São Paulo: Editora Fundação Perseu Abramo, 2005.

ELIAS, Norbert. *Sobre o tempo*. Rio de Janeiro: Zahar, 1998.

FOUCAULT, Michel. *A ordem do discurso*. São Paulo: Edições Loyola, 2013.

GALISON, Peter. *Os Relógios de Einstein e os Mapas de Poincaré*. Lisboa: Gradiva, 2003.

GINZBURG, Carlo. *Mitos, Emblemas, Sinais*. Morfologia e história. São Paulo: Companhia das Letras, 1989.

_____. *O Queijo e os Vermes: o cotidiano e as ideias de um moleiro perseguido pela Inquisição*. São Paulo: Companhia das Letras, 1987.

_____. Representação. A palavra, a ideia, a coisa. In: _____. *Olhos de Madeira. Nove reflexões sobre a distância*. São Paulo: Companhia das Letras, 2001.

HARLAN, David. A História intelectual e o Retorno da Literatura. In: RAGO, Margareth; GIMENES, Renato Aloizio de Oliveira. *Narrar o Passado, Repensar o Presente*. Campinas: UNICAMP, Instituto de Filosofia e Ciências Humanas, 2000.

HOBSBAWM, Eric J. *A Era do Capital, 1848-1875*. Rio de Janeiro, Paz e Terra, 1996.

_____. *A Era dos Impérios*. Rio de Janeiro, Paz e Terra, 1998.

HUTCHEON, Linda. *Poética do Pós-Modernismo: história, literatura, ficção*. Rio de Janeiro: Imago Ed., 1991.

JOSEPHSON, Matthew. *Zola e seu Tempo*. Rio de Janeiro: Companhia editora Nacional, 1958.

242 RILTON FERREIRA BORGES

KERN, Stephen. *The culture of time and space (1880-1918)*. Cambridge: Harvard University Press, 2003.

KOSELLECK, Reinhart. Futuro Passado: contribuição à semântica dos tempos históricos. Rio de Janeiro: Contraponto: Editora PUC-Rio, 2006.

LEVI, Giovanni. Comportamentos, recursos, processos: antes da "revolução" do consumo In: REVEL, Jacques (org.), *Jogos de Escalas: a experiência da microanálise*. Rio de Janeiro: FGV, 1998.

MITTERAND, Henri. *Zola et le Naturalisme*. Paris: Puf, 2002.

MOLLIER, J-Y. A evolução do sistema editorial francês desde a enciclopédia de Diderot. *Livro*, São Paulo: Ateliê Editorial, n.1, maio de 2011, PP.61-74.

_____. *A leitura e seu público no mundo contemporâneo: ensaios sobre história cultural*. Belo Horizonte: Autêntica Editora, 2008.

PESAVENTO, Sandra Jatahy. Relação entre História e Literatura e Representação das identidades Urbanas no Brasil (século XIX e XX). In: *Revista Anos 90*, Porto Alegre, n°4, 1995, pg.115-127.

Polanyi, Karl. *A Grande Transformação*. Rio de Janeiro: Elsevier, 2012.

PROST, Antoine. *Doze lições sobre a história*. Tradução de Guilherme J. F. Teixeira. Belo Horizonte: Autêntica Editora, 2008.

RABINBACH, Anson. *The human motor: energy, fatigue and the origins of medernity*. Los Angeles: University of California Press, 1990.

REVEL, Jacques. *Proposições: ensaios de História e historiografia*. Tradução de Cláudia O'Connor dos Reis. Rio de Janeiro: EdUERJ, 2009.

RICOEUR, Paul. *Tempo e Narrativa*. Campinas: Papirus, 1994-97.

ROSENFELD, Anatol. *Conceito de Literatura* In: "A personagem de ficção". São Paulo: Perspectiva, 1968.

SANTOS, J. V. A Literatura Como Fonte para a História:Breves Considerações. In: Seminário de Estudos Culturais,Identidades e Relações Interétnicas,

2009, São Cristovão-Sergipe. *Anais Eletrônicos do Seminário de Estudos Culturais,Identidades e Relações Interétnicas*, 2009.

SILVA, Helenice Rodrigues da. A História Intelectual em questão. In: LOPES, Marcos Antônio (org.). *Grandes Nomes da História Intelectual*. São Paulo: Contexto, 2003.

SIMMEL, Georg. A metrópole e a vida mental. In: VELHO, Otávio Guilherme (org.). *O fenômeno urbano*. Rio de Janeiro: Zahar, 1967.

SINGER, Ben. Modernidade, hiperestímulo e o início do sensacionalismo popular. In: CHARNEY, Leo; SCHWARTZ, Vanessa. *O cinema e a invenção da vida moderna*. São Paulo: Cosac & Naify, 2001.

SIRINELLI, Jean-François. Os intelectuais. In: RÉMOND, René (org.). *Por uma história política*. 2. ed. Rio de Janeiro: FGV Editora, 2003.

THOMPSON, E.P. Tempo, disciplina do trabalho e capitalismo industrial. In: *Costumes em comum – estudos sobre a cultura popular tradicional*. São Paulo: Cia das Letras, 1998.

_____. *A formação da classe operária inglesa*. Rio de Janeiro: Paz e Terra, 1987, vol.1.

TROYAT, Henri. *Zola*. São Paulo: Página Aberta, 1994.

VILAR, Pierre. *Iniciación al vocabulário del análisis histórico*. Barcelona: Editorial Crítica, 1982.

WHITE, Hayden. Teoria Literária e Escrita da História. *Estudos Históricos*. Rio de janeiro, vol. 7, n. 13, 1991, p. 21-48.

_____. *Meta-história: A imaginação histórica do Século XIX* (tradução de José Laurênio de Melo), São Paulo: Editora da Universidade de São Paulo, 1995.

WHITROW, G. J. *O que é tempo? Uma visão clássica sobre a natureza do tempo*. Rio de Janeiro: Jorge Zahar, 2005.

_____. *O tempo na história: concepções do tempo da pré-história aos nossos dias*. Rio de Janeiro: Jorge Zahar, 1993.

WILLIAMS, Raymond. *O campo e a cidade: na história e na literatura*. São Paulo: Companhia das Letras, 1989.

WINOCK, Michel. *As vozes da liberdade: os escritores engajados do século XIX*. Rio de Janeiro: Bertrand Brasil, 2006.

ZOLA, Émile. *Germinal*. São Paulo: Companhia das Letras, 2004.

Agradecimentos

A meus amigos e familiares pelo apoio material e emocional nos momentos de dificuldade.

A meus colegas e professores do Programa de Pós Graduação em História da UNIFESP pela interlocução: muitas de nossas conversas informais em ambientes não acadêmicos estão aqui de alguma forma.

A meu orientador, Prof. Dr Luis Ferla, que muito antes de ser meu orientador me apresentou o objeto ao qual me dedico hoje.

Às professoras Denise Bernuzzi de Sant'Anna e Regina Cândido Ellero Gualtieri pelas críticas e sugestões.

À CAPES pela bolsa, fundamental durante a pesquisa.

Alameda nas redes sociais:
Site: www.alamedaeditorial.com.br
Facebook.com/alamedaeditorial/
Twitter.com/editoraalameda
Instagram.com/editora_alameda/

Esta obra foi impressa em São Paulo na primavera de 2018. No texto foi utilizada a fonte Minion Pro em corpo 10 e entrelinha de 15 pontos.